U0930454

榜 样

2018年度新时代铁路榜样风采录

中国铁路总公司宣传部（党组宣传部） 编

中国铁道出版社有限公司

2019年 · 北 京

图书在版编目（CIP）数据

榜样：2018年度新时代铁路榜样风采录/中国铁路总公司宣传部（党组宣传部）编.—北京：中国铁道出版社，2019.6
ISBN 978-7-113-25318-9

Ⅰ.①榜… Ⅱ.①中… Ⅲ.①铁路员工-先进事迹-中国-现代 Ⅳ.①K826.16

中国版本图书馆CIP数据核字（2018）第287287号

书　　名：榜　样——2018年度新时代铁路榜样风采录
作　　者：中国铁路总公司宣传部（党组宣传部）

策划编辑：赵　静
责任编辑：靳　岭　　**编辑部电话**：（010）51873179
书籍设计：德浩设计工作室
封面设计：崔　欣
责任校对：王　杰
责任印制：赵星辰

出版发行：中国铁道出版社有限公司（100054，北京市西城区右安门西街8号）
网　　址：http://www.tdpress.com
印　　刷：北京柏力行彩印有限公司
版　　次：2019年6月第1版　2019年6月第1次印刷
开　　本：700 mm×1 000 mm 1/16　**印张**：21.5　**字数**：337 千
书　　号：ISBN 978-7-113-25318-9
定　　价：86.00元

前言

伟大时代呼唤伟大精神，崇高事业需要榜样引领。

2018 年，在习近平新时代中国特色社会主义思想指引下，全路上下深入学习贯彻党的十九大精神，广大干部职工积极投身交通强国铁路先行生动实践，在铁路事业从追赶到领跑的新征程上奋勇前进。

新时代是奋斗者的时代。按照中国铁路总公司党组的决策部署，全路各级党组织和宣传战线坚持“幸福都是奋斗出来的”“千千万万普通劳动者最伟大”的宣传导向，着眼基层，聚焦一线，积极创新先进典型选树宣传载体，经自下而上层层提名和推选，持续推出了 30 个新时代铁路榜样，通过铁路全媒体平台矩阵和社会媒体广泛宣传，在路内外产生了积极反响。

榜样的力量是无穷的。这些献身于伟大时代、忠诚于铁路事业、扎根于基层一线、绽放于本职岗位的新时代铁路榜样，是 200 万铁路劳动大军的典型代表，为推进新时代铁路改革发展作出了强有力的示范引领。

他们的先进事迹充分彰显了铁路人的先行风采。北京局集团公司丰台机务段“毛泽东号”机车组第十二任司机长刘钰峰，始终传承“毛泽东号”机车组光荣传统，牢记“开领袖车，做领军人”历史使命；南昌局集团公司福州机务段动车组司机陈承仪，是驾驶 6 种不同车型、9 种不同编组动车组的全能型动车组司机，被誉为“海西第一闸”“高铁试飞员”；哈尔滨局集团公司哈尔滨机务段“朱德号”机车组，坚持发扬“敢挑重担、勇当先锋”的“朱德号”精神，已连续安全走行 900 万公里；太原局集团公司湖东机务段重载司机景生启，先后总结出“2 万吨列车精准操纵法”“3 万吨列车操纵法”，填补了世界重载列车操纵技术标准空白；济南局集团公司济南机务段动车组司机薛军，经历了蒸汽、内燃、电力、动车组四代机车车型的迭代更新，安全行车 340 万公里。

他们的先进事迹生动诠释了铁路人的服务本色。呼和浩特局集团公司呼和浩特站东胜东站副站长李峻屹，带领“峻屹爱心服务队”帮扶旅客近万人次，无怨无悔地在草原上尽情播撒着“人民铁路为人民”的大爱；上海局集团公司杭州客运段列车长陈美芳，扎根甬广线 20 多年，陆续推出“12 个一点”工作法、“四水”服务法、爱心百宝箱，值乘 1200 多趟列车、服务旅客超过 150 万人次；成都局集团公司重庆车务段荣昌站值班员徐前凯，调车作业时发现前方老人突然横穿铁路，纵身一跃谱写英雄赞歌；中国铁道科学研究院集团公司电子所副总工程师兼 12306 技术部主任单杏花，带领团队攻克了铁路客票技术领域一系列技术难题，使客票系统达到国际领先水平；沈阳局集团公司大连站客运车间值班站长刘晓云，把旅客的事当成自己的事，从事客运服务 15 年帮扶重点旅客 16 万人次；北京局集团公司北京南站客运车间业务指导张润秋，提炼实践“三勤、三到”和“六式六心”服务法，带领润秋服务组每天服务重点旅客 1000 人左右、日均为旅客解决问题 1500 件；上海局集团公司南京站“158”雷锋服务站，四代 131 名客运员半世纪薪火相传，服务旅客 100 多万人次；广州局集团公司广九客运段广九车队，坚持“八个一”“三美三好”服务标准，40 年勇立潮头、初心不改。

他们的先进事迹有力印证了铁路人的担当品格。沈阳局集团公司沈阳动车段技术研发中心副主任唐云鹏，坚守“愿做高铁螺丝钉，铆足干劲永不松”的信念，成为动车组自主检修的开路先锋；西安局集团公司汉中工务段乐素河桥隧车间主任黄伟，不顾雨骤山崩奋战在宝成铁路抢险第一线，16 天日夜不息铸就鏖战功成；武汉局集团公司武昌客车车辆段武昌运用车间质检员黄望明，总结摸索出“四站、五蹲、二钻”单车检车作业法，累计发现 1 万余起车辆故障；西安局集团公司西安动车段调度科应急台动车组机械师董宏涛，设计改造了 11 种动车组检修运用专用工具，指导处理各类典型故障 1800 多件；成都局集团公司成都动车段成都东动车运用车间技术室副工长兼探伤班工长雷立，创立“校、洁、全、比、验”动车组空心轴超声波探伤“五字”作业法，并在全路广泛应用；昆明局集团公司昆明北车辆段货车检车员陈向华，先后总结出单车技检作业“二十三步”流程图等 10多项作业法，解决 2000 多个典型故障、安全检车 28.8 万辆；兰州局集团公司定西工务段桥隧工陈忠祥，38 年追求卓越、敬业乐业、初心不变，优化了“套箍整治混凝土桥墩风化病害”等多项桥涵病害整治成熟工艺，完成了从“门外汉”到“桥隧大师”的华丽转身；中国铁路总公司调度部调度处，是中国铁路运输的“最强大脑”，坚守责任护安全、永不懈怠保畅通。

他们的先进事迹精彩演绎了铁路人的奋斗精神。广州局集团公司娄底车务段冷水江东站调车长杨卫华，总结提炼出“杨卫华安全调车法”和 24 句“调车作业七字诀”，在调车岗位上坚守作业标准连续 30 年零违章；昆明局集团公司昆明供电段接触网检修车间检修一工区接触网工代云华，工作 18 年先后参加重点施工 20 多项、解决作业难题 300 多个，参加施工、检修过的 9800 多条公里接触网未发生一起设备故障；哈尔滨局集团公司加格达奇车务段加格达奇站运转二班，最早提出“在岗一分钟，负责六十秒”的岗位精神，道出了铁路人对运输安全的永恒承诺；太原局集团公司太原电务段动车车载设备车间党支部书记、工程师王晓霞，相继研发成功“CRH5A—200C、CRH380A—300S室内仿真试验系统”，年节约成本 1000 多万元；郑州局集团公司郑州北站驼峰连结员陈林，调车场上的“无敌解钩手”，6 年来解钩作业从未出现差错；南宁局集团公司柳州南站信息技术科党支部书记、科长曾湘毅，组织研发“标准化车间管理系统”“货检手持机系统”等信息系统 38 个，节约成本 900 多万元；乌鲁木齐局集团公司驻和田县拉依喀乡达奎村工作队副队长亚库甫·阿沙木都，在和田县驻村 4 个年头，摘掉了达奎村贫困村帽子，使吉格代艾日克村一跃成为致富示范村；青藏集团公司格尔木工务段望昆线路养护车间副主任于本蕃，提炼出“看、测、析、敲、听、验”的“六标”检修工作法，每日徒步检查，12 年行走 2 万余公里；中国铁路设计集团公司电化电信院副总工程师罗健，组织开发高速铁路接触网智能预配平台，累计创造经济效益约 1.5 亿元。

一个榜样就是一面旗帜。在总公司各单位、各部门和全路干部职工广泛参与的我最喜爱的新时代铁路榜样评选中，唐云鹏、刘钰峰、李峻屹、黄伟、陈美芳、陈承仪、杨卫华、徐前凯、代云华、单杏花再次脱颖而出，成为全国重点宣传的先进典型，荣获中央宣传部、中国铁路总公司联合授予的2018 年度最美铁路人称号，并通过中央电视台向全社会予以隆重发布，人民日报、新华社等中央主要媒体作了报道。10 名2018 年度最美铁路人在全路开展了先进事迹巡回报告，掀起了崇尚榜样、学习榜样、争当榜样的热潮。

祖国广袤的大地上，复兴号纵横驰骋；万里铁道线上，新时代铁路榜样熠熠生辉。在中国铁路总公司党组的坚强领导下，200 万铁路人正以永不懈怠的精神状态和一往无前的奋斗姿态积极响应时代召唤，昂首向着交通强国铁路先行的任务目标奋勇前进。

目 录

最美铁路人/新时代铁路榜样

新时代铁路榜样提名奖

G20 我们服务

最美铁路人　新时代铁路榜样

最　美　铁　路　人　/　新　时　代　铁　路　榜　样　〉　〉　〉

鲲鹏展翅　一翼千里

唐云鹏　1973年12月，唐云鹏出生于辽宁省新民市。1995年8月，他从北京铁路电气化学校电力机车专业毕业后，进入苏家屯机务段工作。2006年10月，他通过竞聘成为沈阳铁路局首批动车检修人员之一。2008年，在第二届全国铁道行业职业技能大赛中，他获得CRH5型动车组检修个人冠军，还获得全国技术能手、全路新长征突击手以及火车头奖章等荣誉。2016年9月，他荣获全国五一劳动奖章。

鲲鹏展翅 一翼千里

——记中国铁路沈阳局集团有限公司沈阳动车段技术研发中心副主任唐云鹏

记 者 韩庆潇 通讯员 周生录

⊙唐云鹏在认真检查动车组走行部万向轴。

韩庆潇、周生录/提供

6月4日，在沈阳动车段沈阳北动车所学习室里，一个头发花白的中年人被一群年轻人团团围住。年轻人一边认真听一边仔细记，还不时提出问题。

这个中年人就是将全国技术能手、国务院政府特殊津贴、全国五一劳动奖章等十几项荣誉收入囊中的沈阳动车段技术研发中心副主任唐云鹏。目前，京沈高铁辽宁段正在进行联调联试。唐云鹏再次勇挑重任，不仅亲自在现场盯控，而且还要向大学毕业生作业组传授技术和经验。

一线才是实现人生价值的地方

1973年，唐云鹏出生在辽宁省新民市一个普通的农村家庭。他的父亲是一名推土机司机，也是机械维修的一把好手。他的母亲除了干农活之外，还是一名优秀的毛衣匠，只要见过的款式都能织出来。父母心灵手巧的基因遗传给了唐云鹏，父亲的刻意训练又使他的观察、动手能力大大提升。

1991年7月，喜欢火车的唐云鹏如愿考入北京铁路电气化学校电力机车专业。读书期间，他凭借着超强的自学能力，利用一切业余时间如饥似渴地学习专业知识，尤其对机车电路、计算机、电子技术、半导体技术等方面知识达到了痴迷程度。课余时间，他经常去学校图书馆学习相关知识，了解科技发展信息。他的学习成绩一直很优秀，多次拿到奖学金。

1995年毕业时，他充分发挥计算机特长，用多媒体课件完成了毕业论文答辩，不仅取得了电力机车专业第一名的成绩，而且赢得了评审教师、学校校长及北京市教育局领导的高度认可。他原本可以留校当辅导员，然而，唐云鹏却听从了导师的话："作为电力机车的学员，你应该在哈大铁路电气化改造进程中崭露头角。跟象牙塔里的讲台比起来，一线才是实现人生价值的地方！"

梦想在征服"黑匣子"中启航

中专毕业后，唐云鹏被分配到生产任务重、人才需求量大、技术含量高的苏家屯机务段。他的梦想在这里启航。

⊙唐云鹏(中)为参与京沈高铁辽宁段联调联试的大学毕业生讲解动车组检修知识。

韩庆潇/摄

为提高安全保障能力，铁路系统研发了当时科技含量最高的列车运行监控记录装置，俗称机车“黑匣子”。唐云鹏就做了这一先进装备的检修工。这个岗位非常关键，肩负着保证列车安全运行的重任。

那时，“黑匣子”刚刚投入运用，大家还弄不清其技术原理。车间主任把检修重任交给了唐云鹏。唐云鹏将全部精力和时间都投入到了琢磨“黑匣子”当中。三个月后，唐云鹏彻底征服了“黑匣子”，只通过工友描述就能找到问题根源并迅速解决，总结出了一整套关于“黑匣子”的使用保养及维修方法，一下子在全段出了名。

随后，唐云鹏被选送到全路第一批监控装置技术培训班学习。他抓紧一切时间学习，在培训班结业考试中名列前茅。1996年，刚成立的沈阳铁路局机车监控检修中心“招兵买马”，唐云鹏被优选调入，负责机车“黑匣子”检修工作。其间，他先后破解了多项技术难题，特别是率先解决了当时全路多发的“黑匣子”显示器丢权故障问题，并在《机车电传动》杂志上发表了他的第一篇检修论文。

世界首条高寒高铁走出技术状元

随着中国高速铁路建设的逐步展开，2006年10月，沈阳局筹建动车检修所，面向全局招聘动车组检修人员。为了心中一直向往的新技术，唐云鹏在700多人的竞聘中，一路过关斩将，成为全局乃至中国高铁首批动车检修人员之一，开启了动车组检修的新征程。

动车运用检修是确保高铁安全运行的重要环节，实现动车检修技术的自主创新是中国高铁发展的关键所在，决定着从引进、消化、吸收到自主生产战略的成败，而动车检修人员就是动车的“120急诊大夫”。

2007年3月，我国最早从法国引进的CRH5型动车组车体驶进了动车所。随着CRH5型动车组的驶入，唐云鹏学习了解发现，该型号动车完全不同于他们已经熟悉的CRH1型、CRH2型、CRH3型动车组等，它完全是重新设计的车型。

作为中国第一批动车检修人，唐云鹏从清理场地、参加检车库建设做起。虽然他有参加西南交通大学集中培训和在长春客车厂跟班作业实习的经验，但国外公司及售后维修人员提供的检修技术资料特别简单，使得他们在检修初期几乎完全依赖对方。

⊙唐云鹏（左二）与技术骨干共同研判动车组电机传动系统检查风险点，并制定有针对性的防控措施。 韩庆潇、周生录/提供

最初的探索是艰难的。为了尽快实现自主检修，唐云鹏把仅有的资料都翻烂了，常常拿着资料对着车体一点一点地琢磨，端着饭盒边吃边学、守在车上钻研到深夜。他还硬是靠翻译软件和字典读懂了英语、法语、意大利语等多种语言的变量图表、原理图纸、维修图书。同时，他还想方设法与外方专家接近，利用难得的几分钟时间细心观察记录。经过不懈努力，唐云鹏摸索总结出了一套自己的学习方法和检修手段，发现并掌握了很多超出当时检修工艺范围的操作技术。

唐云鹏说："那时候最兴奋的事就是能跟在国外技术人员跟前，在拆卸过程中细心学习。""结果卡控的是状态，过程分析的是原因。"与唐云鹏一起工作过的人，都知道他对于检修过程的研究有多重视。

2012年3月，哈大高铁开通之前，适应高寒地区的CRH380B型动车组配属到位。面对新车型、新技术，唐云鹏夜以继日地翻资料、学原理、查图纸、对数据，用最短的时间掌握了检修技术，成为新车型制动系统的技术状元。

2013年11月9日，CRH380B型动车组发生擦轮故障，就在连外方技术人员都感到一筹莫展的时候，唐云鹏则通过收集MVB数据和天气环境、运行状况、车载故障等信息，用五个通宵进行数据对比和原理分析，确认了擦轮故障原因是受雨雪天气变化，轮轨湿滑黏着系数骤降，加之下坡道列车制动调速时未能做出正确控制调整而导致。随后，他立即找来厂家设计人员和售后服务人员进行切磋，大家一致认可他的结论，修改并优化了制动控制软件，从此再没有发生类似故障。

“云鹏工作室”桃李满天下

到目前，唐云鹏从事动车检修运用工作已有12年，由于整日忙于钻研技术业务、攻克技术难关、培训检修人员，虽然刚刚步入中年，但唐云鹏已满头花白。每天回到家，看着疲惫不堪、倒头就睡的唐云鹏，妻子王春艳总是忍不住偷偷地掉眼泪。在唐云鹏的心里同样也埋藏着对妻子的深深愧疚。结婚17年，为了不影响工作，他说服爱人暂时先不要孩子，以便有充足的时间投入工作和学习，所以直到现在他们的小家庭还是两个人。

王春艳是唐云鹏的中学同学。学生时代，王春艳就被这个潜心学习、认真钻研、不爱说话的同学所吸引。结婚后，唐云鹏一心扑在工作上，即使是回到家，也把大部分时间都用在学习新技术上。于是，王春艳几乎担负起了家里所有的琐事，为的就是能让他专心干好工作。她说：“家里就交给我吧，你是状元，就要发挥你的作用。加油，做你领域里的专家！”听到妻子的鼓励，唐云鹏忍住了感动的眼泪，鼓足力气，把劲头都放在了工作上。

2011年初春的一天晚上，唐云鹏面色苍白、满脸是汗、呼吸急促，忽然坐了起来。妻子见状，马上将几粒硝酸甘油塞到他嘴里，并拨打“120”急救电话。连他自己也没有想到，堂堂动车的“120急诊大夫”，却坐上了医院开来的“120”急救车。经检查，唐云鹏被确诊为过劳性心肌炎和腰椎管狭窄压迫神经，要想治疗必须马上手术，如果还是像以前那样劳累，发展下去很可能要高位截瘫，后果不堪设想。但是，如果手术，至少需要休息半年时间，养半年连床都下不来还怎么工作？于是，唐云鹏坚决拒绝手术治疗。家人实在拗不过他，只好尊重他的决定，选择保守的物理治疗。然而，躺在病床上的唐云鹏仍然“不安分”，让妻子把电脑拿到医院，一只手打吊瓶，另一只手挪动鼠标继续查看分析动车图纸……

2014年10月，沈阳动车段以唐云鹏的名字命名成立了“云鹏工作室”，在全段历年技术状元中选拔技术尖子，与唐云鹏一道围绕全段动车组出现的疑难问题展开攻坚，并相继开设了“云鹏讲堂”“云鹏课题组”“云鹏集训营”。从此，唐云鹏又多了一份责任，那就是带领年轻人学技术、攻难关。

他组织编写的《应急故障处理手册》《制动系统作业指导书》等系列书籍，被工友称为动车检修的“十万个为什么”；他还先后带出了4名技术状元、11名技术尖子。作为中国铁路沈阳局集团有限公司动车检修的“主教练”，他四次参加全路动车组机械师职业技能竞赛，带领团队两次夺得团体总分第一名，四人夺得个人全能第一名，特别是2015年，还包揽了CRH380B型动车组个人全能前三名、CRH5型动车组个人前两名，让沈阳局集团公司的动车检修在全路闻名。

⊙唐云鹏（右三）耐心地给新入路职工讲解动车组走行部构造原理。 韩庆潇、周生录/提供

京沈高铁辽宁段联调联试的关键时期，为了确保动车组运行平稳，他几乎一天24小时都在单位值守，生怕不能第一时间解决问题。

2018年5月18日，得知儿子已经连续三天三夜都吃住在单位后，父母打电话

⊙唐云鹏（左三）和他的研发团队。 韩庆潇、周生录/提供

跟唐云鹏说：“儿子，今天是周五了，周末能回家了吧？”电话中透着老人想看儿子的期盼和想让他歇歇的语气，想着能得到儿子肯定的回答。但是，唐云鹏依旧没能回去：“爸妈，我这两天还得跟车添乘呢，你们好好休息，最近气温变化大，多注意身体，等我有时间了就回去看您！”挂掉电话，唐云鹏的眼圈一阵阵泛红。每当联调联试的动车组在经过新民北站时，他都会往老家的方向望一眼……

宝剑锋从磨砺出。翻开唐云鹏的荣誉记录，他是全路第一批从事“机车监控记录装置”——黑匣子维修管理工作的技术人员；他是动车组开行以来全路第一批随车机械师；他是CRH5型动车组职业技能竞赛第一个全国冠军；他是沈阳局集团公司第一届动车组自主检修技术状元，也是唯一一名连续四届获得技术状元称号的人；他参与编制了全路第一套《CRH5型动车组应急故障处理手册》；他是在运用部门成功运用逻辑关系查找CRH5型动车组故障第一人；他是全路动车组运用维护系统荣获国务院政府特殊津贴第一人；以他的名字命名的“云鹏工作室”，是沈阳局集团公司最具潜力的党内优质品牌和最重要的动车组运用检修技术研发团队……一个个沉甸甸的荣誉见证了唐云鹏的成长历程，一项项动车检修的新纪录见证了大国工匠的不朽功勋。

作为新时代的铁路榜样，唐云鹏正在用他的一点一滴不断刷新着动车组检修的各项纪录，用大国工匠的精神全身心守护着在祖国大地上奔驰的一趟趟高铁，让中国速度惊艳世界。

采访手记

“钻”劲炼出检修工匠

采访中，一提到动车组检修的专业业务，45岁就头发花白的唐云鹏立刻神采飞扬、活力四射。他告诉记者，自己成长的道路无外乎就是一个字——“钻”！

十几年间，他“钻”书本知识，把大部分时间和精力用于夯实自身的理论功底；他“钻”实际操作，化无形的书本知识于有形，用自己的点滴行动闯出了一条动车检修之路；他“钻”技术难题，无论是面对首次投入使用的机车“黑匣子”，还是首条高寒高铁的动车组，都迎难而上，打赢了一场又一场的攻坚战，用“钻”劲谱写出了一名动车检修工匠的炼成记。

（原载2018年5月28日《人民铁道》报A1版）

用匠心擦亮高铁名片

唐云鹏

2006年10月，随着中国高铁事业的发展，我有幸成为第一代动车检修人。12年来，我始终坚定“愿做高铁螺丝钉，铆足干劲永不松”的信念，从零起步，苦学深研，攻克了动车运用检修领域的一道道难关，成为享受国务院政府特殊津贴的铁路高技能人才；特别是能亲身经历中国高铁波澜壮阔的创新历程，为“复兴号奔驰在祖国广袤的大地上”作出贡献，更感到自己的付出有价值、有意义！

我修了12年动车，让我最难忘的是2018年3月复兴号长编动车组，在京沈高铁联调联试和科学实验的那段日子。国之重器长编复兴号来到了沈阳局，我感

⊙唐云鹏（右一）与业务骨干一起研究动车组列车开闭机构手动操作步骤。

韩庆潇、周生录/提供

到特别地振奋和激动。在接下来的200多天里，我带领技术服务和维修团队，跟车添乘十余万公里，梳理分析运行数据六万多条，先后向中车长客厂、四方厂提供技改建议48项，这期间过得既紧张又充实。有一次，正在运行的复兴号，显示屏上突然弹出“7车牵引电机速度传感器故障”。维修时，厂家在换上了新的传感器和控制板后还是没有解决，大家都很着急，最后决定更换牵引电机。虽然更换电机将耗费大量人力物力，而且影响试验进度，但也确实是没什么别的办法了。我根据多年的经验判断，认为信号受干扰造成故障的可能性比较大，于是建议对信号进行测试。通过示波器测试波形，最终发现故障原因是传感器屏蔽线连接不牢，而不用更换牵引电机。从大家钦佩赞赏的目光里，我感到特别有成就感。

多年的动车运用检修和突发故障处置经历，让我深深地悟出一个道理：要想修好动车，光有一腔热血远远不够，关键是要用心琢磨、勤于思考。在CRH5型动车组重联运行初期，后组车曾频繁发生断电失去动力，我和大家想了很多办法就是解决不了。有一天，我看见小区里晾的衣服在大风中晃来晃去，因为有夹子紧紧地夹在晾衣竿上，衣服才不会掉下来。我突然眼前一亮，难道是刮大风引起的弓网接触不良？能否靠增加弓网间的接触压力来防止断电呢？我赶紧返回单位查资料，核对弓网间的技术参数。随后上车添乘反复观察动车在大风环境下的运行状态，前前后后分析了1280多组动态运行数据，并在沈阳局集团有限公司车辆部门的大力支持下，经过多次实验，将弓网接触压力由75牛调到了90牛，彻底解决了这一问题。这个做法得到推广后，全路重联运行的CRH5型动车组就再没发生过此类故障。

如果你爱上了修车，生活中就处处有老师。这一点，我感受特别深。有一次，我和朋友喝茶的时候，发现茶杯遇热能变色，突然来了灵感。我想如果将感温涂层涂在万向轴上，根据涂层颜色状态，不就能判断温度是否异常了吗？想到这儿，我就很兴奋，立刻上网查找耐磨性、附着性强的材料，又先后做了上百次的混合比对实验，发明了“应用不可逆温度变色涂层监控动车走行部设备”的技术成果，并申报了国家专利。

修动车虽然不容易，但只要心无旁骛、锲而不舍，再硬的“骨头”也能啃下来。记得我第一次接触动车，当时没有师资、教材，也没有可借鉴经验，甚至连一张完整的图纸都没有，仅有的资料还大多是英文、法文、意大利文的，根本就看不明白。为了跨过这道坎儿，我跑到书店买来外语词典，每天背单词，家里的卧室、客厅、卫生间都贴满了写有单词的小纸条，并借助翻译软件把两千多个专业词组译成了汉语，记了近百万字的学习笔记，理清了三万多条电路，彻底搞清了动车制动系统的原理。接下来，我又逐一掌握了牵引、辅助、网络、转向架等系统检修技术，在第二届全国铁道行业职业技能大赛上，荣获了全路第一个CRH5型动车组个人全能冠军。我参与编写了全路第一本《CRH5型动车组应急故障处理手册》，先后攻克了151个技术难题，填补了176项技术空白，为厂家提供技改建议上百项，被中车长客厂聘为“厂外技术专家”。正因为这些，先后有四家地方企业高薪聘请我，但

⊙唐云鹏（左六）被生产厂家聘为技术专家。 韩庆潇、周生录/提供

都被我谢绝了。我觉得，是铁路培养了我，我把自己全部的本事，都用在铁路事业上，责无旁贷！

由于整天忙于工作，我忽视了对家人的关心和照顾。2015年3月，我父亲突发脑血栓被送进医院，当时情况很危急。急诊大夫问我，老人在家都吃过什么药？有没有手脚麻的症状？我一个也回答不上来。大夫生气地说：“哪有你这样的儿子？”当时，心里真是难受极了。让我欣慰的是，老父亲现在康复得很好，让我还有尽孝的机会。父亲经常嘱咐我：“云鹏，你小子修车修出了名堂，可别骄傲，一定要好好干啊！”后来，我给父母买了平板电脑，又装了网线，即使回不了家，也能通过视频看到他们，陪他们唠唠嗑儿。

确保高铁和旅客列车安全万无一失，是铁路人的政治红线和职业底线。2012年5月，我段成立应急指挥中心，我又当起了动车“120大夫”，实时应对百余组动车的突发故障处置。我保持24小时开机，随时接听应急电话。夜里接电话，被吵醒的妻子总是会陪着我。一来二去的，一些简单的图纸，她居然也

会看了。有一次，妻子听我接电话的内容，竟然准确地从一摞摞图纸中找到了那张关联的电路图。后来，只要我手机一响，她比我还精神，也跟着忙得不亦乐乎，怎么劝她都不肯先睡，我真是心疼她，就悄悄地把手机调成振动，再用腰带绑在身上。这些年，我指挥处置动车突发疑难故障3400多件，确保了动车

刘慎库/摄

⊙唐云鹏（右三）定期为青年职工授课，精心培育青年技术人才。 韩庆潇、周生录/提供

运行安全和行车秩序，同事们都说我是“技术大拿”，叫我“动车小华佗”。我摸索总结的“五查五试诊断法”，被纳入动车运用检修故障诊断流程，成为机械师的“技术宝典”。

长时间高强度工作，我的身体也亮起了“红灯”。一次深夜，我突发心脏病，被送进了医院。即使住院期间，故障应急电话也没有断过。妻子心疼地说：“老公，咱还得要命啊！离开你车轱辘就不转了？就靠你一个人，身上绑满了电话又能解决多少问题？”妻子的话充满关爱，也点醒了我。是啊，一个人的能力是有限的，只有大家行才是真的行。作为一名共产党员，我有责任做好“传帮带”，不仅自己要当好“小华佗”，还要带领更多的人，争当“大工匠”。

为了让更多人掌握动车运用检修技术，段党委以我的名字命名，成立了“云鹏工作室”，开设了讲堂、课题组、集训营，我先后带出了100多个徒弟，培养路局技术状元4名、技术尖子48名；特别是我作为主教练，四次带队参加了全路动车组机械师职业技能竞赛，两次夺得团体总分第一名。如今，我们的动车运用检修队伍已经壮大到了3500多人，不仅有信心，更有能力，以“杠杠过硬”的检修质量，擦亮“中国高铁”这张靓丽的名片，让“中国高铁”永远领跑世界！

新征程上当先行

刘钰峰 中国铁路北京局集团有限公司丰台机务段“毛泽东号”机车组司机长兼班组党支部书记。1980年2月出生，2012年4月1日成为“毛泽东号”机车组的第十二任司机长兼班组党支部书记。2007年被评为北京市青年岗位能手，2012年荣获首都劳动奖章，2013年荣获全国五一劳动奖章和全路技术能手称号，2016年被评为全国优秀共产党员、中国铁路总公司优秀共产党员，2017年获得铁路工匠等荣誉称号。2017年作为党的十九大代表参加了中国共产党第十九次全国代表大会。

新征程上当先行

——记中国铁路北京局集团有限公司丰台机务段『毛泽东号』机车组第十二任司机长刘钰峰

记 者 高李鹏 通讯员 褚亚东

⊙刘钰峰擦拭“毛泽东号”机车车徽。 杨宝森/摄

2018年除夕，是刘钰峰在岗位上度过的第18个除夕，而其中的16个除夕他都在铁道线上驾驶机车。这就是有着19年工龄的“毛泽东号”司机长不一样的春节故事。

拥有全国五一劳动奖章、全国优秀共产党员、全路技术能手、铁路工匠等沉甸甸的荣誉，司机长和他的英雄机车组，有着讲不完的故事。

不忘初心 实现梦想

1999年8月，刘钰峰从石家庄铁路司机学校毕业，被分配到丰台机务段——“毛泽东号”机车组所在段。

从进段看到英雄机车的第一眼，19岁的刘钰峰就被深深震撼了。他暗下决心，一定要进入这个机车组。随后，他以第一名的成绩完成了岗位培训，当年11月被选拔到“毛泽东号”机车组。

为尽快掌握规章，刘钰峰给自己制订了学习计划，白天苦练实作，晚上学习理论。那段时间，他没日没夜地学习，连睡觉说梦话都在学规章，很快就把机车的上千条电路、上万个部件熟记于心，成为“规章一口清、技能一手精”的技术尖子。

刘钰峰爱学习。2010年“毛泽东号”机车实现换型。为迅速掌握新技术，他连续几个月利用休息时间到轮乘电力机班学习。在温度高达40多摄氏度闷热的机车走廊和电器间，他一待就是几个小时，率先掌握了新型机车操作技术。

2012年4月，刘钰峰接过历史的接力棒，成为“毛泽东号”机车组第十二任司机长。

“30岁出头的小伙子，能担得起这么大的担子吗？”上任之初，很多人心里难免有质疑。很快，这个同行眼里“问不倒的火车头”、年轻人眼中“神一样的司机长”就让大家心服口服。

作为班组带头人，刘钰峰放弃了休息时间，加班加点跟随新人添乘，面对面教授新学员技术业务，不厌其烦地讲解电气原理、机车制动、平稳操纵等专业技术知识，手把手示范，一对一指导，迅速提高了新学员的技术业务水平，

⊙刘钰峰（左）与机车组同事一起登上机车。 刘一赢/摄

提升了班组的战斗力。

刘钰峰爱动脑，带领机车组职工多次解决重大技术难题。2016年，他发现HXD3D型电力机车在列车调速过程中，若主要使用“空气制动”，能耗较高；若主要使用“再生制动”，又使列车在运行过程中易发生冲动，无法确保旅客列车的平稳性。

他积极探索采用“空气制动—再生制动”有机结合的操纵模式。经过几个月的努力，他组织编写了《HXD3D型机车节能牵引列车平稳操作法》，提炼出“初电制、适调整、一位停、再回零”的再生制动使用口诀。

该操作法不仅便于广大乘务员学习，在保证列车安全正点的前提下，有效提高旅客列车运行的平稳性，而且大幅降低了机车能源消耗。该操作法实施后，机车组每月可减少用电1.9057万度，节约运输成本支出近1.5万元。

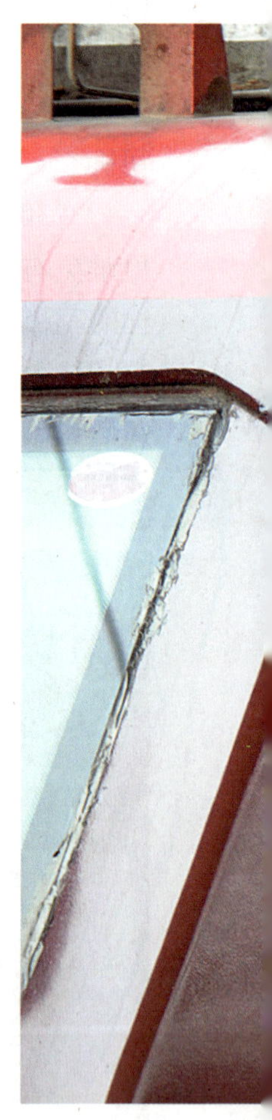

攻坚克难永远在路上

“毛泽东号”机车，就要永远奔驰在时代的前列。

2014年7月1日，“毛泽东号”机车结束了68年货运牵引任务，开始牵引T1/2次北京至长沙的旅客列车，2015年开始担当Z1/2次列车牵引任务。货物运输讲究的是多拉快跑，而旅客列车既要保证行车安全，又要让旅客坐得舒适。

为快速适应任务变化，那一段时间，刘钰峰放弃休班时间，往返添乘北京至长沙的列车20余次，带领机车组人员逐个车站熟悉情况、逐个区间查看线路。通过对161个车站停车标的实地测量、对1070架信号机位置的逐一确认、对151个弯道桥梁隧道跨度的现场记录，他们对1593公里运行里程进行了系统分析。

回到段上，只要有时间，机车组成员们就聚在会议室，铺开模拟线路图，手拿监控模拟器，研究沿途的每一个坡道、每一个分相点，然后再到线上实地勘察，记录操作手法。很快，他们就编制出《机车乘务员作业指导书》，制作了《列车运行安全提示卡》。

刘钰峰和副班组长王振强采用“潜伏”的方法到其他列车上学。他们不穿工作服，像旅客一样，先在车厢里感受平稳度，然后再到机车上亮明身份跟司机师傅交流。几个月下来，他们总结提炼出一整套平稳操纵办法，保证了旅客列车开得好、开得稳。

⊙刘钰峰（左）和机车组同事一同驾驶“毛泽东号”机车。 刘一赢/摄

“荣誉是集体的，责任是自己的，工作是干出来的。”在刘钰峰的日记本上，有这样一句话。

手握“毛泽东号”机车闸把，他深知肩上沉甸甸的责任。作为班组带头人，他不敢有丝毫懈怠。

他是司机长，更是“毛泽东号”机车担当牵引任务时列车的常客。在列车最后一节行李车里，他经常一个人坐在小凳子上拿着添乘总结本，随时记下乘务员操作中的问题。等班组成员退乘后，他及时和大家交流发现的问题。而这样“静悄悄”孤独的添乘，一个季度就能把班组所有成员值乘过程检查一遍。

每当春运、暑运等关键时期，他都向全员发出倡议，组织大家承诺践诺，主动承担急难险重任务，先后完成重点列车牵引任务170次，受到各方好评。

面对经济发展新常态，他提炼出“五字节能操纵办法”，使机车单趟节电1600余度，每年可节电38.4万度。

争做安全运输的“排头兵”

“毛泽东号”机车，始终是全路运输安全一面高扬的旗帜。

截至2018年3月底 毛泽东号”机车已实现安全走行1078万公里，相当于绕地球270圈。

“对得住荣誉，扛得住责任。”刘钰峰这样告诉自己。

在传承“抓小防大，拿猫当虎斗”等安全风险管理理念的同时，刘钰峰和班组职工还不断为其注入新内容。

“手不离闸把，眼不离前方，背不靠座椅，说话不对脸，吃饭不同时，沏茶不谦让。”这是刘钰峰和同事总结提炼出的“六不”安全值乘口诀，也保证了列车在任何瞬间都有一双警惕的眼睛。

仅一项“背不靠座椅”，就意味着一趟出乘任务，驾驶室的刘钰峰和同事在14个小时里要始终保持上身笔直。尽管最后身体都是木的，但刘钰峰和同伴们坚持高标准不放松，确保了每趟值乘绝对安全。

为防止夜间值乘时打盹儿，冬天，“毛泽东号”机车组就少开几个热风机，使司机室内始终保持在15℃～16℃，避免人在过于温暖的环境中产生困意。

一趟出乘要进行近万次的呼唤应答和5000多次的手比确认，刘钰峰和同伴们从来都是一丝不苟地落实作业标准，只为确保行车安全万无一失。

面对安全行车、机车质量、平稳操纵等方面的难题，刘钰峰带领骨干创建“毛泽东号”创新工作室，积极开展课题攻关、技术改造，取得了《牵引客车平稳操纵方法》《非正常行车视频》《故障处理电子书》等创新成果。其中，多项成果获得全路优秀创新成果奖和北京市优秀创新成果奖。

为提高班组成员以及车间其他乘务员的故障处理能力，结合工作实际，他对“列车在区间被迫停车后请求救援时的防护措施”等一系列非正常行车知识进行总结，并制作成PPT课件，利用车间安全例会等时机给机务乘务员进行授课讲解，有效提升了乘务员队伍的综合素质。

打造育人铸魂的阵地

“一个人优秀不算优秀，班集体优秀才是真的优秀。”过去在机车组里中专毕业就已经算高学历了，现在90%以上的职工都是大学毕业生，还有硕士研究生。面对高学历、高水平的年轻小伙子，刘钰峰有自己的想法。

每逢有新司机上车值乘，刘钰峰都赠送一套《毛泽东选集》，并一对一地进行车史教育，使新司机打牢“要开‘毛泽东号’机车，先做‘毛泽东号’人”的思想印记。

他把“报效祖国，忠于职守，艰苦奋斗，永当先锋”的新时期“毛泽东号”精神以及“责任心+责任制+基本功=安全”的安全生产法则、机车组核心价值观等作为“传家宝”，坚持每月组织大家学习精神理念，探讨新时期传承发展的措施办法，让“毛泽东号”精神在班组职工心中生根发芽。

轮休时，别的班组司机正常休息，刘钰峰却要求机车组司机集体学习，每月至少解决两个日常工作中的实际问题。他们先后完成了《非正常行车视频》《故障处理电子书》等多项创新成果。

对刘钰峰来说，参加工作19年，和他相处时间最长的人不是父母妻女，而是“毛泽东号”机车组的21名同事。

从家到单位开车只要半个小时，但刘钰峰只有每周五晚上回家，在家睡一宿，周六白天陪陪家人，晚上就回单位了。因为“毛泽东号”机车组八个班组上下班时间不一致，他这样做就能让每个班组职工下班都能看到司机长，第一时间和大家沟通交流。

每一班“毛泽东号”机车组司机出乘，刘钰峰只要在单位，都要亲自把职工送到车上，亲切地叮嘱几句，目送他们出乘。

为讲好“毛泽东号”故事，他坚持用业余时间整理“毛泽东号”机车图片及实物资料，为参观“毛泽东号”机车展室的人员义务解说上百场次，激励大家在本职岗位上创先争优。

复兴路上风笛扬。驾驶着“毛泽东号”机车，刘钰峰和伙伴们“不忘初心、牢记使命”，在交通强国铁路先行的新征程中奋勇前行。

采访手记

致敬新时代的奋斗者

循着榜样走过的道路，刘钰峰也成了新时代的榜样。但他却说，跟前11任司机长比，自己还有很长的路要走。

刘钰峰用自身经历告诉我们，榜样离我们并不遥远，就在我们身边，和我们一样在普通的岗位上工作奉献。但榜样的伟大之处，就在于日复一日的平凡工作中，他们远多于常人的付出和努力。无论是永不懈怠的学习、孤独地在行李车里测试列车的平稳度，还是18个除夕的岗位坚守，都让我们对榜样肃然起敬，也更激发我们学习榜样的热情，争做新时代的奋斗者，在新征程上书写新辉煌。

（原载2018年4月3日《人民铁道》报A1版）

开领袖车　做领军人

刘钰峰

“毛泽东号”机车诞生于1946年解放战争中，是以伟大领袖毛主席名字命名的一台机车。73年来，她见证了新中国的成立、建设和改革发展，先后跨越蒸汽、内燃、电力三个时代，历经五次机车换型，先后有12任司机长、179名机车乘务员在这个集体中拼搏奉献。现在，“毛泽东号”已连续安全走行1080万公里，成为全路组建班组时间最长、涌现劳模最多、安全成绩最好、完成任务量最大的生产一线班组，被誉为“机车领袖”“火车头中的火车头”。

习近平总书记讲，我们的事业是一场接力跑，我们要一棒接着一棒跑下去，每一代人都要为下一代人跑出一个好成绩。“毛泽东号”73年来所取得的成绩，离不开一代又一代“毛泽东号”人的接力奋斗。

2012年4月1日，是我人生中最难忘的一天。我从第十一任司机长赵巨孝师傅手中接过了“毛泽东号”机车的闸把，也接过了“开领袖车，做领军人”的接力棒；还记得赵师傅看着我语重心长地说：“钰峰，你接过的不是一把简单的闸把，是我们开安全车的历史使命和责任。”

那一刻，我心潮澎湃，激动不已，不由得想起1999年夏天第一次见到“毛泽东号”机车的情景。那时候，我刚参加工作分配到丰台机务段，在一次给整备场除草工作中，看到“毛泽东号”机车由段西门入库，缓缓地驶来，阳光照耀下的毛主席铜像熠熠生辉，显得格外耀眼，巨大的吸引力让我和伙伴们不约而同地站了起来，放下了手里的工具，行起注目礼。再近距离看司机室，师傅们手比眼看口呼唤，动作潇洒有力，目光坚毅有神，整个过程连贯自如。真羡慕啊！一种崇拜和向往油然而生，我一定要成为他们中的一员。现在，梦想终于变为了现实，我不仅成为“毛泽东号”中的一员，还当上了司机长。我感到这是一种荣耀，更是一种责任，我一定要把“毛泽东号”精神传承下去、发扬光大。

我深深知道，“永开安全车”是“毛泽东号”立下的铮铮誓言，也始终铭记“毛泽东号”创下的“责任心+责任制+基本功=安全”的基本经验。接任司

⊙第五代“毛泽东号”机车。 陈中朝/摄

063
061

机长以后，正赶上机车由内燃换型为电力不久，这是对“毛泽东号”跨时代的安全大考。那段时间，我带头学技练功，组织大家白天练实作、晚上学理论。宿舍枕头旁是一本本的业务书，家里闺女识字的小黑板，也让我画满了机车原理图。有一次，在外公寓驻班点休息，我迷迷糊糊地刚睡醒，搭班的司机笑着告诉我：“司机长，你真够可以的，说梦话都在背原理。”在我的带领下，大家凭着蚂蚁啃骨头的劲头儿，很快熟练掌握了电力机车的操纵技术。

在“毛泽东号”司机室操纵台上贴着一个提示牌，“手不离闸把，眼不离前方，背不靠座椅，说话不对脸，吃饭不同时，沏茶不谦让”，这是我们总结出的安全值乘口诀。值乘Z1次列车，从北京到长沙纵跨一市四省，单程1593公里，运行14小时07分，司机要手握闸把，坐得笔直，进行上千次手比，上万字

⊙刘钰峰擦拭“毛泽东号”机车车徽。 刘一赢/摄

呼唤。尽管非常累，大家依然会做到一板一眼、毫不松懈。每次有人添乘总会问我，为什么要求这么苛刻，我想，正是这种严苛的高标准高要求，才成就了“毛泽东号”73年安全生产一事不出的骄人业绩。作为“毛泽东号”人，就是要执行规章制度一点也不含糊！

2014年7月1日，“毛泽东号”结束了68年牵引货车的历史，开启了牵引客车的新征程，这又是对“毛泽东号”的一次大考。面对任务变化、交路延长的双重挑战，我们立下誓言，“毛泽东号”不仅要开好安全车，还要开好平稳车，让旅客乘车体验更美好！线路特征不熟悉，我们就徒步沿线查看；停车标位置不明确，我们就到车站实地勘察。一整天下来，有时是脸晒得通红，腿走得抽筋，脚肿得鞋都脱不下来。20天的时间，我们实地测量了161个车站停车标，现场确认了159个弯道桥梁隧道的跨度，并对担当线路特征进行了系统分析，最终编制出《作业指导书》和《操纵提示卡》。

为了能够做到车开得好又停得稳，我带领大家在整备线上反复练习机车与车辆之间的连挂，在车钩上放一满杯水，看看谁在连挂中能做到滴水不洒。牵引旅客列车后，我还多次到车厢中，征求列车员和旅客的意见，每当听到有旅客说，车开了怎么一点都没感觉到，我心里就特别高兴。我觉得，这是旅客对我们工作的最高褒奖。

73年来，“毛泽东号”以骄人的业绩成为始终走在时代前列的火车头，我们这一代“毛泽东号”人也必须当好先锋队。每年春暑运，机车组的成员都会到运转室，为其他乘务员演示标准化作业。我编制的《“毛泽东号”一次值乘作业法》已经刻成教学光盘，成为全段客车乘务员的作业标准。“毛泽东号”历来都是培养人、历练人、输送人的大熔炉。我当司机长以来，相继有20名同志从机车组走向各级管理岗位。集团公司每年都要评选表彰一批“毛泽东号”司机。现在，“报效祖国，忠于职守，艰苦奋斗，永当先锋”的“毛泽东号”精神已经成为北京局集团公司的企业精神。这既是我们“毛泽东号”的光荣，也是激励我们前进的不竭动力！

多少年来，“毛泽东号”人都要在9月9日这天，到毛主席纪念堂满怀深情地敬献花篮，缅怀伟大领袖。这几年，每逢新人加入，我都带着他们参观“毛泽东号”展室，给他们讲毛主席为第三任司机长郭树德在《毛泽东选集》上签字的故事，并郑重地向他们赠送一套《毛泽东选集》，激励他们要开“毛泽东号”车，先做“毛泽东号”人。不管严寒酷暑、不管风霜雨雪、不管多么疲劳，我们退勤前第一件事就是把机车擦拭干净，把车徽擦得一尘不染。我清楚地记得是个冬天，在一次挂车中，列检师傅看到是“毛泽东号”机车，竟然摘下有油渍的手套进行作业，嘴里还说，别给机车弄脏了。看到这一幕，我的眼圈湿润了。

2014年12月26日，“毛泽东号”牵引着首趟T1次列车安全正点到达长沙站，旅客们纷纷来到机车前合影留念，一位头发花白的老人用颤抖的双手抚摸着车徽说：“终于看到‘毛泽东号’机车啦，这就是服务人民的火车头呀！”这让我感受到了作为“毛泽东号”人的无上荣耀。

在我眼中，“毛泽东号”是一本书，一本传承责任、记录奋斗的励志书，让我看不够、学不完；在我心中，“毛泽东号”是一面鼓，一面引领向前、催人奋进的战鼓，激励我们永不停轮、奋勇向前。站在新时代，我们“毛泽东号”机车组将“不忘初心，牢记使命”，继续开好领袖车，做好领军人，为交通强国铁路先行作出新贡献！

⊙刘钰峰（左一）和“毛泽东号”机车组同事到整备线接车。 刘一赢/摄

大爱润草原

李峻屹　中国铁路呼和浩特局集团有限公司呼和浩特站东胜东站副站长。以他名字命名并由他担任队长的"峻屹爱心服务队"，先后获中华全国总工会"工人先锋号"、内蒙古自治区学雷锋活动示范点等荣誉。他个人获全国职业道德建设先进个人、2017年中华全国总工会春运"情满旅途"先进个人、内蒙古自治区道德模范、中国铁路总公司优秀共产党员、火车头奖章、中国好人等荣誉。

大爱润草原

——记中国铁路呼和浩特局集团有限公司呼和浩特站东胜东站副站长李峻屹

记 者 傅世忠 通讯员 闫蔚林

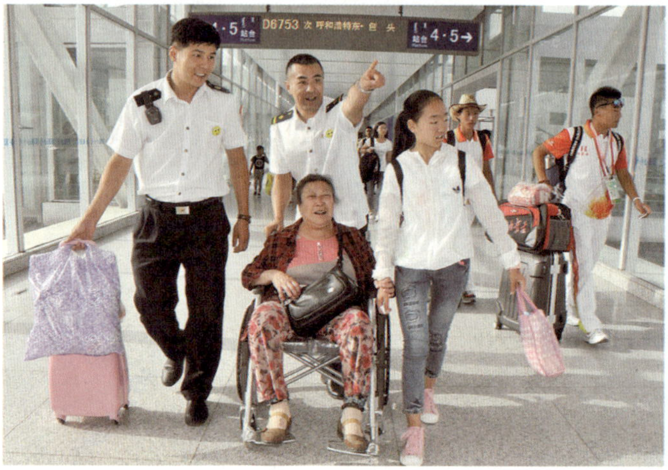

⊙李峻屹（后排中）正在服务重点旅客。 崔利明/摄

名满草原、大爱润人心的中国好人、呼和浩特站“峻屹爱心服务队”队长李峻屹，半年前肩负起了重任——担任呼和浩特站下辖三等站东胜东站副站长。

今年暑运，李峻屹格外忙碌。东胜东站是旅客去往成吉思汗陵和库布齐沙漠游玩的首选车站，刚刚开通三个月。他常常提醒自己，服务旅客不能有丝毫马虎，新站要有新风貌，要让“孙奇精神”在这片土地上开出艳丽的花。

服务一次旅客不难，难的是一辈子一心为旅客

在呼和浩特站“峻屹爱心服务室”中，一直存放着一本《峻屹日记》，里面记载着过去几年来大家服务旅客的点点滴滴。

1993年，李峻屹走上铁路客运岗位，每天与形形色色的旅客打交道。“想要做好服务工作，需要面对的第一关就是当好旅客的‘出气筒’。”至今，李

峻屹还记得第一次服务旅客的经历。

那天，他用轮椅推一位老大爷进站，陪同的一位男士口气生硬地要求李峻屹拎两个五公斤重的行李箱，言语间还带着奚落。李峻屹心里特别委屈："一开始服务旅客真上心了，但总服务不到位，有时反而给旅客增加了负担，容易被误会，有一阵子情绪波动很大。"

每当情绪不好的时候，李峻屹就反复琢磨父亲对他说的话："在家千日好，出门万事难。别人遇上困难，你搭把手、助把力，这是应尽的义务。"

在工作和学习中，李峻屹还把"孙奇精神"当作自己的标尺。业余时间，他学业务、练礼仪、找窍门，遇到问题向同事请教，直到弄懂吃透为止。经过一次次努力，他终于听到了旅客发自内心的称赞："小伙子真是个好人！"

"多换位思考就更能相互理解。而每一次'碰钉子'，都是我成长成熟的标志。"他对记者说。

默默的付出汇聚起的是爱的河流。李峻屹总是开心地说："服务旅客，不仅是工作，更是我的快乐。"

2015年12月，李峻屹荣登"中国好人榜"；2017年，荣获中华全国总工会春运"情满旅途"先进个人、第五届内蒙古自治区道德模范等荣誉。

出行有困难，"峻屹爱心服务队"来帮您

"峻屹爱心服务队"保存着旅客刘雯寄来的一封感谢信。信中写道："变样了，车站里出现了好多戴着'峻屹爱心服务队'臂章的年轻人。我一进站，就有个叫沈明辉的工作人员帮我拉行李、抱孩子，一直送我们上车。头一次感觉坐火车像回家。"感谢信的落款时间是2014年。

这一年春运，由李峻屹担任队长的"峻屹爱心服务队"在呼和浩特站成立。

作为内蒙古自治区首府第一窗口的火车站，呼和浩特站日均发送旅客数量最高曾达到七万人次，客流淡季每天发送旅客数量也在三万人次左右。寒来暑往，李峻屹带着队员忙前忙后，做老年旅客的"儿子"、残疾旅客的"拐杖"、盲人旅客的"眼睛"…… 每一次服务都蕴含了太多故事。

服务队刚起步那年，队员们工作经验不足、服务技能欠缺，许多旅客不买账。但李峻屹和队员始终不气馁，用实际行动践行"爱心相助、情暖旅途"的服务承诺，用行动传承着"孙奇精神"。

通过实践摸索，李峻屹和队员们总结了“责任多一点、微笑多一点、耐心多一点、奉献多一点、爱心多一点”的“五个多一点”服务理念、七项服务措施及“6S”服务品牌等一套服务“秘诀”：引导盲人旅客要走在斜前方，用胳膊卡在旅客胳膊肘；服务坐轮椅的旅客时，遇到地面障碍物应该先过大轮再过小轮……

俗话说，锦上添花不是情，雪中送炭才是爱。“峻屹爱心服务队”的队员们每天都在重复着雪中送炭的爱。成立四年来，累计帮扶旅客近万人次，收到锦旗30多面、表扬信上百封、表扬意见近千条，与600多名重点旅客保持长期联系，先后获得全国总工会“工人先锋号”等荣誉称号。如今，“峻屹爱心服务队”队伍不断壮大，遍布管内呼和浩特站、呼和浩特东站、准格尔站以及东胜东站。

“世界上有很多东西越分越少，唯独‘爱’越分越多。”李峻屹说，这不仅是自己最喜欢的一句话，而且深深影响着队里一批又一批的年轻队员。

今年27岁的梁嘉琪回想起自己刚入队时的经历，深有感触地说出了许多年轻队员的心声：“服务旅客遇到难题，李峻屹总是耐心细致地做我们的思

⊙李峻屹组织旅客有序乘降。 任卫云/摄

⊙李峻屹组织旅客检票进站。 任卫云/摄

想工作。这里是一个快乐的集体，是一个成长成才的富足土壤。”

除了热情、周到服务旅客，李峻屹“大爱”的触角还延伸到社会公益事业。他经常参加义务献血、扶危助困、敬老爱幼等公益活动。同时，他还义务资助托克托县双河镇第二小学十名贫困家庭的学生，并定期上门看望，帮助孩子们解决实际困难。孩子们亲切地称他为“峻屹爸爸”。在李峻屹的影响和带动下，“峻屹爱心服务队”也积极参与社会公益活动，累计为贫困学生提供7000多元助学金和学习用品。

初心不改，“大爱润草原”是最美的风景

走上东胜东站副站长岗位后，李峻屹暗下决心：“要把永远微笑服务旅客的旗帜插到鄂尔多斯，精心打造成东胜东站一张亮丽的服务名片。”

面对新环境、新考验，中国铁路呼和浩特局集团有限公司党委提出了“让旅客更满意就是我们的服务追求”新时代客运服务理念。对于如何凸显“更满意”，李峻屹通过实践摸索有了清晰的想法。

东胜东站投入运营之初，李峻屹连着一个多月没回家，白天盯着客运设施的安装，晚上加班加点健全车站相关规章制度，就是躺在床上还要腾出脑子想想如何提升“峻屹爱心服务队”的服务质量。

东胜东站客运值班员薛磊告诉记者：“就是回呼和浩特短短的两三天休息时间，峻屹大哥的第一件事，不是回家，而是跑到呼和浩特站客运车间，找‘峻屹爱心服务队’的老队员探讨服务技巧、总结经验，然后记录在笔记本上，带回东胜东站。”

东胜东站客运员张宇对李峻屹的管理风格也非常认可："李站长对我们东胜东站新成立的服务队要求特别严，白天到各个岗位盯控，看职工业务素质、服务标准、文明用语等方面的落实力强不强。晚上无车时间段，他还会组织大家查找白天工作中存在的不足，拿出整改的办法。"

今年4月30日，客运员张宇巡视候车大厅时发现一位老年旅客有些不知所措，便微笑着上前询问出行需求和健康情况，随后将其搀扶到重点旅客候车区域，并送上一杯热水。根据车次信息，他又协助这位重点旅客提前检票，并一路护送到车厢座位上。对于旅客的赞扬，张宇谦虚地说："这都是李站长'服务课堂'的功劳。"

暑运开始，地处旅游热点的东胜东站又忙碌了起来。

今年7月16日13时21分，呼和浩特东至鄂尔多斯的D6961次旅客列车到达东胜东站。正在二站台上盯控作业的李峻屹看到一位女士吃力地推着一个轮椅后，立即拿起对讲机："张宇，快！站台上有重点旅客。"

说话间，李峻屹已微笑着迎了上去："您好，我来推。"然后，他向迅速跑来的张宇喊了一声："来，帮这位女士拿行李，送他们出站！"

在骄阳似火的午后，从二站台到出站口要先下65阶楼梯，还要穿过地下通道。李峻屹和张宇紧抓轮椅左右扶手，额头布满汗珠……

出站口外，李峻屹半蹲在轮椅旁叮嘱轮椅上的老人："大娘，以后您来东胜东站先打

⊙“峻屹爱心服务队”的队员服务重点旅客。 崔利明/摄

12306电话，我们的‘峻屹爱心服务队’会提供全程服务。”

轮椅上的大娘看到李峻屹满头大汗，顺手从衣兜里掏出手绢，细细地为李峻屹擦汗，那慈祥的眼神，分明就把眼前的铁路职工当成了自己的孩子。那一刻，李峻屹的眼睛湿润了。

采访手记

在草原上播撒爱的火种

李峻屹常说："做一个温暖的人，用加法的方式爱别人，用减法的方式对待怨恨，用乘法的方式去感恩，你会发现全世界都会向你微笑！"

服务中，受到旅客的误解，他委屈过；得到旅客的信任，他感动过；赢得旅客的称赞，他自豪过……采访中，《峻屹日记》里的每一笔记录、队员们的每一句诉说，都让人从心底感到一股浓浓的暖意，为我们的社会有如此的正能量而自豪。

一位接受过李峻屹和他的队员帮助的退休教师，在寄给呼和浩特站的表扬信中写道："此次帮助我们顺利进站，让我们看到了当今社会还有李峻屹这样一群正直、善良、细心、乐于助人的优秀青年，他们的品质就是我们社会的脊梁！"

"星星之火，可以燎原"。如今，李峻屹继续带着一颗"爱"的火种，无怨无悔地在草原上尽情播撒着"人民铁路为人民"的大爱。

（原载2018年8月31日《人民铁道》报A1版）

在大草原传递爱的“接力棒”

李峻屹

站在这里，我先说说我的妻子孙奇，她是第四届全国道德模范、一名普通的售票员。2013年9月19日，与病痛抗争了多年的她永远地离开了我。在最后的那几天，她总是和我念叨：“多想再为旅客服务一次。”七天后，我代表孙奇站在了全国道德模范颁奖台上，还和大家一起荣幸地受到了习近平总书记的亲切接见。那一刻我想，我不仅要代她接过这份荣光，还要接过她爱的接力棒。

传递爱心莫过于解难助困。这一点，我有深切的感受。孙奇患病后，我经常背着大包小包、用轮椅推着她去看病，进出站、上下车的时候，遇到好心人来帮忙，我心里可高兴了。可有的时候，就只能自己来来回回跑，一趟又一趟，总盼着有人能来搭把手、帮个忙。从那以后，每当我看到别人需要帮助

⊙李峻屹（左一）检查车站的消防系统。 任卫云/摄

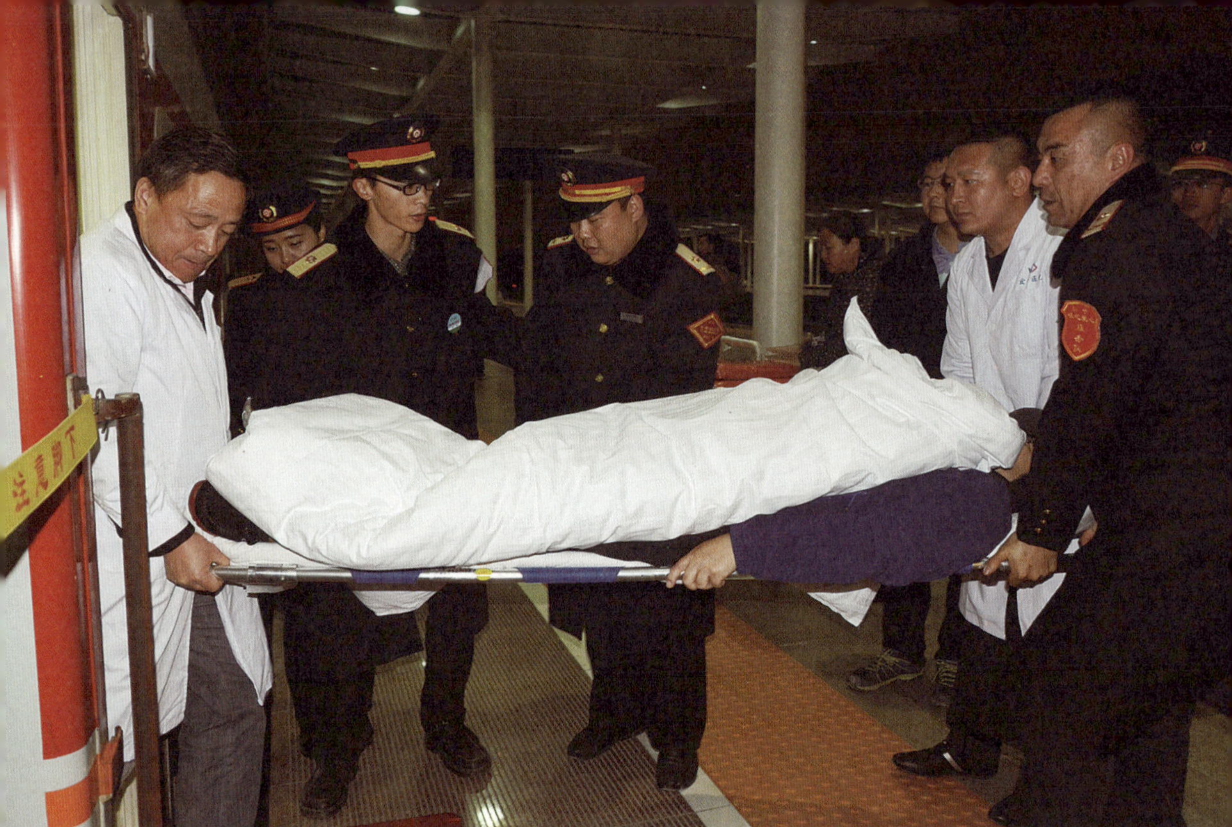

⊙“峻屹爱心服务队”队员帮助重点旅客下车。　崔利明/摄

时，我都主动尽力去帮。孙奇走后，全路都在学习她的事迹，我感到自己更应该带头学、带头行动。经过考虑，我决心组建一支服务队。2014年1月10日，在组织的支持下，“峻屹爱心服务队”成立了。

万事开头难。由于大家都是在干好本职工作的同时，去义务帮扶，增加了不少工作量，有的队员心里打起了退堂鼓；还有的在服务中受了委屈，一时转不过弯，影响了积极性。组建服务队，没想到难题这么多，加上妻子离开不久，我心里特别难受，吃不下、睡不着，甚至想一狠心把服务队解散算了。那段日子，一些曾经受到孙奇帮助过的旅客朋友打来电话关心我，甚至到车站看望我，这让我很感动。从他们安慰我的话语中，我仿佛看到了孙奇服务旅客中的点点滴滴，感到她就像一团火，温暖了那么多人。我暗下决心，为旅客排忧解难这件事，不管有多难，都要坚持做下去，做出个样子来！想到这些，我心里亮堂多了。

一有空，我就跟队员们掏心窝子讲我的心路历程，谈服务的心得体会，一同感受爱的力量。慢慢地，大家理解了我的初衷，服务队的状态又好了起来。春运中的一天，我正在值班站长岗值守，忽然听到对讲机里喊着“史晨摔伤了”，我抓起药箱向站台跑去。原来，他在帮旅客搬大件行李时，脚下一滑，从台阶上摔了下去，受伤的脚踝肿得老高。我立马带他去医院，背着他楼上楼下地检查，办理住院手续。当时，他的妻子正怀孕，父母又远在外地，身边没人照看，我一直留在医院昼夜守着他，直到他的父母赶来。这件事以后，队员们和我更亲近了，谁有事都愿和我唠唠。有的与女朋友闹了矛盾，我便从中当“和事佬”；有的队员胃不好，我就经常备好热水……渐渐地，大家都把我当成了老大哥，在服务中的干劲也更足了。

为了帮助好各式各样的困难旅客，我们边服务边学习。有一天，我在服务一位盲人旅客时，主动请教服务技巧。原来，为盲人旅客带路时，不是我们想象的搀扶姿势，而是要走在他的右前方，把左胳膊端平让他扶着，这样他才更得劲。我把这次服务心得写进了《工作写实》，交接班时，大家感到很新奇、很受用，都觉得以后应该记下这些服务心得和感悟。后来，车间党总支为我们统一配备了本子，每班一记，取名为《峻屹日记》。从此，通过一本本的《峻屹日记》，大家交流了服务体会，提升了服务技能，逐渐享受到了更多的服务快乐。

随着铁路的发展，客流在大幅增长，我们的服务项目也在不断改进创新，《峻屹日记》的内容也越来越丰富。后来，我们把日记作了整理，提炼出“五个多一点”服务理念和6S服务标准，服务队的工作更加规范化、标准化。2014年站改期间，一名刚做完手术的旅客打算回延安，就抱着试一试的态度联系到我们。当天，我们按照预约服务流程，从取票到上车，各岗位队员协调联动、无缝衔接。上车临别时，他握着我的手激动地说：“太感谢你们了！让我一万个没想到，铁路服务这么好！”旅客发自肺腑的话，让我一下想起了当年好心人帮助我的经历，越发觉得成立爱心服务队帮助旅客这件事做得对、做得值！

2018年4月，为了让服务队在新开通的呼鄂线开花结果，我主动请缨来到东胜东站。当我一提出组建爱心服务队的想法，就得到了大家的积极响应。在当年的暑运中，由于需要帮扶的重点旅客多，我们坚守在岗位，吃住在单位，一下子就叫响了服务队的品牌。如今，在呼和浩特站管辖的五个客运站，都成立了“峻屹爱心服务队”，队员由最初的19人扩大到了110人，传递爱的人越来越多。让我最自豪的是，服务队个个都是好样的，特别是一些年轻人，平时在家都是被父母宠着护着，但在帮扶旅客时，他们不怕苦、不怕累，比着学、赛着干。现在，大家都可以独当一面，很多人走上了关键岗位。四年来，“峻屹爱心服务队”累计帮扶旅客近万人次，与600多名重点旅客保持着长期服务联系，

⊙由于东胜东站售票人员较少，李峻屹有时也担任售票工作。 任卫云/摄

收到锦旗、表扬信和感谢留言总计过万，还光荣地被评为了全国工人先锋号。

我觉得，爱要宽广流长，就像大草原上奔腾不息的河流。对“峻屹爱心服务队”来讲，我们的爱心奉献还应该从铁路岗位延伸向社会。我也像孙奇那样，加入了内蒙古自治区“紫丁香”公益组织，向社会传递铁路人的无疆大爱。孙奇生前一直在资助贫困生谭旭，即使在病重期间仍念念不忘。她走后，我没有让这份爱心中断。一天，我收到小谭旭发来的短信，上面写道：“峻屹爸爸，我又被评为了三好学生，谢谢你和孙奇妈妈。我一定好好学习，长大了报答你们、回报社会！”这几年，在我的带动下，队员们也纷纷加入义务帮扶行列，持续为16名贫困孩子献爱心，每年3月5号的“学雷锋日”，我们都会来到学校，给他们送去衣物和文具。我们还利用休班时间到敬老院做义工，陪老人们唠家常，老人们都说：“你们就像亲生儿女一样。”

心中有大爱，脚下有力量。新时代，在祖国北疆辽阔的大草原，“峻屹爱心服务队”将紧握爱的接力棒，一棒接着一棒奔跑下去，永远传递“人民铁路为人民”的真情大爱！

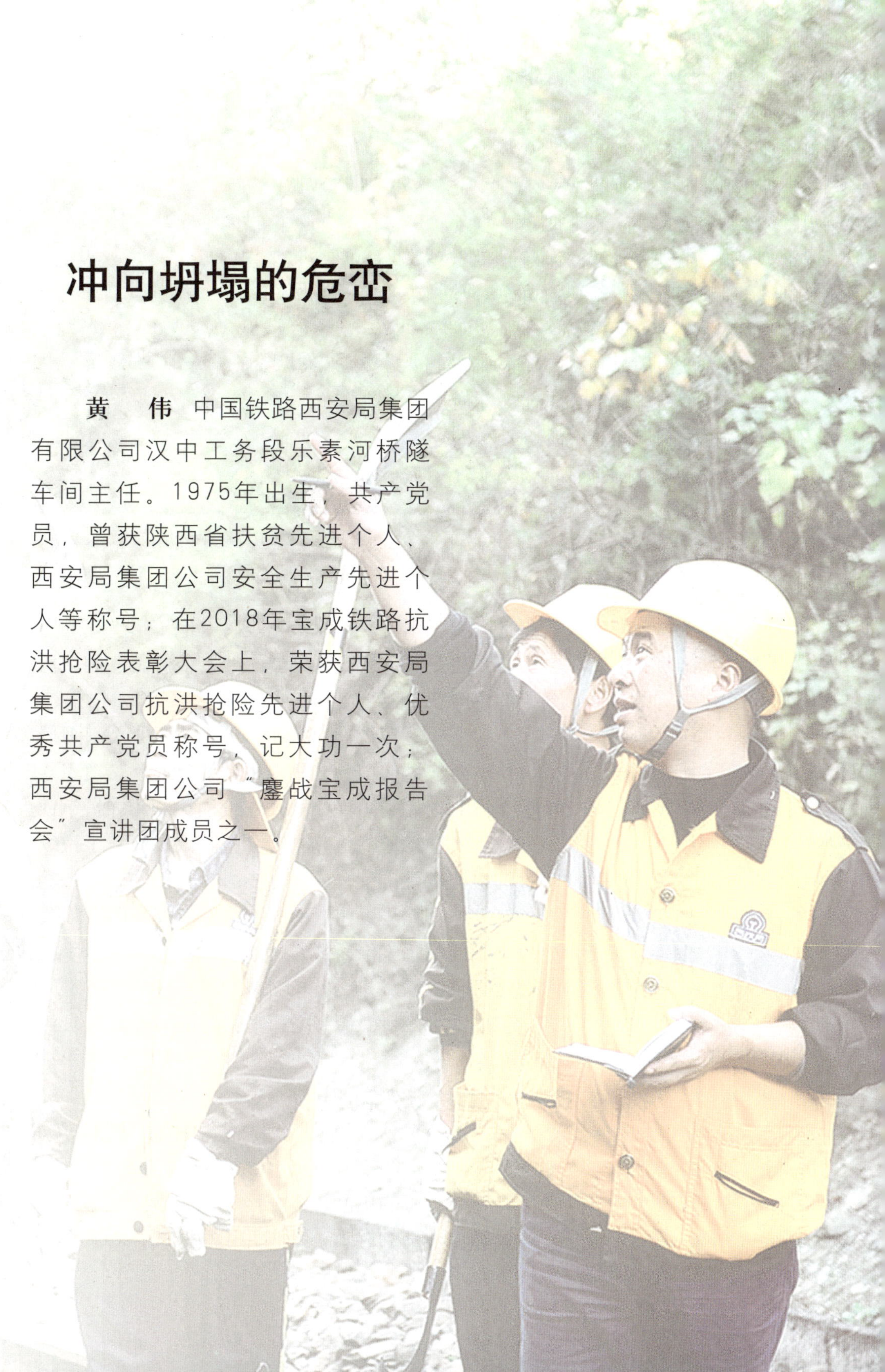

冲向坍塌的危峦

黄　伟　中国铁路西安局集团有限公司汉中工务段乐素河桥隧车间主任。1975年出生，共产党员，曾获陕西省扶贫先进个人、西安局集团公司安全生产先进个人等称号；在2018年宝成铁路抗洪抢险表彰大会上，荣获西安局集团公司抗洪抢险先进个人、优秀共产党员称号，记大功一次；西安局集团公司“鏖战宝成报告会”宣讲团成员之一。

冲向坍塌的危峦

——记中国铁路西安局集团有限公司汉中工务段乐素河桥隧车间主任黄伟

记者 唐茹 通讯员 李悦 杨超 柴钟琪

⊙黄伟记录汉中工务段管内宝成铁路沿线山体危石变化情况。
马瑜阳/摄

夜沉雨骤，百米危峦上，有他不惧生死的逆行壮举；山崩石落，千仞峭壁上，有他和工友们奋勇攀登的矫健身姿。

今年7月12日，陕南略阳县城被洪水倒灌后，公路中断、通信中断、供电中断，宝成铁路白雀寺隧道上方的猫儿山出现滑移式连续崩塌。为守护钢铁大动脉的安全畅通，他和上千名抢险人员展开了持续16天的艰苦鏖战。

他，就是黄伟，中国铁路西安局集团有限公司汉中工务段乐素河桥隧车间主任，一名从父亲手上接过养护宝成铁路接力棒的"铁二代"，一位在"7·12"宝成铁路抢险中历经生死考验的抗洪英雄。

生与死的选择
——雨夜登上猫儿山的"孤胆英雄"

"脚下的山路一步三滑，人根本就站不稳。我紧紧抓住前面的树木，手脚并用往上爬，心里只想着赶紧摸清状况，第一时间把病害情况传回去。”10月22日，在西安局集团公司举行的“鏖战宝成报告会”上，黄伟的倾情讲述把在座的干部职工再次带到了惊心动魄的抢险现场。

7月12日，山城略阳被淹后，乐素河桥隧车间干部职工在雨中巡查时，发现宝成铁路王家沱至乐素河区间227公里处右侧护坡裂缝，出现鼓包，他们立即果断拦停了正在区间运行的一列货车。

接到水害险情信息，黄伟当即赶到现场，确认护坡暂时稳定，限速放行了货车。随后在扩大范围检查时，他发现隧道北口仰坡也出现了裂缝。

“当时天已经黑了，雨一直在下，不时还有落石滚到线路上。根据经验，我判定这不是一次简单的塌方。想到这，我立马带人上山检查。”黄伟回忆道。

白雀寺隧道上方的山体叫猫儿山。黄伟和工友们登上山，发现了15米长的裂缝，导致铁路护墙开裂。

险情超出了想象。面对随时可能出现塌方的山体，还继续上山不？如果上，万一有生命危险怎么办？如果不上，又怎么把险情搞清楚？黄伟犹豫了一番，对工友们说：“你们不要上了，我一个人去看看。”

⊙黄伟握紧安全绳，在半山腰清除危石。 马瑜阳/摄

⊙黄伟（右一）与职工一起检查山体。 马瑜阳/摄

天黑路险，黄伟摸索着又往山上爬了20米，发现护墙开裂得更严重。他大声警示山下的工友们："赶紧下山，进北头隧道去避险。"

明知山有险，偏向险山行。黄伟用手电筒开路。危岩诡谲地"蹲伏"着，他把凹凸不平的石面当成上山的阶梯；大树狂躁地"叫嚣"着，他把张开的枝丫当成攀爬的扶手。就这样，他逐渐摸清了山上15～20道台阶式护墙全部拉裂、越往上护墙拉裂越严重等情况，并第一时间上报。

检查完护墙，黄伟又往山上攀爬了三四十米，没有发现新的险情。在下山时，他又面临一个新的选择：往北走还是往南走，北边是安全的，走北边的话南面隧道仰坡情况就检查不到了，如果走南面，就要通过随时可能垮塌的山体，人身安全难有保障。

想到身上背负的责任，黄伟调转方向，选择了危险的南面山体，向白雀寺隧道上方的危岩攀爬。

果然不出所料，爬了不到30米，黄伟就发现了一个深坑，下陷区20米长、六七米宽、50厘米深。他赶紧拍了照片，避开塌陷区下山。可是，漆黑的雨夜里，在密布的丛林深处，他迷路了，还扭伤了左脚，被困在一棵树上。

7月13日4时许，黄伟被抢险人员救下山，他立即将山上的情况向抢险指挥部做了详细汇报。没过多久，轰隆一声巨响，半座山坍塌。黄伟说："那一瞬间，我惊出了一身汗，因为塌方的地方，正是我检查经过的地方。"

安与危的选择
——悬空清除塌方体危石的"蜘蛛人"

一夜之间，猫儿山崩塌7.5万立方米，白雀寺隧道北口被全部掩埋，泥石覆盖线路100余米，接触网受损400

⊙黄伟对影响线路安全的树枝进行清理。 马瑜阳/摄

余米。

7月12日晚，中国铁路总公司技术专家和西安局集团公司干部职工就地驻扎，成立现场抢险指挥部。13日清晨，指挥部决定成立排险队，由黄伟所在的乐素河桥隧车间在坍塌体上部进行刷方作业，将松动山体上的浮石敲掉，为机械进场做准备。

坍塌体上的刷方作业与平日扫山不同，难度超出想象。没有上山的路，抢险人员要背着土镐和撬棍，抓着安全绳、系着安全带登到150米高、坡度近乎90度的山顶，身体悬空像蜘蛛人一样，从上向下清理危石和悬空的树根桩。

在场的每个都人深知任务艰险。这时，车间领头人黄伟说："是党员的站出来、跟我上，关键时刻我们不上谁上！"

黄伟几乎一夜未眠。他戴上安全帽，一瘸一拐登上坍塌的山体。其他职工见状纷纷跟着他，一步一步攀到最危险的地方。

站在山头上，黄伟和工友们一手抓着安全绳，慢慢从滑坡边缘下去。坡面上到处是尖锐的岩石，一不小心就会划破手臂。他们身体几乎悬空，在放绳的瞬间往下一跳迅速找到落脚处，让自己保持平衡。

"我悬挂在塌体坡面时，不敢抬头，也不敢回头。很多次，我们正在作业，山体又塌方了，头顶不断有碎石滚下来，脚下是翻滚的嘉陵江，望一眼，胆战心惊。"黄伟坦言自己也曾害怕，但强烈的责任心和使命感让他没有时间去细想，而是一门心思地清除危石。

在黄伟的带领下，乐素河桥隧车间人人奋勇争先，奔着早日抢通宝成铁路的目标，完成了多项抢险攻坚任务。在西安局集团公司宝成铁路抗洪抢险表彰大会上，该车间获得最佳党员突击队称号，八人获得先进个人称号，两人被记大功。

义与情的选择
——宝成铁路抢险攻坚的“夫妻兵”

7月15日，在抢险现场，汉中工务段后勤小分队新增了一名女队员。她是黄伟的妻子叶静，自愿给抢险一线的工友们送饭。此外，她心里还藏着一份小心思。

抢险正争分夺秒地进行中，因为会让运送物资的车辆，叶静坐着送饭的轨道车走走停停，一个多小时才到达现场。她沿着铁路走向塌方点时，看见换休的职工横七竖八地躺在避车洞里，有的在一堆料具里睡着了，有的坐在木板上打起了鼾……这些人里没有她日夜牵挂的黄伟。

天色暗下来时，又一批抢险人员筋疲力尽地从山上下来。叶静瞅见了黄伟，赶紧打好饭菜迎上去。黄伟见了叶静，意外而惊喜。他吃完饭，叶静帮他在左脚上喷了药后，小声问道：“你让人把结婚戒指带给我，是啥意思？”

黄伟这才想起来，那晚上山，他心里没底，就取下戒指让工友捎给媳妇，万一自己发生什么意外，让媳妇明白自己对她的心意，没想到叶静想歪了。他赶紧解释说：“没有别的意思，我就是担心弄丢了，让你先帮我存着。”

叶静半信半疑地点点头，看到黄伟受伤的左脚肿得跟面包一样，深深感受到丈夫身上背负的压力。黄伟的父亲是宝成铁路建设者。1996年，黄伟在父亲奋斗过的宝成铁路干起了养路工，22年来从未发生过一次安全事故，而此次灾情恰巧在车间管内。叶静决定用行动支持黄伟，每天跟随后勤小分队到现场，趁吃饭时间给丈夫喷喷活血药物，晚上再回家陪伴正上高中的儿子。

宝成铁路抢险期间，一会儿艳阳高照，一会儿暴雨倾盆。煎熬时刻，叶静和黄伟并肩奋战在抢险一线。黄伟说，他清理坍塌体危石时，最多的时候一天下去五六次，每下去一趟全身就湿透了，汗水、雨水交织在一起。每次累了、倦了，他都会向山下的人群里望两眼，虽然什么都看不清，但他知道那里有最爱最亲的人和自己一起在奋战。

7月28日17时，历经16天的艰苦鏖战，宝成铁路顺利抢通，全线恢复通车。看到货车安全通过白雀寺隧道，黄伟的泪水夺眶而出。

“只要组织需要、工作需要，即使面临生死考验，我也会义无反顾地守护宝成铁路大动脉安全畅通。”当“鏖战宝成报告会”在西安局集团公司管内巡回宣讲时，黄伟的真情告白赢得了聆听者的热烈掌声。

采访手记

危难之时显担当

宝成铁路抢险时，记者几次想采访黄伟都扑了空：大本营里等不到，因为他守在随时可能崩塌的山上；登到山顶近不得，因为他吊在悬崖峭壁上排险；傍晚换班时仍见不上，他一干就是五六个班。直到翌日晚餐时，记者才终于与他聊了半个小时。这个浑身透着干练劲儿的西北汉子讲起发生的事，听得记者手心冒汗、眼中泛泪、心生崇敬。

一滴水里观沧海。黄伟孤身探险时的无惧生死、带头攻坚时的忘乎安危、面对至亲的隐忍内敛，展现了一名铁路一线党员干部奋勇向前的先锋本色、舍我其谁的责任担当和以路为家的高尚情怀。

无论何时何地，党有召唤即赴戎机，人民有需要万难不辞，“人民铁路为人民”的承诺在铁路改革发展的大潮中始终如一，这就是蕴藏在黄伟身上的榜样力量。铁骨钢筋、铁血丹心，这份山崩于前面不改色奋勇前行的担当，就是伟大时代铁路人永葆本色的英雄气魄。

（原载2018年11月26日《人民铁道》报A1版）

宝成抢险中的生死考验

黄　伟

2018年6月下旬开始，连续20多天强降雨，美丽的山城略阳，一度被水淹没。公路中断、通信中断、供电中断，铁路也未能幸免。尤其是宝成线白雀寺隧道上方山体，先后塌方60多次、7.5万立方米，几乎半座山都塌了下来，掩埋线路100多米，在抢险过程中我经历了生死考验。

7月12日，我们车间在冒雨检查设备时，发现宝成线王家沱至乐素河间K227+410右侧护坡出现一条长10米、宽30毫米的裂缝，而且松动鼓包，检查人员果断拦停列车，封锁区间。险情发生后，我立即赶到现场，带领职工扩大检查范围。

雨一直在下，不断有落石从山上滚下来。根据经验，我判定这不是一次简单的塌方。晚上10点多，检查完线路，我想再去看看山体护坡的情况。当我们上到二三十米高的时候，发现山坡上有一条十几米长、一尺多宽的裂缝。我的心咯噔了一下：不好，问题严重。我对伙计们说："你们不要上了，在这等我，我一个人上去看看。"

我嘴里咬着手电，刚往上爬了几米，手电光突然照到了手上的戒指，我猛然闪过一个念头：万一有危险，下不来咋办？！我回转身，把戒指摘下来交给伙计们保管。伙计们急切地劝我："雨这么大，天这么黑，情况又危险，我们都不要上了。"

我没有听从大家的劝阻，因为我是车间主任，又是共产党员，我必须上去把险情摸清楚。我又往上爬了几十米，看到护墙到处都是裂缝，前后上下都错开半米多了,险情超出了我的想象，随时都有大面积塌方的危险。想到下面还有60多名工友在做抢险准备，我的心一下子提到了嗓子眼，赶紧向下面的伙计大声吼道："你们赶快下山，情况非常危险，通知所有人撤离、设好防护。"

上面的险情触目惊心，原先修建的台阶式护墙全部拉裂，而且越往上裂缝越宽，我用手机拍照时手都在发抖。

雨越下越大，我准备下山，可忽然想到，护坡的情况查清楚了，隧道口上

⊙黄伟（左）组织职工进行班前安全教育。 马瑜阳/摄

方的情况还不知道！我想，“既然上来了，就一定要把所有险情全部查清楚再回去。”这时，我已经筋疲力尽，手臂上全是血口子，手掌上、胳膊上扎了很多刺。我顾不上这些，快速地爬过可能随时垮塌的危险区。在隧道口上方，我发现了一处两间房那么大的下陷坑，赶紧向领导做了汇报。

夜沉雨骤，林密坡陡。下山的途中，我突然脚下一滑，摔倒在地，扭伤了左脚。我满身泥水，借着微弱的手电光，跌跌撞撞地往下走。走着走着，手电光照不到路了，我只好紧紧地抱着一棵树。不知过了多久，突然看到前方有亮光，我赶紧大喊呼救，原来是抢险的轨道车来了，他们听到我的呼救声后也冲我喊：“千万不要动，你怎么跑到悬崖边上去了？”

被救下山后，伙计们见到我，非常激动。他们说：“你可回来了，我们都快急死了。”这时，我才知道，我已经在山上待了近五个小时。

没过多久，“轰隆”一声巨响，半座山坍塌，白雀寺隧道口瞬间被掩埋。我吓出了一身冷汗，因为塌方的地方，正是我刚刚检查经过的地方。

为了成千上万的旅客和物资的运输，我们必须尽快抢通宝成线。经过制定周密的抢险方案，13日天刚亮，抢险工作就全面展开了。

首先是要把塌方面上的危石、活石和悬空的树根、树桩清理干净，为后续的抢险创造安全条件。这面山坡有150米高，坡面几乎90度，需要上到山顶，把安全绳一头绑在山顶的大树上，一头系在我们的腰上，用土镐和撬棍把塌体上危石一点一点地往下撬。

连续多日降雨，山体极不稳定，随时可能再次崩塌，危险面前我必须带头上。我戴好安全帽、绑好安全绳、拿着工具第一个吊在悬崖边上，工友们看到我下去了，也纷纷跟着我下到了塌方面上。

由于坡面很陡，我们身体几乎悬空，干活时需要迅速掌握平衡，一不小心就会被吊在空中打转，甚至撞到峭壁上，工友的胳膊、手臂经常被划伤。看到撬落的危石滚落到汹涌的嘉陵江中，让人胆战心惊。就在清理危石的过程中，险情仍然不断，几次刚刚清理出的隧道口，瞬间又被塌方掩埋了。

7月的天气变化无常，一会儿烈日暴晒，一会儿暴雨倾盆，我们全身湿透，汗水、雨水交织在一起。但大家没有退缩，只有一个愿望，那就是：尽快抢通宝成线！

抢险的日子里，全路、全局总动员。抢险工作迅速推进，7月15日晚我刚从山上下来，远远地看到妻子在路口等着我。妻子和我一个单位，这两天在给工地送饭，我在山上作业，一直没有见到她。

妻子迎着我跑了过来，拉着我满是血口子的手，心疼地

⊙黄伟（右）对山体重点危石病害进行测量。 马瑜阳/摄

说："黄伟，以后干活可别这么猛了，要注意点。真有什么意外，我们娘俩怎么过？你还把戒指捎给我，你是不想见我们了？"

听着妻子那无奈、心疼的话语，看着她那双还闪着泪花的眼睛，我心里五味杂陈，非常愧疚。妻子又抢着说："我知道，给你说了也是白说，但你干活时还得多想想咱这个家。"妻子还没说完，我的眼泪止不住流了下来。

经过1000多人连续16个日夜的艰苦鏖战，7月28日17时，一列货物列车安全通过抢险工地，宝成大动脉终于抢通了。抢险的16个日日夜夜，展示了我们的作风，淬炼了我们的意志，令人终生难忘。想想干铁路一辈子，可能轻易不会遇到像鏖战宝成这样的大灾大险，但我们一定要传承好宝成抢险精神，时刻严阵以待，即使再次面临生死考验，我们依然会义无反顾、奋勇向前！

大美芬芳千万里

陈美芳　中国铁路上海局集团有限公司杭州客运段甬广车队列车长。1979年出生的她刚满18岁时，就成为杭州客运段的一名列车员，2007年10月成为一名列车长。她创建的“陈美芳亲情服务团队”被评为全国铁路党内优质品牌，她个人荣获全国劳动模范、全国最美青工、浙江省劳动模范、浙江省建功立业女标兵、浙江省职业道德建设十佳标兵、全国铁路创先争优党员服务明星等多项荣誉称号，并获得全国五一劳动奖章、火车头奖章。2017年，她光荣当选为党的十九大代表，并参加中国共产党第十九次全国代表大会。

大美芬芳千万里

——记中国铁路上海局集团有限公司杭州客运段列车长陈美芳

记 者 孙业国 通讯员 姜 雯

⊙陈美芳在列车餐车组织小旅客开展主题绘画活动。冯志明/摄

暮春时节，美丽的西子湖畔，柳垂燕归。家门口的美景，陈美芳却无暇欣赏。身材娇小的她换上制服，大檐帽往头顶一压，准时来到杭州站站台，对着相伴了许许多多个日夜的列车敬礼，然后继续带队出征。

待旅客如亲人，初心不变，工作近21年来，中国铁路上海局集团有限公司杭州客运段宁波至广州K212/209、K210/211次列车长陈美芳做到了。

当一名列车员，是这辈子最大的梦想

崇山峻岭中的浙江金华浦江，有个美丽的小山村叫五星村，这里就是陈美芳的家乡。美丽源于青山绿水的质朴，质朴又深埋于山里人心中。20世纪90年代初，陈美芳的父母走出家乡，来到江西鹰潭开荒种地、养蚕。逢年过节，坐火车团聚成了一家人最大的向往。

1993年春节，14岁的陈美芳和哥哥跟着爸爸回

老家过年。一家人来到鹰潭站，站台上的人黑压压一片。列车进站后，陈美芳和哥哥在车站工作人员的帮助下好不容易才上了车，可上车后一直没有找到爸爸。列车已经缓缓开动，兄妹俩急了，一头大汗，脸贴着车门玻璃向外寻找。正在这时，听到相邻车厢有人高喊："请让一让，我找小孩！"父女相拥而哭的那一刻，小美芳暗暗发誓："以后我要当列车员，一定不会让乘车的孩子和家长分开。"

1997年，18岁的陈美芳迎来了人生道路上的大事：她如愿成了一名乘务员。

第一次出车，她叠毛巾、整行李、换卧具、刷马桶……车还没到广州，手上就磨出了血泡，繁重的体力活把陈美芳累哭了。下班后，陈美芳找到公用电话拨回家里，喊了一声妈妈，就已经泣不成声。第二天一早，爸妈赶到杭州，对她说："真的不想干就回家吧，但当列车员不是你的最大梦想吗？"在出租屋痛哭了一宿，陈美芳渐渐平静下来。她坚定地说："我自己选的路一定能走好，就算干一辈子也无怨无悔。"

再次上车后，陈美芳像换了一个人。她认真向老师傅学习，别人干一遍，

⊙陈美芳（前）将自己总结的叠被子方法和技能传授给班组乘务员。 沈克勤/摄

她干两遍。长途绿皮车里十分拥挤，人声嘈杂，她像只小蜜蜂忙碌从车头到车尾，清倒果盘、擦抹茶几……别人打扫卫生用拖把，她用铲刀顶着抹布，将边边角角抠得干干净净，有时还用钢丝球，一点点除去积存的污垢。

休班时间，陈美芳回到出租屋继续练习叠被子、叠毛巾。在师傅悉心指导下，她练就了过硬的基本功。一节车厢，66床被子，她只用半个小时就能叠得整整齐齐。行李架、毛巾绳、鞋子被摆放成三条线，成了旅途中的风景，旅客张勇还用摄像机拍摄了她整个作业过程。

不能只默默干活，还要学会思考，想到就要做到，已经做到的要做得更好

有了较为扎实的基本功，陈美芳又暗下决心：每次出乘至少要做一件好事。

蒋馨怡是浙江绍兴人，家庭生活拮据，每当他提起陈美芳，总是打心里感激。2015年8月25日凌晨，陈美芳巡视到列车14号车厢5号下铺时，忽然传来孩子的哭闹声。陈美芳弯腰查看，坐在一旁的孩子父亲蒋馨怡疲惫地说：“女儿得了地中海贫血症，肝脏刚动过手术，疼！”孩子的哭声令人揪心，

⊙陈美芳（中）在班组乘务员中开展“不忘初心、牢记使命，交通强国、铁路先行”宣讲活动。

沈克勤/摄

⊙春节期间，陈美芳（前左一）和班组乘务员向旅客赠送“福”字，受到旅客欢迎。

韩传号/摄

陈美芳连夜动员车班职工捐爱心款。一大早，蒋馨怡接到1350元爱心款时，嘴角颤抖着半天说不出话来，泪水在眼眶中打转。

得知父女俩每月都要去广州配药，陈美芳主动与他们结下服务对子。之后的近三年时间，每当父女俩买不到卧铺票、拿着座票上车时，陈美芳总会腾出“爱心铺”帮他们；蒋馨怡拿出干粮就着白开水吃午饭时，陈美芳经常会端来一份热气腾腾的乘务饭；为帮蒋馨怡全家摆脱困境，陈美芳通过各种方式献出爱心。

蒋馨怡深受感动，他紧紧握着陈美芳的手说：“铁路上好人真多，这份深情我该如何报答呢？”

一次次出乘实践，让陈美芳渐渐明白，做一名出色的列车员，不能只默默干活，还要学会思考，想到的就要做到，已经做到的要做得更好。21年来，陈美芳的乘务笔记记满了十几本，总结出独特的“十二个一点工作法”——“嘴巴甜一点，微笑多一点，腿脚勤一点，脑筋活一点，问候多一点，说话轻一点，度量大一点，理由少一点，举止雅一点，风格高一点，做事实一点，心眼好一点”，后来又总结出“四水服务法”“最后一公里五个一服务法”等。

2010年4月，一对年轻夫妇带着刚满两岁的孩子上车。因孩子正在发高烧，吃流质食物用勺子喂很不方便，孩子父母便找到陈美芳想买吸管，然而列车上没有此类商品。看着饱受煎熬的孩子和焦急的父母，陈美芳立即在列车上四处询问，最终找来了盒装牛奶上配的小吸管，解了旅客燃眉之急。

⊙陈美芳（中）带着布偶“安安”在列车上向旅客宣传安全乘车知识。 王椰萍／摄

一根小吸管，引发了陈美芳的思考。她自掏腰包购置了一个整理箱，买来地图、吸管、针线包、水果刨刀和开瓶器等旅途中常用的物品，并和同事一起留意旅客所需，不断充实这个“百宝箱”。她还把自己历年获得荣誉的奖金捐献出来，成立“美芳爱心基金”，碰到经济拮据的旅客，就买来方便面和矿泉水送给他们。

如今，尽管甬广间通了高铁，但这趟惠民列车客流依旧火爆。有着18年“乘龄”的旅客浦卫民说：“慢有慢的风景，这是一列有感情的车，我会一直坐下去。”

一身是铁，不如人人是钉，聚木成林是新时代最好的风景

2007年12月，“列车天使”走上竞聘演讲台——陈美芳成为甬广车队当时最年轻的女列车长。

当了班组领头羊，困难面前当仁不让。有一年春运的最后一天，列车到达新余站时，换班车长病倒了。本来也发着高烧的陈美芳连续当班34个小时，途中脚发软，眼皮打架，虚汗湿了衬衣，硬是咬牙坚持了下来。当她巡视到4号车厢时，乘务员钱高财塞给她一张纸条：“陈车长，我佩服你，你的精神支撑着我们整个班组。”朴素的话语让陈美芳一阵感动。最让她意想不到的是，当返程的列车即将从杭州站启动时，乘务员自发在站台上排好队，对着她齐声高喊：“陈车长，你辛苦啦！”那一幕，陈美芳至今难忘。

“我一个人做好远远不够，要让甬广车队人人都成为服务明星，‘红旗列车’才更有魅力。”班组43人的家庭基本情况、学习情况以及爱好、特长甚至星座，陈美芳都烂熟于心。职工家属患病，她组织班组人员利用休息时间到家中慰问；到医院做手术，她帮忙联系床位、垫付医药费。外地职工不能回家过年，她就利用年前的休班时间，把她们叫到自己家吃年夜饭。

“班组职工走了一茬又一茬，到陈车长家吃年夜饭的职工也换了一波又一波，但陈车长带给我们家的温馨，深深感动了班组每个职工。”乘务员徐丹凤说。

手指有长短，抱团就成拳。为打造好“美芳亲情服务团队”品牌，陈美芳率先在班组开展了“五最佳”评比活动，即最佳安全执标奖、最佳文明服务奖、最佳经营效益奖、最佳车容卫生奖、最佳自律表现奖，调动每名班组成员的积极性。几年来，先后有十多人走上列车长岗位，“陈美芳亲情服务团队”也被评为全国铁路“党内优质品牌”。

列车既是大家庭，又是小社会，突发情况随时都可能碰到。在浙江省总工会劳模协会的支持下，陈美芳发起成立助力春运“劳模智囊团”，成员包括公安、公交、美容、卫生、急救等行业的80余人，其中还有浙江大学附属医院的11名医疗专家，线上为列车提供服务。

⊙陈美芳（左一）将儿童乘车安全注意事项制作成书签发放给小旅客。 沈克勤/摄

浙江大学附属医院ICU室副主任、重症监护专家陈俭说：“过去我们一直在医院治病救人，很高兴能以‘互联网+乘务服务’的方式参与春运，把医疗阵地前移到车厢。”

父母是子女最好的榜样，总有一天你能理解妈妈的爱

待旅客如亲人，可对于自己的亲人，陈美芳却有太多亏欠。由于和爱人

李亮同是铁路职工，聚少离多，儿子李子炫从六个月开始就过着四处寄养的生活。

一次，陈美芳下班回家，刚进家门就听到哭闹声，原来是独自在家的孩子发起了高烧。她来不及换下工作服，一把抱起孩子直奔医院。途中，孩子一次次抽筋、拉肚子，陈美芳心如刀绞，泪水在眼中打转。儿子上了三年幼儿园，她因工作原因，没有参加过一次家长会、一次亲子活动。有一天她去幼儿园接儿子回家，儿子见到妈妈，先是一愣，然后一头冲进妈妈怀里，哇哇大哭起来。陈美芳忙问儿子是不是受了委屈，儿子摇摇头说："不是的，妈妈，是我太激动了，好久没见你接我放学了。"

让儿子学会自己照顾自己，陈美芳却给列车上的孩子们构建了一个"小候鸟"的快乐天地。暑假头尾几天里，每趟列车都会迎来300多个活泼好动的孩子。为了让孩子安静、安全地乘车，陈美芳和同事给孩子预留爱心铺，准备玩具、图书，还买来卡通宣传图卡，给孩子宣讲乘车安全知识。

"妈妈虽然读书不多，但内心格局很大，一直都是我的榜样。"陈美芳回忆道，"母亲经常鼓励我做事先做人，吃亏就是得便宜，不要羡慕别的同学赚大钱，把自己这份工作做好也是了不起的事情。"

2014年，陈美芳的母亲被查出肺癌晚期，车队下令让她休班回家陪母亲过个团圆年。这是她入职21年来唯一一次在家过除夕。母亲的病情持续恶化，然而当她得知自己的女儿获得了全国五一劳动奖章，却不想去北京领奖时，生气地说："美芳啊，你一定要去领奖，哪怕我躺在门板上，你也一定要去，你们单位培养你不容易！"

2017年，陈美芳光荣当选为党的十九大代表，并参加中国共产党第十九次全国代表大会。从北京回来后，她抽空给儿子写了一封信，信里写道："请原谅妈妈在你生活中诸多缺席，但妈妈坚信，父母是子女最好的榜样，总有一天你能理解妈妈的爱。"

二十一载春秋，陈美芳在这趟普通的绿皮列车上值乘1200多趟，服务旅客超过120万人次，往返行程超过380万公里。她努力将工作做到最好，荣获全国劳动模范、全国最美青工、浙江省劳动模范、浙江省建功立业女标兵、浙江省职业道德建设十佳标兵、全国铁路创先争优党员服务明星等多项称号，并获得全国五一劳动奖章、火车头奖章，这些荣誉正是对她多年付出的肯定。如今，陈美芳已经成长为甬广车队的业务员，业务指导范围由以前的40多人扩大到现在的250多人。新岗位、新起点，永葆初心的她必将展现出新的“美芳力量”。

列车穿山越岭，迎着盎然春意，一路大美芬芳。

采访手记

敬业爱岗　永不懈怠

采访陈美芳的四个多小时里，记者被她的工作激情深深感染，听到情深处，几次差点落泪。

在感动、敬佩之余，人们不禁要问，一个身材娇小的女士，在列车乘务岗位21年激情不减，平凡中不断缔造非凡，她的力量来自何方？探寻陈美芳一路成长的最大秘密，正是源于她始终不忘“人民铁路为人民”的初心，始终真心热爱蓬勃发展的铁路事业。

奋进在新时代交通强国铁路先行的路上，不可能一帆风顺。砥砺前行中，需要每位铁路人爱岗敬业，永不懈怠，售好每张票、跑好每趟车、发好每吨货、修好每寸路。好榜样陈美芳做到了，我们也一定能够做到。

（原载2018年4月27日《人民铁道》报A1版）

给旅客春天般的温暖

陈美芳

在祖国的东海之滨，在长三角的东南隅，有一趟开行了35年的普速列车。每天，都会在宁波、广州两个城市之间穿梭，装满欢笑和期盼，它的亲民、便捷、温馨，赢得了旅客的赞誉。2018年，中央电视台《焦点访谈》栏目对这趟列车做了主题报道，称其为“开往春天的列车”。我在这趟开往春天的列车上工作了22年。

每位旅客都希望有一个温暖的旅途。我们客运服务人员要做的就是要把流动的车厢变成温暖的家。

有一次，一位严重烫伤的小孩乘坐我们的列车，需要用吸管吃流质食物，但列车上没有，看着哇哇直哭的孩子和焦急的妈妈，我的心被深深地触动了。退乘后，我跑了三个市场，购置整理箱，一口气买了20多种旅途日用品。日积月累，如今整理箱内的物品已经有100多件了，每天都为旅客送去惊喜和温暖。这个整理箱也被大家亲切地称为“爱心百宝箱”。

一个温暖的家总是要有真情流动的。在我们的车厢里，大家千方百计让浓浓的真情无处不在。2014年11月，我们的列车上来了一位18岁的小伙——他叫佳伟，一场车祸让他变成了植物人。了解情况后，我和乘务员们一路悉心照顾，及时递上热毛巾为佳伟擦身，送去米汤水给佳伟补充营养，还在广州为他联系好了救护车。夜深了，我们借着灯光，用彩纸折起了千纸鹤和幸运星，祈盼他能早日康复。清晨，我们将一串串千纸鹤和幸运星挂在佳伟的铺位上，不停地呼唤他的名字。“佳伟、佳伟，你看到了吗？”“伟伟，这是乘务员姐姐为你折的千纸鹤啊！”佳伟的妈妈泪流满面，激动地呼唤着。这时，奇迹出现了。佳伟的眼皮微微跳动，眼角流下了泪水，在场的我们无不为之感到兴奋。自那以后，我就成了佳伟一家往来宁波与广州间的千里桥梁。每年的“中秋节”，我会给佳伟寄去贺卡、月饼，在我的内心深处，佳伟早已成了我的弟弟。

旅客是我们的家人，旅客的需求就是我们的追求。我们这趟列车是绿皮

⊙陈美芳（穿制服者）在列车上宣讲党的十九大精神。 冯志明/摄

车，运行速度和硬件设施都不能和高铁比。我就下决心，要从提高客运服务质量上下功夫，不断创新服务，用细节温暖旅客。我们推出了“互联网+服务”，旅客扫一扫二维码，就能实现餐车点餐，查询火车时刻、公交地铁等列车特色服务。2017年，我邀请浙江省公交、公安、教育等各行各业的劳模专家，建立了“劳模智囊团”，请他们在线帮助列车上有特殊困难的旅客。2018年春运前，我们又特邀浙江大学第一医院11名医疗专家加入“劳模智囊团”，使我们的列车上有了“远程医生”。

2018年2月27日，我段的K1246次列车运行在湖南省境内，一名孕妇突然大出血，旅客中没有医生，列车一时也到不了具备医疗条件的车站，情况十分危急。列车长想到了我们的“劳模智囊团”，便及时与浙江大学第一医院妇科主任周云晓视频连线。经过周主任的诊断和指导，成功地使孕妇的病情转危为安，周围的旅客爆发出了热烈的掌声。一位旅客感慨地说："在医院也很难挂的专家号，居然在火车上挂到了，你们太牛了！"

如果说一个人的力量可以带来一缕春风，那么一个团队的力量，就可以带来一个春天。作为一名班组长，我坚持用爱心和责任心温暖团队，做团队的"带头人"。

记得那是春运中的最后一趟，客流居高不下。列车到达新余站时，和我搭班的列车长突然呕吐病倒了，只能中途下车送医治疗。当时，我也正感冒发着高烧，但我想，这是今年春运最后一趟，再苦再累也要圆满完成好。一路上，我咬牙坚持，连续当班34个小时，途中双脚发软，眼皮打架，虚汗湿透了衬衣……当我巡视到4号车厢时，乘务员钱高财塞给我一张纸条，上面写着："陈车，我佩服你，是你的精神激励着我们。"更让我意外的是，当列车停靠杭州站时，退乘的乘务员自发地在站台上排好队，向我齐声高喊："陈车，你辛苦啦！"多少年来，那一幕犹在眼前，每每回忆，心潮起伏，眼含热泪。

我们车班43个职工，每个人的生日、家庭情况、爱好特长，我都记在心里。职工有什么困难都会找我，我也会想尽办法为他们排忧解难。去年，一位

⊙陈美芳（左）为老年旅客送上U形舒适枕。 沈克勤/摄

职工的妈妈突发心脏病急需医疗费，我二话不说将三万元钱送到了职工手上。我常想，我是班组职工的娘家人，为职工办实事才能让他们安心工作。每年除夕，我都会给车班每名职工的父母打电话，感谢他们一年来的支持和理解。

我的妈妈也非常支持我，每年清明节，她都会做上千个清明团子，在列车路过诸暨站时，为我和同事们送上来。2013年底，妈妈查出了患肺癌晚期，就在她去世前的最后一个清明节，她还惦记着这件事。我知道，妈妈有个愿望，就是能乘坐一次女儿的列车，可是直到妈妈去世，都没能实现。妈妈走后，一位同事为她写了一首诗，在这我给大家念一念：《妈妈，请您接受女儿的邀请》，妈妈/记不得哪一年/您说/要乘坐一次女儿的列车/妈妈/我以为您有长长的日子可以等待/我以为带妈妈乘我的列车太容易了/不承想/您走得那么匆忙/那么匆忙……

妈妈已经离开五年了。现在想起点点滴滴，觉得妈妈虽然读书不多，但非常了不起，妈妈在的时候时常鼓励我："车班是个大家庭，大家心暖了，才会跟你好好干。"妈妈的叮嘱，时刻提醒我、陪伴我，为我加油鼓劲。

2017年，我光荣地当选为党的十九大代表，走进人民大会堂亲耳聆听习总书记的精彩报告。回来以后，我把列车车厢当成我的宣讲台，每当我拿着宣讲资料走进车厢时，旅客们就纷纷围拢过来，我心里特别激动和自豪。他们非常关心国家大事和铁路发展，我告诉大家："报告中多次讲到铁路。这为铁路的发展指明了方向，也让我们明确了交通强国铁路先行的使命担当。"宣讲后，旅客们纷纷在留言本上为铁路点赞。今后，我还会在列车上干一路、讲一路，让党的声音、铁路的服务像春风一样温暖每一位旅客的心田。

“海西第一闸”的幸福人生

陈承仪 中国铁路南昌局集团有限公司福州机务段动车组司机，1974年出生，1993年入路，曾获得火车头奖章、全国铁路劳动模范、全路技术能手、南昌局集团公司十大平凡之星等荣誉，2017年光荣当选党的十九大代表。

『海西第一闸』的幸福人生

——记中国铁路南昌局集团有限公司福州机务段动车组司机陈承仪

记 者 陈南辉 通讯员 孙嘉奎

⊙出乘前，陈承仪在进行酒精测试。 孙嘉奎/摄

呼啸的动车组列车穿越华夏大地，犹如腾飞的巨龙，展示着世界一流的技术和民族自信，播种着中国人民的美丽梦想。

在这些南来北往、驾驶着动车组列车的司机中，有一位来自海峡西岸的中年汉子格外引人注目，他就是党的十九大代表、被誉为“海西第一闸”的中国铁路南昌局集团有限公司福州机务段动车组司机陈承仪。

艰难困苦，玉汝于成。曲折的经历折射陈承仪无悔的青春

今年44岁的陈承仪出生在铁路家庭。小的时候，轰隆隆的蒸汽机车从他家门口飞驰而过，在陈承仪眼里是那么雄壮、神奇。从此，他的梦想就是长大后成为一名火车司机。

1993年，陈承仪从广州铁路机械学校毕业后，来到福州机务段工作。他学的是内燃机车专业，单位却

只有蒸汽机车，他便从学习司炉开始干起。

成为火车司机，虽然圆了童年的梦想，让陈承仪感到欣慰，然而，蒸汽机车艰苦的工作环境却让他感受到工作生涯第一课的艰难。

蒸汽机车的动力大不大，就看炉火烧得旺不旺，要想炉火旺，就要不停地加煤。负责司炉的陈承仪身材单薄，常常累得气喘吁吁。尤其是机车上坡，陈承仪使出全身力气，机车才能缓慢爬上坡。一些司炉吃不了这份苦，纷纷要求调离岗位，陈承仪却坚持了下来。

三个月后，单位引进了内燃机车，陈承仪成为第一批学习内燃机车的司机，同时遇到了他人生的第一位导师——他的师傅黄德明。黄德明是一位老先进，对陈承仪言传身教，工作上帮助，生活上关心。有了师傅的指导和鼓励，加上自己勤学上进，陈承仪很快在岗位上成长起来。

陈承仪向党组织递交了入党申请书，同时在业务上埋头苦干。盛夏酷暑季节，为了尽快提高业务技能，他常常深夜还开着手电筒在机车上苦练，拆卸配件、寻找故障原因。汗水流了多少，只有他心爱的机车知道。

然而，吃苦过后，幸运并没有如约降临。1999年，陈承仪第一次考内燃机车司机，却名落孙山。他沮丧地把书本摔在地上，开始消沉，不再钻研业务。

黄德明认为“响鼓也要重锤敲”。他先是狠狠批评了陈承仪，接着又开导他：目标没有实现是正常的，说明我们还有差距，要坚持不懈才能成功。

师傅的开导重新激发了陈承仪的斗志。2000年，陈承仪终于考取了内燃机车司机，同一年，还光荣加入了中国共产党。

世上无难事，只要肯登攀。锲而不舍的追求让陈承仪光荣当选党的十九大代表

因为心里的热爱，陈承仪把所有业余时间都耗在学习新车型上。他向书本学业务，还跟同事请教，并结合行车案例琢磨分析，不断丰富自己的理论和实战经验。如今，他已成为福州机务段唯一一名全面掌握CRH1型、CRH2A型、CRH5型和CRH380型四种车型七种不同编组动车组的全能型动车组司机。

2009年初，福建省内第一条高速铁路——温福铁路进行开通运营前的联调联试。陈承仪等六名司机被选为联调联试司机。高铁动车的速度很快，给人贴地飞行的感觉，人们通常把参与联调联试的动车组司机称为“高铁试飞员”。

在外行人眼里，动车组跑得快是因为司机的驾驶水平高。然而，在内行人看来，动车组列车正点、平稳地停靠到指定位置才算真本事，新线联调联试最难的就是在规定的距离内保持一个速度值贴限运行。陈承仪形容贴限运行就好比一个人徒手画一条十米长的直线不许歪斜。

⊙在电力机车上，陈承仪向同事传授平稳操纵技能。 张学东/摄

陈承仪一直对“欠一公里”的事记忆犹新。温福铁路联调联试时，按规定有个区段必须以200公里的时速贴限运行，但运行途中有一段时速却掉到了199公里。因为这一公里，联调联试采集数据与要求不符，必须重新跑，他因此被添乘干部批评，甚至被认定是六名司机中水平最差的。

这让陈承仪觉得很惭愧：大家都是一样的苦练，我为什么就最差呢？

从此，让动车组列车停得准成了陈承仪新的目标。他甚至把每趟运行都当作专运任务对待。为此，他苦练制动闸把的操纵技巧，仔细琢磨每个操作细节，不断找问题、找差距。每次值乘回来，他都要认真分析和总结。

后来，只要是陈承仪驾驶动车组列车，联调联试数据都是一次过。一般司机停靠的精准度偏差控制在20厘米以内，而陈承仪一直将精准度偏差控制在5厘米以内，他也因此被誉为“海西第一闸”。福州机务段总结提炼陈承仪的动车操纵经验，并以他的名字命名了“陈承仪动车平稳操纵法”。如今，这一操纵法在全路推广，成为动车组司机平稳操纵的制胜法宝。

⊙陈承仪检查DF4型内燃机车走行部状态。 张学东/摄

从温福铁路联调联试起，陈承仪就一直担任“试飞员”。目前，他是唯一一位全程参与福建省所有新线联调联试的动车组司机。

“过去，进出福建省只有一条鹰厦铁路，如今，几乎省内大多数城市都通了动车。作为司机，我觉得最明显的变化是以前从福州跑车到武夷山都要六七个小时，如今两个小时就到达了。”说起福建铁路的发展，陈承仪满脸骄傲。

驾驶动车组列车九年来，陈承仪跑遍了福建的山山水水。驾驶动车组列车九年来，他安全行驶386万公里。

林端超/摄

机遇总是留给有准备的人，留给默默奋斗、奉献的人。2010年，陈承仪参加全段业务技能大赛，成绩名列前茅。在参加南昌局技能比武大赛中，他荣获第一名好成绩。

因为业务素质过硬，他被派往执行专运任务。第一次执行专运任务，虽然有添乘干部“压阵”，陈承仪仍然感到紧张，手心直冒汗。添乘干部向他投来信任的目光，让他增添了信心。他沉着地把操纵杆稳稳向前一推，专运动车便向前飞奔而去。当专运动车正点停靠在厦门站时，陈承仪紧张的心才松弛下来，庆幸自己又经历了一次考验。

因为工作的突出表现，2017年，陈承仪光荣地当选党的十九大代表。

伟大的高铁事业需要传承和发展。陈承仪一次又一次带领着徒弟驾驶复兴号列车飞速前行，昭示高铁事业后继有人、蓬勃发展。

近年来，中国高铁飞速发展并迈向了世界前列，尤其是颜值更高、速度更

⊙陈承仪向即将参加技能比赛的同事传授操纵经验。 黄承登/摄

快的复兴号在祖国大地疾驰，让很多旅客拥有了满满的幸福感，更是让国人振奋、世界惊艳。开行复兴号的高铁司机无疑成了时代的骄子。

陈承仪也成了这些骄子中的一员。

2017年12月28日，海峡西岸天空晴朗。蓝天白云映衬下的复兴号动车组列车显得格外美丽。陈承仪第一次登上复兴号动车组列车。尽管之前已经过专门培训，他仍然感到新奇、激动："复兴号的外观更美观、大方、明亮，尤其是操作性更胜一筹。"

驾驶着复兴号动车组列车的陈承仪始终牢记动车无小事，尤其是车门、信号、车载设备等关键要素，坚持做到"三到"：口到、手到、心到。

陈承仪深切感到，高铁事业蓬勃发展需要更多的年轻人。因此，他在做好本职工作的同时，开始培养徒弟。自2010年开始带徒弟之后，他一发不可收拾，每年都有很多新的"陈氏弟子"驾驶动车飞奔在"中国最美旅游黄金通道"。虽然带徒弟的方法因人而异，但最终目的都是为了让徒弟能够独立操作、担当重任。陈承仪通过传帮带，培养出许多好司机、好技师，有的还从基层走上了领导岗位，这其中，师傅功不可没。在这些徒弟当中，谢世敏获得了全路技术能手、火车头奖章；沈洋洋获得了全路技术能手、五一劳动奖章，还有一些徒弟走上了管理岗位。

如今，陈承仪常常与徒弟同驾复兴号动车组列车，风驰电掣地行驶在海峡西岸的高铁线上。他们自信、自豪的目光里，昭示着高铁事业后继有人、蓬勃发展。

陈承仪因为工作突出成了名人，也是因为成了名人，感到愧对家人，为自己的小家付出太少了。逢年过节，最需要团圆的日子，他却又在值乘途中。

让陈承仪感到欣慰的是，他有一位贤淑、善良的妻子。妻子虽然不在铁路工作，却也是铁路子弟，对他的工作理解、支持。陈承仪不在家，她就独自一人默默承担家务。陈承仪每次回到家，不管多晚，妻子都会为他端上热气腾腾的饭菜，让他感到温暖和力量。

令陈承仪感到自豪的是，他有一个自强、有铁路情结的儿子，名叫陈泽晰。早在温福铁路试运营期间，还在上小学的陈泽晰便跟着他上了动车，对高铁产生了浓厚的兴趣。如今已上高二的陈泽晰立志将来要报考铁路院校，子承父业，也当一名高铁司机。陈承仪欣喜地看到无论是他的家庭还是高铁事业，都有接班人。

复兴号列车追风破云，飞奔在海峡西岸。列车上的陈承仪紧盯着前方，在他看来，所有的荣誉和光环已经属于过去，未来的路需要他不忘初心，继续努力，一路向前、向前……

采访手记

勤学苦练　实现梦想

陈承仪身上有许多的光环，然而没有人会想到，他曾是别人眼中的“最差”。

光环背后是陈承仪的勤学苦练和锲而不舍。为了实现心中的梦想，他付出了比别人多得多的努力。靠一遍一遍地试、一闸一闸地练，他获得了“海西第一闸”的美誉，还光荣地当选党的十九大代表，得到了大家的认可。

陈承仪是一个代表，在我国高铁事业发展中有许许多多这样的铁路人，通过自己的勤奋努力和艰苦奋斗，拥抱美好的未来，为祖国的高铁事业添砖加瓦。

（原载2018年6月20日《人民铁道》报A1版）

用行动为中国高铁点赞

陈承仪

26岁时，我成为一名光荣的火车司机，先后开过内燃机车和电力机车。2009年，福建省内第一条时速250公里的温福铁路开通运营，我有幸成为首批动车组司机。10年来，福建省有8条高铁线路相继开通运营，凭借出色的驾驶技术，我成为唯一一名参与了所有高铁新线联调联试的司机。

10年来，我安全驾驶动车组1.38万趟、总里程386万公里，相当于沿赤道绕地球96圈，运送旅客超过1100万人次。2018年11月29日，我受邀参加国务院新闻办公室举办的“改革开放与中国高铁发展 ”中外记者见面会，跟中外记者分享了我和高铁的故事。飞速发展的中国高铁事业，得到了中外记者的点赞，也成就了我的荣耀。

⊙出乘前，陈承仪认真填写《司机报单》。 张学东/摄

高铁新线联调联试对司机的要求很高，动车组在规定距离内必须保持同一个速度值贴限运行，难度好比徒手画一条10米长的直线，不能有丝毫弯曲。

在试验中我发现：动车组要贴限运行，起步非常关键，而不同车型的起步方法又各不相同。

我反复琢磨：怎么操纵既可以让动车起步平稳、贴限运行，又能让司机的操纵简单、规范，旅客更舒适、体验更好呢？我从限速每小时80公里的出站道岔开始，经过一次次试验、总结，摸索出一套行之有效的操纵办法，充分利用操纵手柄的功能，让动车组像一个听话的“乖孩子”，起步平稳，既不超速又能贴限运行。

就这样，我先后对6种不同车型的起步操纵方式摸索、优化，随后，向难度更高的目标挑战，又在全段第一个摸索出限速每小时45公里道岔平稳起步、联调联试区间定点定标停车等操纵模式。我毫无保留地把自己摸索出的“秘籍”跟同事们分享，大家一学就会、一用就灵，都高兴地冲我竖大拇指，说我是“首席高铁试飞员”。

一丝不苟、刻苦钻研，让我的驾驶技术越来越过硬，我成为首选高铁“试飞员”，摸索出的多个操纵模式在全段动车司机中推广。

2017年12月28日，我值乘福建省内首趟复兴号奔驰在八闽大地，坐在宽敞明亮的驾驶室里心潮澎湃。三天后，习近平主席在发表新年贺词时说：“复兴号奔驰在祖国广袤的大地上！”我们这些刚刚驾驶上复兴号的司机都倍感自豪，深受鼓舞。

作为党的十九大代表，我认准了：党把这把闸交给我，我就必须牢记使命，苦练本领，成为党和人民放心的高铁司机！

每一个梦想的实现都是奋斗出来的。经过勤学苦练，我成为全段唯一一名能够熟练驾驶6种不同车型、9种不同编组的全能型高铁司机。以我名字命名的“陈承仪动车组平稳操纵法”在全路推广，并被授予全路优质党内品牌。

在“八山一水一分田”的福建，线路坡道多，暴雨、大风等恶劣天气比较常见，对高铁司机的应变能力是个很大的挑战。在实践中，我不断锤炼着精准判断、快速处置非正常情况的过硬本领。

龙漳线开通初期，我在一次值乘中突遇暴雨，调度根据应急处置相关规定下达了命令：龙山镇到马坑区间有5公里地段限速每小时45公里运行。

我非常清楚：这个地段的分相区刚好在15‰的上坡道，380A型车特别灵敏，比其他车型更早接收断电信号，45公里的时速爬不上这个坡道，很可能会“掉”在分相区内造成事故。当时，动车距离分相区还有10多公里，大概5分钟后就会接收到断电信号。

5分钟，时间只有短短的5分钟！密集的雨点噼里啪啦打在车头，小小的驾驶室变成了与时间赛跑的竞技场。我立刻跟调度联系，快速、准确地汇报现场具体状况，建议以每小时80公里的速度通过分相区。

调度根据我的建议，果断调整了命令。

此后，每当遇到恶劣天气需要限速，这个地段的操纵都是以我那天的操纵模式为标准，我很有成就感。

我深深地知道，要成为一名优秀的高铁司机，没有最好，只有更好。停车对标，是对高铁司机综合技能的检验。我苦练停车对标技术，不断挑战自我。高铁停车对标的允许误差值是1米，我给自己定的标准是：误差值不得超

⊙陈承仪检查动车组仪表设备。 张学东/摄

过20厘米！

为了找到不同车型、不同线路状况的最佳操纵技巧，我把每一次对标时判断的速度、距离、制动力等数据，按不同车型分门别类记录在司机手账上，几年时间里，各种数据写满了600多页司机手账。我还把同事们在各个高铁站对标的相关数据收集起来，建起了停车对标数据库。

一遍一遍地试、一闸一闸地练，不断地摸索着速度、距离和制动力的最佳组合，对标误差值不断缩小，50厘米、40厘米、25厘米——终于实现了对标误差值不超过20厘米的目标，还曾经创下过停靠10个车站，9次对标分毫不差的最好成绩，被誉为“海西第一闸”。我和一位专业的篮球运动员朋友聊起这件事，他说，你这个成绩很牛，相当于我们在比赛中三分球十投九中。

为了让旅客有更美好的体验，我努力把一个个不可能变成可能。在停车对标做到“准”之后，我又把目标瞄在了“稳”上。我一次次站在车厢，亲身体验列车在最后10米停车时的舒适度，“捕捉”到顿挫感后，我优化停车对标最后10米的平稳操纵方法，在确保停车对标分毫不差的同时，又成功消除了轻微的顿挫感。

有一回，我在福州站分毫不差地停稳动车。刚从司机室出来，就有两名旅客跑过来非要跟我合影。她们说，坐这趟车觉得很平稳、很舒适，很想看看司机长什么样。

我清楚地记得，去年国庆节我正在休班，我爱人和她的几位闺蜜坐动车时看到了我的宣传片。她们跟我视频通话，一帮人齐刷刷地喊：“陈承仪你太酷了，我们给你点赞！”

我想，这个赞是点给我的，更是点给中国高铁的。我要把车开得更稳、停得更准，让更多的人为中国高铁点赞！

二十九年坚守标准零违章

杨卫华　中国铁路广州局集团有限公司首席技师、娄底车务段冷水江东站调车长。1971年10月出生，1988年参加工作，在调车岗位连续29年零违章、零违纪、零事故，先后获得火车头奖章、全国铁路优秀共产党员、全国铁路劳动模范等荣誉，2016年获全国优秀共产党员称号。

二十九年坚守标准零违章

——记中国铁路广州局集团有限公司娄底车务段冷水江东站调车长杨卫华

记 者 朱进军 通讯员 莫江波

⊙杨卫华在连结制动软管。 谭 亮/摄

29年来始终坚守作业标准，实现零违章、零违纪、零事故。这是中国铁路广州局集团有限公司娄底车务段冷水江东站调车长杨卫华参加铁路工作29年来创造的安全奇迹。

一段时间不违章容易，但是，要做到29年零违章、零违纪、零事故，却非常不容易。

从扳道员、连结员到调车长，一路走来，杨卫华一直坚守在铁路调车作业一线，付出了常人难以做到的努力，一丝不苟、务实苦干、任劳任怨地坚守标准。在他看来，按章作业是铁路职工的天职，做到这一点，就能实现零违章、零违纪、零事故。

坚持学习思考，勤学苦练成调车专家

台上一分钟，台下十年功。

杨卫华认为，如果没有对业务规章的透彻学习、对实作技能的完全掌握，仅仅依靠体力是做不好调车工作的。因此，自1988年参加铁路工作以来，他就养

成了良好的学习习惯，如饥似渴地学习调车理论知识。

干调车，学会容易学精难。为尽快提高业务水平，杨卫华坚持“多学、多问、多看、多做”，付出比别人更多的努力。《技规》《调标》《站细》……他一本一本地学，一章一章地看，一条一条地记，与调车工作相关的每一条规章都用红笔详细标注、摘抄，并随身携带。上班途中、工作间隙，一有时间他就拿出来反复看、反复记。有时为了记得更牢固，他还要老婆当“考官”。

为了达到更高的理论水平，杨卫华发力补强。段里每月机考一次，每次100道题，他在车站总是名列前茅。但是，他从不因此降低要求，凡是做错的题目总揪住不放，对弄不清楚的问题，多方请教，不彻底弄懂不罢休。

经过长久积累，杨卫华的学习笔记达六万余字，每条规章都熟记于心，同事们都称他是“活规章”“土专家”。

不光要在书本中学，更要在实践中学。

冷水江东站主要担负本站货物列车到发、解编及取送作业。专用线、货物

⊙获奖后的杨卫华在人民大会堂内拍照留念。 朱进军、莫江波/提供

线多，作业复杂，是该站调车作业的最大特点。为实现安全精准调车，杨卫华常利用工作之余徒步勘测路线，反复练习数枕木、看道砟，细心观察股道边的参照物，详细标记每条线路的长度、坡度、容车数等数据。经过数千次练习测距观速和默画站场示意图，他对每条专用线的情况都了如指掌。

凭着扎实的理论知识和丰富的实践经验，杨卫华练就了“规章一口清、观距一眼准、连挂一把稳”的调车绝活。1995年，他以全段第二名的成绩通过了连结员考试；1996年又以娴熟的技能脱颖而出，成为一名调车长。

随着近年来铁路的发展，铁路技术装备不断升级、调车机车几易机型、规章制度多次修改。对此，杨卫华始终第一时间学习和掌握新技术新规章，总是站在技术变革的最前沿。同时，他在深入学习和实践的基础上，还总结提炼出“杨卫华安全调车法”和“调车作业七字诀”，内容通俗易懂、简单易记，覆盖了调车作业的关键环节，被广泛推广运用，同事们都称杨卫华为“调车专家”。

坚守作业规章，从不简化任何程序

“和杨卫华搭伙干活很累，因为他始终按标准作业，从不简化程序。但和他一起干活也很安全，因为他绝对遵守标准，绝对不会出事故。”娄底车务段调车员刘嘉意说道。

调车工作，就是对南来北往的货车进行解体和编组，调车作业简单的一钩活，至少需要执行6次呼唤应答、9道程序、18条固定用语。29年来，无论白天黑夜、烈日暴雨，杨卫华始终坚守“执行标准一点不差，作业程序一个不少”，从不简化任何用语和程序，共计完成呼唤应答120多万次、作业程序180多万道、固定用语400多万条，从不漏项、从无差错，实现安全调车20多万钩、100多万辆，做到了钩钩按标准、辆辆无差错。

杨卫华有个习惯，每次上班提前20分钟到车站行车室，全面了解当班计划和站内股道运用、存车情况，做到任务装心里、安全记心中。作业开始前，他会仔细检查班组成员的备品携带情况和精神状态等。每批调车计划作业完毕后，他都会进行复检，确保不留安全隐患。

有的人劝他，大家干完活了，都特别累，不需要从头至尾再仔细进行复检了，稍微看看就行了。但杨卫华从不妥协。他常说：“多看一眼防范风险，多走一步防止事故。”这看似简单的话语，杨卫华执行起来毫不含糊。他是这么

⊙杨卫华在进行车辆防溜作业。　　朱进军、莫江波/提供

说的，也是这么做的，并且屡屡堵住安全漏洞。

2015年12月，冷水江东站的厂矿专用线进入集中到达高峰期，卸车作业通宵达旦。12月25日4时，调车作业结束后，他不顾疲劳，仔细复检巡查刚出厂的一组空车，发现其中一辆车弹簧有点紧，及时处置，消除了一起将一辆重车当成空车排出的事故隐患。

“任何情况下都要严格执行作业标准，任何情况下都不能存侥幸心理。不清不楚的活从来不干，不明不白的话从来不说，违章违纪的事从来不做。这始终是我坚守的一个作业原则。”杨卫华说道。

29年来，就是凭着这种执着的坚守，他共发现和消除各类安全隐患130余个，先后获得火车头奖章、铁路优秀共产党员、全国铁路劳动模范，2016年获全国优秀共产党员荣誉称号。

牢记党员责任，带动班组共同实现零违章

作为一名共产党员，同时也作为一名班组长，杨卫华深知调车是群体作业，必须充分发挥党员先锋模范作用，带动身边的职工共同进步，做到钩钩安全、班班安全、联防互控，才能确保调车作业绝对安全。

车站行车职工中青工较多，但由于居住地分散、四班倒的特性，导致集中学习不易。2018年3月，杨卫华牵头创建了杨卫华自主学习创新工作室，定期组织青工开展自主学习，将日常教学转化为知识讨论、业务PK、案例分析，极大地调动了青工学习业务的积极性。

⊙杨卫华（左一）耐心地给同事讲解车辆防溜技巧。 朱进军、莫江波/提供

杨卫华毫无保留地传授业务知识。结合互联网的运用，他牵头建立了车站运转大班“杨卫华安全热线”微信交流群，将每班班前作业安全风险提示、班中安全关键点卡控、班后作业问题点评、业务解答等在群中发布，每班更新内容，安全预警，防范作业安全风险。

在现场作业过程中，杨卫华总是强化关键环节盯控，督促大家严格按标作业。“大伙都说杨卫华是火眼金睛，眼里容不得半点违章，和他一起干活，必须严格落实作业标准。”娄底车务段调车员肖晨说道。每批作业完毕后，他总是要和班组成员认真分析，哪里做得好、哪里还需改进。

车站常把安全关键人、业务上不放心的人交给他带。2007年，青工小刘被安排到杨卫华班组做学徒。杨卫华以交朋友的方式经常与他聊家常、谈人生、讲业务、传技巧，慢慢地小刘改变了对岗位工作的看法，思想发生了翻天覆地的转变。目前，小刘也成长为一名调车长。

多年来，杨卫华从思想上帮，从业务上带，手把手带出了12名调车骨干，8人被聘为技师，其所在的运转大班11次被广州局集团公司评为标准化班组，是全段行车岗位培训的“黄埔军校”。

随着杨卫华获得各种荣誉，他的名气也越来越大，常被其他单位邀请讲课，传经送宝。他坚守作业标准、严格执行作业规章的行动从未改变，树立了模范党员的标杆形象。

近年来，广州局集团公司管内越来越多的党员、越来越多的职工，紧跟着杨卫华的足迹，学习他的先进事迹和安全理念，争当杨卫华式“零违章、零违纪、零事故”职工。

传承大爱精神，确保安全无怨无悔

“1988年，我参加铁路工作的第一天，我父亲就语重心长地告诉我，工作中，一定要遵章守纪，要注意行车安全和人身安全，班前充分休息，做到不饮酒、不疲劳上班、不迟到、不早退、不带情绪上岗，加强自身业务学习。铁路是出不得事的，出了事会要人命。”杨卫华说。他父亲杨能建是一名已退休的铁路老职工、老党员，常年工作在铁路一线。

这些告诫深深印在杨卫华脑海里，并一直体现在行动上。

“杨卫华的自我约束力特别强，他和我们聚会，到点就必须回家休息，保证第二天有充足精神上班。工作29年来，他从没有迟到、早退过。”杨卫华的同事们告诉记者。

调车是铁路公认的辛苦工种，晴天一身汗，雨天一身水。按每班调车作业平均步行23公里计算，29年来杨卫华累计行走9万余公里，相当于绕地球两圈多。

“每次下班回来，他都筋疲力尽，非常辛苦，所以我们家尽全力支持，家里的事情基本上不要他干，让他一心一意干好工作，确保安全。”杨卫华的妻子杨娟华说道，“一次他看我在忙，想帮我晒衣服，可等我干完活了，才发现他还没晒一件衣服。一问才知道，他从没用过全自动洗衣机，不知道怎么开洗衣机盖子，又不好意思问我。”讲起往日“趣事”，夫妻俩相视一笑。

⊙作业结束后，杨卫华和同事列队返回休息室。 朱进军、莫江波/提供

作为铁路职工的家属，意味着多一份责任，多一份付出。铁路安全关系千家万户，而且越是节假日，铁路职工越是忙碌，为了让杨卫华上班作业时保持最好的精神状态和体力，杨娟华在背后付出了很多很多……

“我们全家都理解确保铁路安全的重要性，你一定要按章作业，高高兴兴上班去，平平安安回家来。”这是杨娟华每次在杨卫华上班前，为丈夫送上的安全叮嘱。

结婚27年，妻子全心全意操持家务，好几次女儿突然发病，都是她独自带去医院。

“爸爸，您下班回来，有时衣服甚至可以拧出水来，可您没有一句怨言，这些事我和妈妈看在眼里，疼在心里啊！当我问您为什么这么辛苦时，您说，只有做好铁路安全工作，列车才会安全行驶，才能保得万家平安，辛苦一个人不要紧，要紧的是大家安全啊！”杨卫华的女儿杨婕妤在日记中写道。

采访手记

按章作业是我们的天职

规章制度的每一条每一款都是从实践中归纳和总结出来的，有的是用鲜血和生命的代价换来的，是安全生产的保障。古今中外的安全生产事故，多数都是由违章违纪作业引起的。历史和现实也一再告诫我们，按章作业是每个职工的天职。

试想，如果大家都像杨卫华一样，牢记按章作业这一天职，时刻警示自己遵章守纪，严格落实每一项作业标准，就能从源头上消除安全隐患，就能确保安全生产长治久安。

（原载2018年7月13日《人民铁道》报A1版）

在平凡的岗位上干好平凡事

杨卫华

2016年7月1日，是我一生中最荣耀的时刻。在建党95周年之际，我光荣地被评为全国优秀共产党员，与来自全国各行各业的百名优秀共产党员，一同在北京人民大会堂受到习近平总书记的亲切接见。一年后的国庆节，我又作为全国基层先进代表，受邀参加了建国68周年国庆招待会，与习近平总书记、李克强总理等党和国家领导人，以及中外人士汇聚人民大会堂，欢度佳节。

可能有人会觉得，我一个铁路一线职工能够两次走进人民大会堂，一定很厉害，一定做出过什么巨大的贡献。可是，我真的很平凡，就是一名普普通通的调车员，所做的工作也很平凡。我用30年的时间坚持标准，守住安全，干好本职工作，收获了崇高的荣誉，这让我感到无上的光荣。

⊙杨卫华近照。 朱进军、莫江波/提供

我在调车岗位上工作了30年，风风雨雨经历了很多，最深的感受是：安全就是咱铁路人的饭碗，来不得半点马虎。

1988年，我接过父亲的班，成为一名铁路工人。那时候，同村的人都很羡慕我，说我端上了铁饭碗。可是参加工作没多久，看到的一件事，让我明白“出了安全事故，铁饭碗也会被打破”。那是1989年11月的一个凌晨，我在宿舍听到有人惊慌大喊：“出事了！赶快去救援！”我一下跳起来，跟着大家跑到现场。结果，被眼前的一幕惊呆了，只见一台机车严重变形，好几节车辆脱轨、颠覆，绞在一块儿。原来，由于调车人员提前撤除防溜措施，发生了车辆溜逸，与迎面而来的货物列车相撞，造成了重大事故。让我没有想到的是，事故发生后，那名违章的工友竟被警察带走了。那天，我和很多工友都在不远的地方看着，听到他对妻子说："老婆，如果我判刑了，你要离婚，我同意，但你一定要把孩子带好。"

发生安全事故不仅会毁了自己，还会毁了家庭！这惨痛的一幕时刻浮现在我眼前。这之后，自己看到、听到的安全事故，更加深了我对安全的敬畏，真真切切地感受到，作为铁路人，事故是出不起的，一出就是血的教训！

调车是一个脏、累、苦、险的活，露天作业，劳动强度大，安全风险高，经常是晴天一身汗，雨天一身泥。我所在的车站货运量比较大，品种以煤炭、矿石、化工品为主，我几乎每个班都跟煤灰、矿渣、氨气打交道，高温、扬尘、异味确实令人难受。有人说我能在这样的岗位上干30年，而且做到了零违章、零违纪、零事故，很不简单。我的体会是，只要热爱铁路工作，时刻敬畏安全，守住作业标准，愿意钻研业务，这些就会变得简单。

为了掌握作业要领，我把调车规章牢牢记住，对车站每一条线路、每一组道岔都做到心中有数，同事称赞我是"规章一口清、观距一眼准、连挂一把稳"。有一次，车站组织调车业务交流会，让我给新同事介绍介绍调车经验。我说干好调车，关键是要熟悉站场环境，观测好距离，及时调整车列的推进速度。有同事便问我带车向14道推进，要过弯道，不好观测距离，有什么好办法？我告诉他，当看到14道调车信号机时，车辆距离警冲标是191米。这时，一名新入职的同事听我精确到米，不相信，还要跟我打赌。会后，他果真拿着尺子去量，结果口服心服。

为了作业不出差错，我坚持不清不楚的活不干、不明不白的话不说。每次拿到作业单，我都会逐项核对清楚，研判安全风险，分析作业要点。记得2015年一次作业前，我发现作业单上的车号顺序与现场编组相反，便立即询问车站调度员，核对后发现是前方车站把编组弄反了。幸好及时发现、及时纠正，不然就会发生列车违编的问题。

为了防止发生意外，我坚持"多看一眼，多走一步"，做到准确掌握情况，防范安全风险。2016年的一天晚上，我和工友进专用线调车，当时电闪雷鸣，下起了暴雨，突然前方电光一闪，我立即叫停了作业。工友们不以为然，都说是闪电，叫我不要担心。但我还是坚持到现场看清楚，结果发现一根被大风吹落的电线，吊在半空中，离我们的车辆只有1米多，如果没有及时发现，很有可能碰到车列或者连结员，造成电击伤人事故。

30年来，普通岗位上的平凡工作，让我收获了很多很多，有家人的支持、同事的认可，更有组织的培养和肯定。这让我真切地感受到：坚持标准、守住安全就会有回报。

我干调车，日夜倒班，为了让我干好工作，妻子从不让我操心家里。2008年冬天，湖南遇上了罕见的雨雪冰冻天气，有一天，我下晚班后继续参加车站打冰扫雪。而妻子当天早上突发肾结石，她强忍着疼痛把女儿送到学校，然后自己去了医院。直到中午，我才知道她病了。赶到医院，看到她脸色苍白，一个人孤零零地躺在那里，我禁不住流下了眼泪，真觉得愧对她。女儿小时候总是说，爸爸每天不是上班就是睡觉，有一次，我妻子临时有事，要我去接她放

⊙作业前，杨卫华给同事们提示安全注意事项。 朱进军、莫江波/提供

学，到了幼儿园门口，老师却把我拦住了，说怎么从来没见过我，弄得我又尴尬又羞愧。现在，女儿长大了，也很理解我，经常提醒我工作不要分心，注意安全。家人不让我分心，我就更不能让她们担心！唯有认真工作，用岗位安全来回报她们的付出，来守护我的幸福生活。

这些年，在调车岗位上，我始终坚持按标作业，从无违章，身边的同事们对我非常认可，都愿意跟我交流。有一次与同事讨论业务，我们说到“车辆拉

风后不缓解应当怎么办”。当时，这个问题我在作业中还没有碰到过，平时也没有留意，不知道怎么干。同事开玩笑说“老师傅也遇到新问题啦”，还教给我一种对着风管吹气的缓解方法。说来也巧，第二年我在技师资格考试时，就遇到了这道题，我按同事教我的方法，答对了，也顺利通过了技师资格考试。我的工友们都很优秀，也很团结，在大家的共同努力下，我们班组连续12年安全作业无事故，先后11次被集团公司评为优秀自控型班组。在我身边，一批又一批年轻人成长为业务骨干，17人走上了调车长岗位，8人被聘为工人技师，我由衷地为他们感到骄傲，他们对标准的坚守、对安全的执着同样也得到了丰厚的回报。

作为一名铁路基层普普通通的员工，按标作业、确保安全是我的职责。在组织的关心和培养下，这些年来，我获得了一些荣誉、得到了许多赞扬。我感到，这份荣誉更是对铁路千千万万普通劳动者的认可，让更多和我一样在不同岗位上不懈奋斗的平凡人坚信，在平凡的岗位上，干好平凡的工作，一样会获得尊重，一样能体现价值，一样可以成就不平凡。

最耀眼的生命光芒

徐前凯　男，汉族，重庆荣昌人。1987年12月出生，2005年12月参军，2007年6月入党，2008年9月退伍后到成都铁路局遵义车务段工作，2016年2月调入重庆车务段荣昌站，先后担任连结员、助理值班员、车站值班员等职务。参加铁路工作十年来，他不忘初心，牢记使命，时刻恪守共产党员的誓言，2017年7月，勇救横穿铁路的老人而失去右腿。他的英雄事迹被全国各大媒体广泛报道、持续追踪，引起了强烈反响。他荣登由中央文明办主办的2017年7月“中国好人榜”；荣获中国铁路总公司优秀共产党员，火车头奖章、铁路青年五四奖章；荣膺2017年感动重庆十大人物、重庆市见义勇为先进个人、重庆市向上向善好青年标兵，荣获重庆五一劳动奖章、重庆青年五四奖章；荣膺2017年感动交通十大年度人物、2018年全国向上向善好青年，荣获第22届中国青年五四奖章。

最耀眼的生命光芒

——记中国铁路成都局集团有限公司重庆车务段荣昌站值班员徐前凯

记 者 傅洛炜 通讯员 付世坤

⊙徐前凯与机车合影。 周诚祥/摄

“车轮滚滚，危急关头谱写生命赞歌；电光火石，血肉之躯挽回鲜活生命。平凡英雄，就是那一刹那的奋不顾身，就是那不经意的生死抉择。他以站立的姿态迎接而立之年，自信而坚定地走向明天。”

5月3日下午，第22届中国青年五四奖章颁奖仪式在团中央礼堂举行，授予徐前凯同志的颁奖词在会场高亢回响。装上义肢神采奕奕的徐前凯手拄拐杖上台领奖，现场响起雷鸣般的掌声。

“我只是做了我该做的事，无怨无悔。现在唯一要想的，就是如何重新学会走路，如何重新开始人生。”他笑容爽朗，目光中透出坚毅。10个月前，在生死抉择的瞬间，他纵身一跃、奋不顾身勇救老人的义举，映射出最耀眼的生命光芒，谱写了一曲感天动地的正气歌。

奋不顾身 勇救老人

2017年7月6日15时22分，中国铁路成都局集团有限公司重庆车务段荣昌站值班员徐前凯等人开始调车作业。

15时49分，当机车推进车列运行至车站联络线293公里580米处时，意外发生了。

正在作业的徐前凯看到，在列车前方十多米远的地方，突然出现了一位老婆婆。

徐前凯的第一反应是按下停车按钮，竭力呼叫停车，用力地吹响口笛提醒。列车以大约10公里的时速行驶，即使按下刹车键，依然会继续滑行约50米才停下。

“让开、让开，快点让开，撞上来了！”吐出口笛，徐前凯大声吼道。

耳背的老婆婆依然愣在轨道中间。

10米、8米、6米……

容不得多想，来不及犹豫，说时迟、那时快，徐前凯大吼一声，纵身一跳，飞奔救人。

由于距离太近，救人过程中，徐前凯右腿在侧身旋转用力时进入钢轨，火车车轮无情地从他的右腿上轧过。

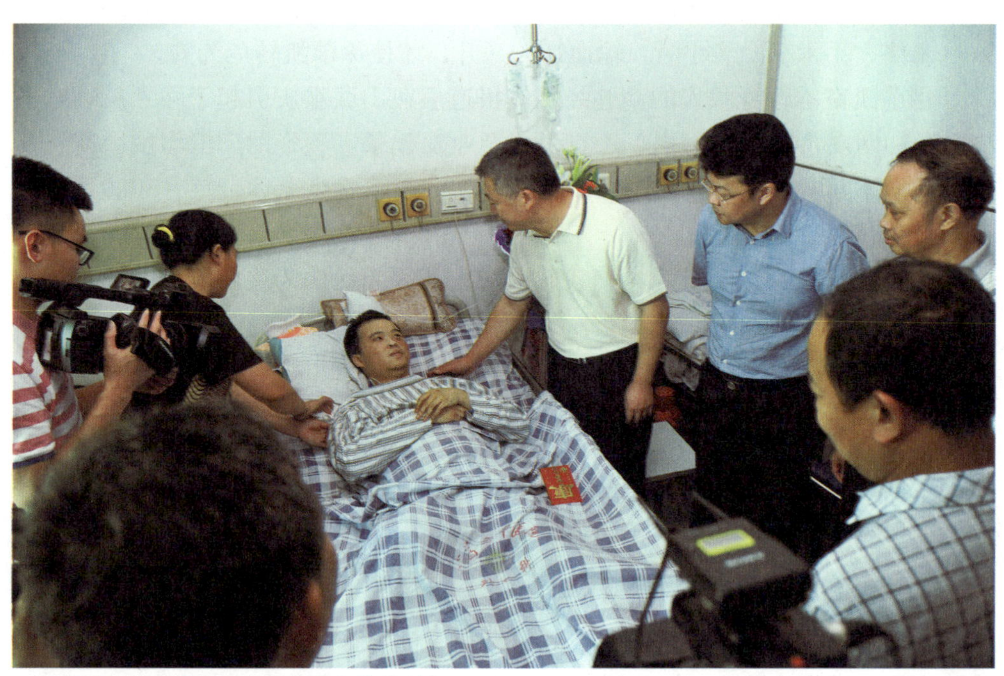

⊙重庆荣昌区领导慰问住院治疗的徐前凯。 刘　洋/摄

“那个穿工装的小伙子从火车上跳下来，跑过去拉老婆婆，第一次没拉动，第二次又上去才把她推出来，结果自己就没跑脱，火车从他腿上轧过去。”现场目击者村民吴开华说，“其实他是可以躲开的，但还是选择了再次救人。”

老婆婆得救了，徐前凯的右腿却被轧断了。

“看到那一幕，我的眼泪止不住啊，人在一边，腿在一边，但他还在关心老婆婆受伤了没有。”荣昌站站长李毅回忆当时情景的时候，眼眶湿润。

唐俊是重庆市荣昌区中医院外科医师，参与了徐前凯前期抢救以及截肢手术的全过程。

“我们乘120救护车赶到时，天上飘着雨，现场情况比较复杂。”唐俊介绍，徐前凯整个身子趴在钢轨边的地上，右下肢已缺失，钢轨的碎石子上有很多血迹，一位老婆婆瘫坐一旁。

初步诊断显示，徐前凯因失血过多处于失血性休克状态。“再晚点，后果不堪设想。”唐俊和同事一边紧张地抢救，一边通知当地血站紧急送血。

“患者徐前凯伤肢离断，残端毁损严重，无再植条件，经上报院领导后，在积极抗休克的同时进行截肢手术治疗。”截肢手术主刀医生黄绍栖说。

最终，手术三个多小时，输血1600毫升，才使徐前凯转危为安。

徐前凯奋不顾身救人的事迹经媒体报道后在山城重庆引起了强烈反响，不少市民和网友希望给他募捐，还有爱心企业发起了专项资助，但均被徐前凯及家人婉拒。其实，徐前凯家的经济条件非常一般，父亲退休金每月3000元多一点，母亲的才2000元出头。

徐前凯的父亲徐荣贵说：“我儿子救人是因为他认为这件事该做，不是为了别人的捐赠，更不是希望以此来获得什么回报。”

网友“悦来越好”留言称赞徐前凯：“用一条腿去换取一个人的生命，他值得我们所有人学习。眼泪止不住落下，他是我们的榜样，是我们铁路的骄傲！”

铁路骄傲　玉汝于成

徐前凯的英雄壮举绝非偶然，铁路骄傲，玉汝于成。钢铁是怎样炼成的？追寻徐前凯成长的足迹，记者深入了解到有关徐前凯的点滴感人故事。

⊙徐前凯在罗云山烈士纪念碑前留影。 张志力/摄

徐前凯出生于1987年12月，家中祖孙三代都是铁路人。作为“铁三代”，阳光开朗的徐前凯从小就有着一种英雄情结。在成渝铁路广顺场站旁，有一座烈士纪念碑，上面刻有“罗云山烈士永垂不朽”字样。这是铁路烈士罗云山的长眠之地，也是徐前凯从小接受教育的地方。

1970年6月12日，正在广顺场站执勤的铁路公安罗云山发现，一列飞驰进站的列车正逼近横跨铁路的旅客，为救旅客他奋不顾身地冲了上去，光荣地献出了自己的生命。

徐前凯在广顺场长大，上学时每年都在学校组织下到纪念碑前为罗云山烈士扫墓，长期耳濡目染，英雄的形象深深刻在他的心里。

2005年12月，徐前凯参军来到云南省军区边防某连服役，由于表现优异，2007年加入党组织。他当兵两年，连续两次获得嘉奖，一次获得优秀士兵的荣誉。2008年9月，徐前凯退伍后被分配到遵义车务段工作，历任都拉营站连结员、盘脚营站助理值班员、天台站车站值班员、小寨坝站车站值班员，2016年2月被调到重庆车务段荣昌站工作。

曹　宁/摄

在遵义工作期间，徐前凯就有过一次救人的经历。

2012年6月的一天，担任助理值班员的徐前凯值白班。当时，盘脚营站一道一趟货物列车准备通过，正在接车的徐前凯突然发现列车前方70米处有一位七八十岁的老人正在横穿铁路。徐前凯立即一边呼叫司机紧急停车，一边朝老人飞奔而去。当他将老人一把拉上站台时，凭惯性运行的列车与老人擦肩而过，甚至降速列车经过时的气流还掀起了老人的衣服，大家都吓出了一身冷汗。

因为接车过程中严格执行标准，认真巡查线路情况，针对紧急情况采取措施及时，成功地挽救了老人的生命，徐前凯受到了遵义车务段的嘉奖。

在工作生活中，徐前凯还是出了名的“热心肠”，助人为乐已成为他的一种习惯。在盘脚营站任职期间，他以站为家，经常利用休息时间主动清扫站区道岔，打扫车站卫生。2013年7月，工友程亮的妻子待产在家。为了方便程亮照顾妻子，他无偿放弃休班时间，给程亮顶了一个月的班。

无论谁家有事，徐前凯总是第一时间站出来帮忙，有钱出钱、有力出力。遵义车务段小寨坝站车站信号员周艺说：“记得有一次来自内江的工友陈建林突发疾病，徐前凯发现后叫上其他工友，将陈建林送到息烽县医院，并在医院照顾了他整个通宵。”

在荣昌站说起徐前凯，职工们谈论得最多的就是他的敬业精神和踏实肯干的工作作风，安全生产标兵、优秀青年复退军人、优秀共产党员……这一项项沉甸甸的荣誉都是徐前凯参加工作以来陆续获得的，他是爱岗敬业的标杆。

荣昌站副站长柏英对记者说：“徐前凯在各方面堪称标杆，他用恪尽职守的工作态度和见义勇为的壮举将‘优秀’二字诠释得淋漓尽致。舍身救人的事情不是徐前凯一时兴起做的，而是符合他平时做人做事的价值取向。”

感动山城 饮誉全国

徐前凯舍己救人的事情发生后，重庆车务段第一时间向中国铁路成都局集团有限公司进行了汇报，全力对徐前凯进行救治，对家属进行慰问。徐前凯的英雄事迹被《人民日报》、中央电视台及重庆市各大媒体报道后，瞬间刷爆网络，无数网友为之动容。据统计，仅新浪微博有关话题阅读量就突破2.4亿次，讨论近三万次。一时间，舍己救人徐前凯的英名感动山城、饮誉全国，社会各

⊙徐前凯（右一持证者）在接发列车技能竞赛中获奖留影。 雷莉波/摄

界的表彰纷至沓来：

重庆市荣昌区委发布《关于授予徐前凯同志"荣昌区优秀共产党员"称号的决定》。

重庆市人民政府发布《关于授予徐前凯同志"见义勇为先进个人"称号的决定》。

重庆市总工会授予徐前凯五一劳动奖章。重庆市委组织部、人力资源和社会保障局、团市委授予徐前凯重庆青年五四奖章。

成都局集团公司党政工团联合发布《关于表彰徐前凯同志见义勇为的决定》，授予徐前凯同志优秀共产党员、劳动模范、青年标兵荣誉称号。

成都局集团公司关工委发布《关于授予徐前凯同志成都局集团公司"青年道德模范"荣誉称号的决定》。

中国铁路总公司党组发布《关于授予徐前凯同志优秀共产党员称号的决定》。中华全国铁路总工会授予徐前凯火车头奖章。全国铁道团委授予徐前凯铁路青年五四奖章。

2月7日，蜡梅吐蕊，乍暖还寒。19时30分，山城重庆华灯初上，2017年度感动重庆十大人物颁奖典礼在重庆广电大厦演播厅举行，徐前凯等十位（组）荣膺2017年度感动重庆十大人物。

"感动重庆"组委会在徐前凯的颁奖词中写道："纵身一跃、奋力一抱，短短五秒，刹那间的本能之举，映射出最耀眼的光芒。生命从来不是等价交换，没有'值不值'的追问，只有'该不该'的回答——义薄云天！"

舍己救人的徐前凯感动的远远不只是山城重庆，更是感动了中国、感动了世界。五四青年节前夕，徐前凯同志还荣获2018年全国向上向善好青年和2017年感动交通年度人物称号。

采访手记

震撼人心的力量来自哪里？

生活中，有些瞬间一闪而过，却让人们备感震撼。徐前凯的义薄云天之举，体现的正是人性本善、人心本暖、勇于助人，甚至不惜舍己救人的崇高道德力量。

徐前凯从小崇尚英雄，参加铁路工作以来，不忘初心，牢记使命，时刻恪守共产党员的誓言，见义勇为，扶危助困，助人为乐，敬业担当，用行动彰显了青春无悔，用热血谱写了英雄“凯”歌，展示了当代铁路青年的时代风貌，践行了人民铁路为人民的庄严承诺，不仅传递的是个人美德的力量，更彰显的是社会主义核心价值观的弘扬。

于国家和社会而言，有什么样的价值观，就会建设什么样的国家、形成什么样的社会。就个人来说，有什么样的价值观，便会做出什么样的选择、采取什么样的行动。价值观不但内化于心，而且外化于日常工作生活中的坚守，体现在徐前凯面临生死抉择的瞬间毫不犹豫纵身一跃舍己救人的毅然决然。

徐前凯的义举呈现出的崇高道德力量深深震撼了人们，辉映出最耀眼的生命光芒。徐前凯不愧为感动中国的青年楷模，让我们为新时代铁路榜样徐前凯点赞。

（原载2018年5月14日《人民铁道》报A1版）

站起来，抖擞精神再出发

徐前凯

2017年7月6日，是我人生中最刻骨铭心的日子。那天下午，我跟往常一样，和同事进行调车作业。伴随着火车汽笛声、车轮行进声和对讲机传出的指令声，我指挥着车列推送前进。大约行进到车站联络线道岔处时，我突然发现，前方不远处一位老人正准备横穿股道。我急忙向司机发出停车指令，然后大声呼喊："快走开、快走开！"老人丝毫没有反应，继续往线路中心靠近，我又使劲地吹响口笛，可是，老人依然没有任何躲闪的迹象。15米、10米、8米……老人近在咫尺，情况紧急，我来不及多想，纵身跳下车，一个箭步冲上去，拽住老人的手臂往外拉。老人被我突如其来的举动吓蒙了，下意识从我手中挣脱。这时，车列在惯性作用下还在继续滑行，生命危急，我跨步上前，用力抱住老人，使劲往后一倒，就在此刻，车轮从我来不

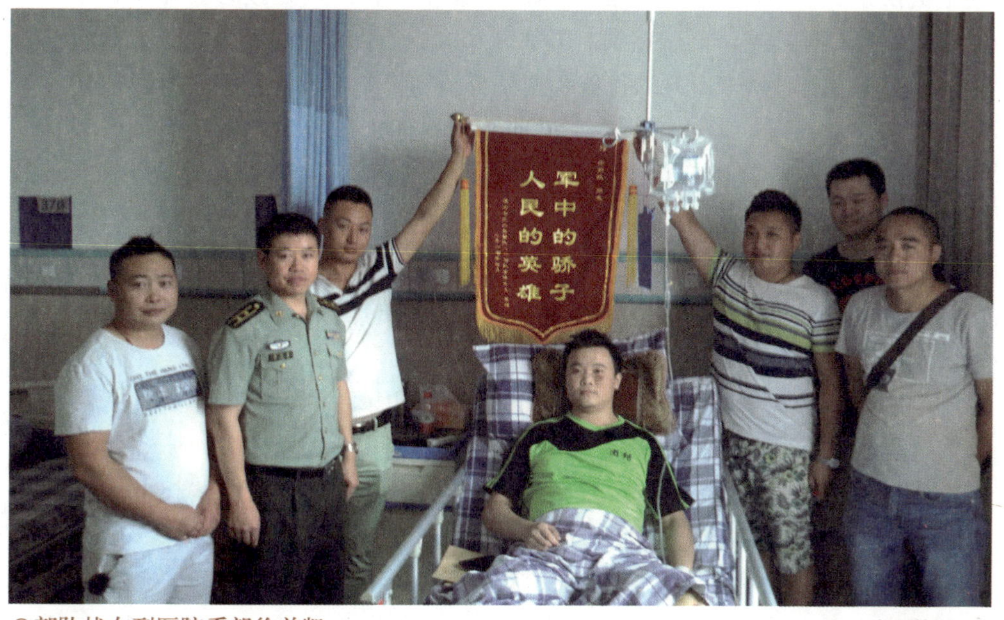

⊙部队战友到医院看望徐前凯。 宋曹梓瀚/摄

及抽回的右腿碾过……

车列伴随着刺耳的“呲呲”声停了下来，我趴在钢轨旁边，石砟扎得我疼痛难忍，被碾压的右腿也说不出的难受。我努力抬头，看到老人已安然无恙地坐在铁道边，再扭头看自己的右腿，已经没了……我试着想挪动一下身体，一种钻心的疼痛瞬间传遍全身。染着鲜血的裤管，紧紧地黏在了钢轨上。

很快，车站同事、医护人员赶到现场，看到当时的情况，大家一时间不知道该如何把我抬上担架。副站长柏英拿着剪刀，把黏在钢轨上的裤管一点一点剪开，我让医护人员把担架移到身边，自己挪了上去。随后，我从身上摘下对讲机交给工友，告诉他，钥匙还在石砟上，活还没干完。

经过三个多小时紧张的手术，我转危为安。被推出手术室，我第一眼看到的是我的妈妈，妈妈满脸泪痕……深深的愧疚涌上心头，忍不住对她说：“妈，对不起!”

妈妈紧紧抓住我的手，安慰我说：“儿子，好样的！”妈妈的声音有些颤抖，却没有一丝责备和埋怨。妈妈的理解让我鼻子一酸，泪水夺眶而出。班组老大哥李胜忍住泪水对我说：“兄弟，坚强！”

手术后的几天，我在充满消毒水味的病房里经历着前所未有的煎熬。吃喝拉撒全在床上，不能侧身、不能下床、不能用力，伤口处绞心般疼痛，整夜整夜不能入睡。有时候，突然感到右脚掌痒痒的，不自觉地伸手去挠，却是空荡荡的……看着胃出血尚未痊愈的爸爸和白发日渐增多的妈妈，我的心里很难过。

后来，我救人的事迹被地方和铁路各级媒体广泛报道，各级组织、领导、同事都来到医院看望慰问，一些社会团体、公益组织也纷纷前来，给我莫大的鼓舞，我成了人们心目中的“英雄”。那段时间，网上有很多关于“一条腿换一条命值不值”的讨论，媒体记者也曾多次问我：“徐前凯，你这样做后悔吗?”夜深人静的时候，我也曾思考。回想当时的情景，那种紧急情况下，看到一个鲜活的生命即将在我眼前消失，我不能无动于衷。这不是一个“值不值得”的问题，而是一个“该不该做”的问题。如果时光倒流，重新面对险情，我的选择依然不会变!

我躺在病床上对自己说的最多的一句话就是：“早一点站起来。”我还年轻，还有很长的路要走，我要活得更加精彩。为了能早日站起来，少让父母为我操劳。手术后第十天，我忍着疼痛，躺在床上开始推举哑铃，练习手部力量；第十八天，在爸爸的搀扶下，我拄着拐杖试着下床练习走路。刚开始适应不了平衡，整个人跌跌撞撞。看到父母脸上久违的笑容，我更坚定了重新站起来的信心。

力量训练、康复训练，每一个项目都考验着我站起来的毅力；卧推哑铃、悬吊、平板支撑，每一个动作都拉伸着我受伤的神经。可是，再疼我都咬牙忍

⊙徐前凯登上颁奖台领取中国青年五四奖章。 宋曹梓瀚/摄

住，再难我也努力坚持，我渴望重新站立，渴望重新自理。四个月后，在期盼和忐忑中，在医护人员认真细致的帮助下，一副义肢支撑着我实现了真正意义的站立——没有拐杖、没有搀扶。在场的所有人都为我鼓掌、为我高兴。我也在心里大声呼喊：我重新站起来了！那一刻，妈妈含着眼泪欣慰地笑了。四个月的艰辛，一百多天的付出，妈妈看到了希望，更看到了儿子的坚强。

穿着义肢进行适应性训练，远比我想象的要难得多、苦得多。每天穿着义肢站立两个小时，锻炼平衡，步行四五千步，练习行走。每走一步，我的残肢都会与义肢腔壁产生巨大的摩擦，拉动新生的肌肉，挤压受伤的神经，痛如

刀绞，汗如雨下。每行走一公里，都要比常人多消耗一倍的体力，多花四五倍的时间，太累了就歇一歇，摔倒了就再站起来。脱下义肢，残肢经常会被磨破皮，新皮磨成了老茧，残肢挤成了锥型……一切的一切，我都无所畏惧，只要能重新站起来，恢复常人一样的生活，我都愿意去做。

在妈妈的陪伴和组织的关心下，我度过了人生中最艰难的六个月。现在，我最大的心愿就是积极锻炼，脱离拐杖，独立行走，争取早日回到工作岗位，努力回报组织对我的关心，回报无微不至照顾我的父母。

在这里，我想跟大家分享我的喜悦、我的幸福。2018年，我结婚了！而且快当爸爸了！我知道，自从接过红彤彤的结婚证的那一刻起，我的新生活开始了，身上的责任更大了，肩上的担子更重了。

我还想说，感谢关心和帮助过我的各级领导和同事，感谢我的父母，感谢给我鼓励与真爱的妻子，是你们给了我战胜伤痛的勇气和信心，未来的路还需要自己走。站起来，抖擞精神再出发，我会更加坚定而自信地走向明天！

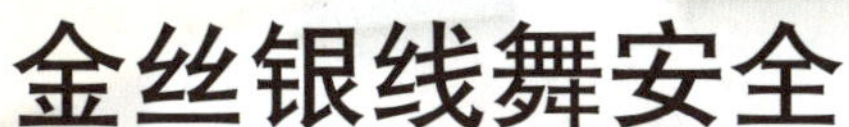

金丝银线舞安全

代云华　中国铁路昆明局集团有限公司昆明供电段接触网检修车间检修一工区接触网工，曾获得全国技术能手、全路首席技师、铁路工匠、云南省青年五四奖章等荣誉。参加工作17年来，他检修了9800多条公里接触网设备，未发生一起设备故障；培养出三名全路技术能手、一名云南省技术状元、四名局集团公司技术标兵、近20名局集团公司技术能手；开展技术革新两项、技术攻关数十项、工具改装20多项，获得一项国家发明专利，多项成果荣获表彰并在全路供电系统推广使用。

金丝银线舞安全

——记中国铁路昆明局集团有限公司昆明供电段接触网检修车间检修一工区接触网工代云华

记 者 郭薇娜 通讯员 李亚喜

⊙代云华（右）和工友正在接触网软横跨上检修直吊弦。

李亚喜/摄

“六米高度、毫厘安全”的银线之上，他犹如一个舞者，翩翩起舞、挥洒自如。

十七载的工作生涯，他用永不停歇的学习锤炼追求更高标准，用诲人不倦的踏实态度培育人才队伍，用不懈奋斗的创新激情追逐岗位梦想。

十七载的接触网岁月，他先后斩获全国技术能手、全路首席技师、铁路工匠、云岭首席技师、云南省青年五四奖章等众多荣誉，拥有金牌接触网工、金牌教员等多重身份，是同事心中赫赫有名的接触网技术大拿，被大伙儿称为“兵王”。

他就是中国铁路昆明局集团有限公司昆明供电段接触网检修车间检修一工区接触网工代云华。

他的成长，是追寻美丽中国梦的精彩绽放，是实现交通强国铁路先行奋斗目标的自我超越，是在平凡岗位上践行“谋大局、敢担当、真落实、勇作为”精神的生动榜样。

平凡岗位练绝活

在昆明供电段说起代云华，大伙最津津乐道的是他过硬的业务技能。别人6分钟更换一根软横跨直吊弦，他只要3分钟；别人网上作业半小时就浑身乏力，他几个小时倒挂在接触网上作业不用休息；别人最怕碰到的悬空落锚作业，他可以轻松搞定……别人干不了的活，他能干；别人干得了的活，他干得又好又快。只要有他在，所有作业难题便迎刃而解。

1分钟剪断50次铁线，1分半钟制作一副吊弦，3分钟制作一个回头，25秒上下接触网杆一次，80分钟“天窗”带领作业组拆除50根旧吊弦、安装60根新吊弦、调整10个跨距导高……他创造的一项项纪录，至今无人打破。

骄人纪录的背后，承载的是他6000多个日日夜夜的苦练和坚持。2001年，刚参加工作的代云华和普通的新职工一样，只能在地面做做防护、递递扳手、背背工具包。每当看着别人在网上潇洒起舞，代云华心里就痒痒的。2002年，昆明供电段举行职工技能竞赛，代云华作为参赛选手，只负责在地面推梯车，成了“板凳队员”。这次比赛成绩不理想，代云华心里非常难受。他暗下决心：一定要做接触网检修的“最强者”。

打那以后，代云华就像变了一个人似的，一边刻苦学习，一边编织着自己的梦想。无论在作业现场还是工余时间，他都是安全带、安全帽、工具包不离身。一个简单的吊弦制作，他练习成百上千遍，手上挑破的血泡结成了厚厚的茧子。为了练体能，他每天要做100个俯卧撑、100个蛙跳，并且坚持至今。制作承力索回头、爬杆上网，他一练就是几个月。在被大家调侃为“魔鬼”训练的接触网“特训班”中，代云华早上跑步强体能，白天和大家一起练实作，晚上自我加压背规章、学标准，没叫过一声苦。几年下来，他练就了一身硬功夫。

现场是最好的赛场。2008年，受一次地震的影响，成昆线新江站2道3个跨距的接触网被落石击中掉落地面，吊弦拉断、松脱40多根，多处定位偏斜，供电系统瘫痪。接到险情后，代云华和同事从元谋站迅速赶到新江站，并主动冲在最前面，仅用1小时28分就抢通供电线路，确保了震后第一趟抢险救灾列车顺利开行。

2009年，代云华代表昆明供电段参加昆明局集团公司技能大赛，一举夺魁。2011年，他带着几名徒弟代表昆明局集团公司参加第三届全国铁道行业职

⊙代云华（左二）向工友传授参赛经验。 李亚喜、白浩男/摄

业技能大赛，获得团体第五名、个人第五名的好成绩，获得全国技术能手的奖牌和奖章，登上了牵引供电领域的高峰。

2009年到接触网检修车间工作后，代云华的舞台更大了。作为昆明供电段“王牌部队”的“特种兵”，在地跨云贵川三省3000多公里的铁道线上，他活跃在接触网大型施工、设备集中检修整治的现场，先后参加20多项重点施工和近百次急难险重任务，发现重大设备缺陷520多个，破解作业难题300多个，避免各类事故隐患130多处。他参加施工、检修的9800多条公里接触网，合格率100%，未发生过一起设备故障。

倾囊相授育桃李

2009年，代云华开始带徒弟，同时还担任接触网专业新入段大学毕业生和退转军人的兼职教官。为了把自己多年的工作经验和绝活儿传授给新人，他给自己的教学定下目标：第一年出徒单独作业，第二年重点锤炼，第三年成为行家里手。

他将自己工作十几年遇到的典型设备故障判断处理方法进行整理，以图文并茂的形式汇编成册，供学员学习；总结提炼的“提报计划、作业准备、出动、要令、验电接地、行车防护、作业、消令送电、作业结束、台账记录”日实施十大环节，让现场作业全面规范化；编写的《新职人员上线作业指导书》，让新入职人员在最短时间内掌握上线作业的技巧和安全注意事项。

“‘用标准保护安全’是师傅常常挂在嘴边的口头禅，师傅对标准的执着，深深地影响着我们。”谈到代云华的较真，小徒弟杨青山用故事说明。一次，沪昆线接触网设备进行集中修，当天的作业任务是曲线拉出值调整。按照接触网检修标准，调整曲线拉出值距离是300毫米到450毫米之间，当时代云华已经调整到了320毫米，大家都觉得可以了，可他就是认为不行，非要坚持重新调整到心中最理想的标准400毫米。

“任何一项工艺标准都是经过无数次试验得来的，虽然都在允许误差范围内，但越靠近标准值越安全，偏离越大隐患也就越多。能做到毫厘不差就不能满足于只差毫厘。”事后，他的解释让大家心服口服，也让每一个人受益匪浅。

“好的作业习惯是一辈子的事情”，代云华是这样做的，也是这样教导徒弟的。接触网分相作业是高精尖的技术活，标准参数多，作业程序繁杂，高低误差不超过两毫米。为了把活儿干得既快又好，每次接到分相作业任务后，代云华都要提前在工区根据现场调查情况，模拟计算好各类数据，再把零部件组装成完整的高速分相绝缘器，拿到现场直接安装，标准率和速度超过别人好几倍。

据杨青山回忆，有一次，为了锻炼他的实战技能，代云华让他独立安装分相。作业完后，代云华拿着游标卡尺检测杨青山安装的分相，发现超出标准范围5毫米。代云华板起了脸，迅速调整不达标分相，重新组装铜滑道，此时离

⊙代云华（右一）与代云华技能大师工作室成员进行业务探讨。 李亚喜、白浩男/摄

张伟明/摄

“天窗”结束还有10分钟，一般人装一侧分相至少得15分钟，时间十分紧迫。杨青山捏了一把冷汗，却见代云华有条不紊地动作着，不出5分钟，调整的高速分相重新上线，误差为零。

记者问他：“精准到毫厘不差，你是怎么做到的？”代云华平实地回答：“没有什么诀窍，只是比别人多走了一步，作业前准备充分一点，再把标准装在心里。”

“几年跟着师傅一路走来，我从来没有发生过一起违章作业，负责检修的设备也没发生过一起故障。”正如杨青山所说，带徒弟以来，代云华硕果累累，先后带出了3名全路技术能手、1名云南省技术状元、4名局集团公司技术标兵、近20名局集团公司技术能手。特别是2017年，他负责培训的8名“90后”职工全部通过考评，拿到参加全国接触网工技能大赛的资格，并在决赛中获得团体第五名，其中两名“90后”选手斩获个人第15名、16名的好成绩。担任兼职教员至今，他先后带出的600多名学员已扎根于昆明局集团公司供电系统的各个领域，70%的大学毕业生都成了业务骨干，有些甚至还成了车间的工班长、技术员和车间主任。

攻坚克难当“兵王”

一次次攻坚克难，一次次淬火历练，一次次化险为夷，代云华凭借的不仅仅是过硬的技术，更重要的是他有一颗为接触网事业奉献的真心。

代云华有个习惯，每次干完活，都会从头到尾琢磨一遍，还时不时蹦出些新念头。

以往电气化铁路断线恢复抢修时，都是把断头拉紧再人工做接头，不仅耗时长，而且工艺质量难以保证。经过两年多上百次设计试验，代云华研制出接触网接头制作辅助器，让抢修效率提升了50%，接头制作更容易达到标准。这项成果在全路多家供电段推广应用。代云华创造了很多这样的小发明，虽然谈不上什么高科技，但是很实用，深受职工欢迎和喜爱。

工作之余，代云华把更多的精力放到了发明创造上。为了鼓励创新，2014年，以代云华个人命名的“代云华技能大师工作室”成立。

接触网设备检修时，测量接触网吊弦间距很费周折，不仅工作量大，还耗人力。一个人爬到接触网上进行固定，另一个人在梯车上拉着测尺走，作业

⊙代云华（中）获奖励表彰。　李亚喜、白浩男/摄

效率低，误差也大。能不能用更简单的办法测吊弦间距？代云华有了新想法，代云华技能大师工作室热闹起来，两个月后“接触网吊弦测距仪”新鲜出炉。这套“变形金刚”拿到现场一用，大伙都爱不释手，竖起了大拇指。如今测量接触网吊弦距离时，只需要一个人在地面一推，结果就出来了，较传统方法减少两个作业步骤，少用五个到十个作业人力，效率提高两倍，不仅省人省时省力，而且还更精准。

自此以后，代云华技能大师工作室创新发明一发不可收拾。他带着徒弟先后发明了止动垫片锤、接触线接头制作辅助器等20多个轻巧实用的新工装，在全段推广使用，大大减轻了职工的作业强度，提升了作业效率。改造后的“预绞式冗余耐张线夹”，有效解决了旧装配方式存在安全隐患的问题，产生直接经济效益460万元。

代云华始终秉承“专业、专心、专注”的初心，先后完成承力索降坡结构改进、隧道补偿装置后置改前置等技术革新两项，破解供电线电缆头击穿、隧道锚臂拉杆受力后扭曲变形、独立锚柱补偿限制框架影响坠砣自由升降、补偿滑轮偏磨等数十项技术难题，为确保供电安全做出了突出贡献。

岗位就是舞台，登高才能望远。2016年，代云华又把他所有的心思放在了高铁上。如今，在新的征程上，代云华正带着他的徒弟们不断寻找人生的诗意和远方。

采访手记

吃过的苦都是荣光

众所周知，接触网工是高压、高空、高危作业工种，工作难度不小，是个吃苦的行当。在采访中，记者问代云华“干了这么长时间接触网工，取得了这么大的成就，有没有想过有一天不在这个岗位上工作”时，代云华一愣，继而哽咽了。他红着眼眶回答：“接触网是我的事业，我离不开接触网！”他就是这样用自己对铁路工作的一腔热血，把人们眼中的苦变成了甜，把自己吃过的苦变成了荣光。

参加工作17年来，作为党员的代云华时时处处身先士卒、发挥先锋模范作用。现如今，电气化铁路已经遍布云南各地，他的足迹也遍布云岭铁路。无论身在何处，他心系接触网的情怀从未改变。

把工作培养成爱好，把奉献转化为收获，把汗水汇聚成荣光，这何尝不是代云华等千千万万普通铁路职工最接地气的大智慧？

（原载2018年11月14日《人民铁道》报A1版）

六米高处做“兵王”

代云华

头戴安全帽，身穿“黄马褂”，是我的“标配”；腰系安全带、脚下6米高，是我的日常。18年来，工作中我经常踩着拇指粗的接触线，像杂技演员走钢丝一样凌空行走。几年来，我跑遍了管内云、贵、川三省3000多公里的接触网，啃下了成百上千个“硬骨头”，检修过的接触网设备从未发生过任何故障。我先后荣获了昆明局技术标兵、云南省云岭首席技师、铁路工匠、全国技术能手等荣誉称号，工友们看我干活总走在前头，就叫我“兵王”。

多年来，“兵王”这个称号之所以能保持下来，源于我一刻也没有放松对自己的要求。直到今天我还坚持着当时定下的目标：每天跑步3公里，做100个俯卧撑、100个深蹲，熟悉一遍技术标准，做一次工作得失小结。

⊙代云华（左一）和代云华技能大师工作室骨干在研究新工装的实用性。　李亚喜、白浩男/摄

我多次参加各级技术比赛，都取得了好成绩。在一次全局职工技能电视挑战大赛上，我以5分钟做3副吊弦、3分钟做1个回头、25秒上下支柱1次的成绩摘得了桂冠，这个成绩，至今无人能打破。我还在60多分钟的天窗内，带领作业组拆除50根旧吊弦、更换60多根新吊弦、调整10个跨距导高，又创了纪录。从此，“兵王”这个称号，叫得更响了。

我有个习惯，每次干完活，都喜欢从头到尾琢磨一遍，时不时蹦出些新念头。接触网施工时，测量接触网吊弦间距很费周折，不仅工作量大，还耗人力。需要一个人爬到接触网上进行固定，另一个人在梯车上拉着测尺走，作业效率低、误差大。为了找到一个更简单的办法，我反复琢磨，多次试验，用两个月的时间制作出了“接触网吊弦测距仪”。拿到现场一用，工友们爱不释手，如今测量接触网吊弦间距时，只需要一个测距仪在接触线上一推，数据就出来了，比传统方法减少2个作业步骤，效率提高2倍，不仅省人省时省力，而且更精准。

我发明创造的这些小工装设备，虽然谈不上什么高科技，但是实际使用起来很方便、很顺手，工友们都很喜欢。2014年，以我名字命名的“代云华技能大师工作室”成立。这以后，工作室先后发明了止动垫片锤、整体吊弦安装扳手、接触线接头制作器等10多个轻巧实用的新工装，在全局推广使用。

我时常对自己说，“兵王”不是白当的，不仅在日常工作要做表率，面对急难险重的关键任务，更要冲得上、打得赢。有一年，成昆线发生6.1级地震，新江站2道3个跨距的接触网被陡坡上滚落的石头砸落到地面，吊弦拉断、松脱40多根，多处定位偏斜，供电系统瘫痪！

接到抢险任务，我和工友搭乘轨道车第一时间赶到现场。“云华，上！”主任一声令下，我冲到最前面，迅速爬上梯车。这时，余震仍然不断，远处不时传来巨石滚下山坡冲进金沙江的巨大声响。我顾不上那么多，爬上梯车大喊：“梯车，成都方向走！”

四周漆黑一片，山上什么都看不见，山石滚落一次，心里就咯噔一下，伴随着微弱的抢险灯光，我们几个人一起用力，三下五除二就把塌在地面上的接触网拉到了空中。

滚石的轰隆声回荡在整个山谷，我们争分夺秒地投入到抢险救灾中，正常情况下至少需要两个半小时的抢修，我们仅用了1小时28分就抢通了供电线路。下了梯车，我的衣服湿透了，手上也不知什么时候划破了一道大口子。

这个新江站，是我父亲工作过的地方，我的童年，就是在这里摘着野橄榄、采着凤凰花、捡着江边石度过的。抢险过后，听着呜呜的鸣笛声，看着第一列满载救灾物资的火车，从这个背靠苦拉山、面对金沙江、建在桥与隧道上的3股道小站缓缓驶过，我心里感到无比的踏实和舒坦。

当好一个“兵王”，不仅要练好自己的本领，干好自己的活，更要带好兵，大家强才是真的强，我下决心把我的本领教给大家。就这样，我当上了“教官”，开始带新人。

我带着学员，早上跑步强体能，白天实作练技能，晚上加压背规章，达不到标准，就逼着大家去练，一点也不留情。有朋友提醒我，这些新人都是大学生，差不多就行了；有人说，你要求太严了，不近人情；还有人说，这些人将来很有可能是你的领导，不要太苛刻。

我认为，接触网工是高危工种，任何疏忽都可能引发危险，不严可不行。

⊙代云华（左一）与工友合力进行检修作业。 李亚喜、白浩男/摄

落实标准保安全，就得从习惯开始、从训练做起，只有这样，才能随时拉得出、冲得上、打得赢!

我带的一个徒弟叫张晓平，耿直有个性。有一天，我们培训悬空落锚，这个项目是网工必须要掌握的技能，技术要求高，操作难度大，全靠安全带和两只脚倒挂在空中，用双手和腰协同发力扳葫芦来完成，不但需要体能，更要克服心理恐惧。那天，不管我怎么讲，张晓平就是不敢放手干，我急了，冲他大喊："像你这样子怎么能干活?"

或许是伤了自尊，下到地面后，张晓平扯下身上的安全带甩给我，我当时一愣，不知道该说什么。在几十双眼睛注视下，我穿上安全带，登杆、上网、倒挂、拉葫芦，一气呵成。接下来，我一个学员一个学员地教大家练习空中用力技巧，那一天我上下杆30多次，悬空倒挂了近4个小时，大家都被我的精神感动了。从那以后，张晓平训练更加刻苦了。后来，他分到了检修车间，我们见面就少了。

第二年9月，我突然接到晓平的电话，他说："师傅，谢谢您!您用行动感动了我，激励着我要向您看齐!"原来，他参加全国铁路行业技能大赛，取得了好名次。听到这些话，我心头一热，眼睛湿润了。

挂了电话，我百感交集。这些年，不断有徒弟给我报喜，"师傅，这次比赛我得了第一""师傅，我当上班长了"……一声声师傅、一个个捷报，让我心里美滋滋的……

几年下来，我培训过的600多人，90%成了业务骨干，40%走上管理岗位，20多人成了车间主任、副主任和技术员。这么多年的高空作业，我摸索出很多的方法和技巧，传授给了更多人，我的工作经验也写进了教材，在全局推广。

干了18年的接触网工，我越来越喜欢这个岗位。幸福都是奋斗出来的，我将继续立足岗位，不懈奋斗，在交通强国铁路先行中当好一颗螺丝钉。

心若有光　花自芬芳

单杏花　党的十九大代表、研究员、工学博士、硕士生导师、中国铁道科学研究院集团有限公司电子计算技术研究所副总工程师兼12306技术部主任，先后获得铁路青年科技拔尖人才、第二届中央国家机关青年五四奖章、火车头奖章、全国三八红旗手等荣誉，中国铁道学会、中国计算机协会高级会员。作为中国铁路客票系统研发团队的核心骨干，单杏花团队研发的中国铁路客票系统已经发展成全球交易量领先的超大型实时票务系统，尤其是12306互联网售票系统的推出，极大方便了旅客的出行，进一步提升了中国高铁的品质。

心若有光 花自芬芳

——记中国铁道科学研究院集团有限公司电子所副总工程师兼12306技术部主任、研究员单杏花

记 者 杨建光

⊙单杏花在办公室里工作。 刘一赢/摄

27年前，17岁的单杏花走出家乡婺源的大山、第一次坐上火车踏上求学路时，她从未想到自己有朝一日会和铁路结下深厚情缘。

当年，景德镇站里排着长队购票的场景至今仍清晰地印在单杏花的记忆中。她更不会想到，几年之后，她便成为破解这一难题的重要参与者，直至成为中国铁路客票发售和预订系统研发的技术带头人。

吃苦也是人生的财富

生于20世纪70年代早期的农村人，大都有过艰苦生活的记忆。从小生长在江西省婺源县思口镇外和公村的单杏花认为自己的家庭经济状况尤甚：“我的父母都是农民，靠几亩薄田养活家里老人和四个孩子。放牛、砍柴、种菜、插秧……各样农活，我从小都干过。”“还记得最苦的活是给水田里的稻秧除草，要卷起裤腿用脚踩。干的时间长了，稻秧的叶子会把小腿划出一道道血口。水田里还会有各种小动物咬人，

如泥蜂、蚂蟥，甚至还有蛇。”

因为没钱，哥哥、姐姐相继辍学，只有她和弟弟勉强把书念了下来。1988年，单杏花以优异的成绩考进了婺源二中（现在的婺源天佑中学），村里人都很佩服她。她的姥姥却认为女孩子早晚要嫁人，读那么多书没什么用，反对她继续念书。但是爸爸咬咬牙，四处借钱凑齐了99元学费交给她，说：“将来能考上大学是你的福气，考不出去，我就当这钱扔到村口的深水潭里了！”单杏花强忍泪水，暗暗下定决心，不管吃多少苦，都不要让爸爸失望。

有点像《平凡的世界》里的主人公孙少平，三年高中生活，单杏花穷得连学校食堂都吃不起。每月她从家里背大米交到食堂，再缴一点柴火费换取粮票，才可以买主食。菜是自己从家带的，一次要带一个月的，只能是炒熟的干菜、咸菜和豆腐乳。就这样，她才能勉强填饱肚子。“我个子矮，可能是小时候营养不良造成的。现在都有点不敢想象，我那时候竟然能吃八两米饭！”单杏花平静地讲述着那些穷苦日子，脸颊挂着浅浅的笑容。她认为，吃过的苦头也是人生的财富，可以帮助她面对一切困难时都保持淡定和从容。

那时，单杏花心中始终藏着一团火，要争气考上大学。从刚入学时班里40

⊙12306团队办公地点分设五处，单杏花经常步行往返于各项目组之间。 刘一赢/摄

名开外到高考时排班级第三名，最终她顺利考取了西安工业学院计算机应用专业，并在1996年考上华东交通大学研究生，主修交通运输工程与控制专业。也许是机缘巧合，与此同时，单杏花与一项国家重大科研项目结下了不解之缘，就此开启了她的职业生涯。

汗水化作成长的记录

1996年，中国铁路客票发售和预订系统研发项目启动。由于计算机专业人才紧缺，刚刚读研没几天的单杏花就被抽选到项目组，随同她的老师、学长来到中国铁道科学研究院工作，而她的学业只能在业余时间完成。“那时候压力很大。项目中的很多知识都要边学边做，还不能耽误学业。每天就是吃饭、工作、学习、睡觉，没有任何闲暇时间。”但无论有多大的压力，在单杏花看来，不过是人生的考验；无论挥洒多少汗水，不过是成长的记录。

那一年，来自不同高校的28个人和铁科院电子计算技术研究所组成的团队启动了第一次具有里程碑意义的远征。中国铁路成功实现了计算机售票。1996年12月，该系统在全国七个铁路局的车站投入使用，单杏花参与的是九江站和南昌站的项目。

她记得：“那时的系统很脆弱，需要针对每个站做优化调整。我第一次参与系统上线和运维，要独立负责后台和前台的很多子系统，很紧张，最怕出现票卖不出来或票卖重了。结果还好，系统在九江站顺利通过首日运行。”1997年1月15日6时，南昌站首次运行计算机售票系统，没想到仅仅两个小时后，系统出现几乎瘫痪的状态。已经奋战了一天一夜的单杏花只能先让窗口转人工售票，然后和同事一起查找问题原因，发现是数据库系统库内存配置出现问题，后重装数据库、重新配置系统，又奋战一天一夜，终于在次日6时实现稳定的系统售票。

此后，系统从1.0版本到4.0版本不断升级改造，单杏花全程参与了从人工售票向计算机售票、从车站独立售票向全国联网售票的转变。在这个过程中，单杏花展示了过硬的技术攻关能力，也逐渐从学习协助、独当一面、主持负责到总体设计。

2005年，单杏花主持了系统5.0版本的研究与开发推广工作，在售票组织策略、席位控制等方面取得了一系列重要理论和技术上的创新与突破。随后，

⊙单杏花指导研究生硕士论文。 刘一赢/摄

⊙单杏花指导团队成员研究动车组Wi-Fi硬件设备。 刘一赢/摄

在铁路实行车票实名制、电子支付及学生团体、农民工团体售票系统技术研究方面，她发挥关键技术支撑作用，运用大数据分析客流和应用特点，研究、创新售票组织策略、席位控制等技术，极大地缓解了铁路车站购票的组织压力，为铁路客运取得显著的经济和社会效益做出了贡献。

在大数据应用方面，她主持研发的铁路客运营销辅助决策系统，首次将数据仓库理念应用于铁路客运营销，建立起客票营销分析数据仓库；首次运用地理信息系统的手段直观展现了客流数据；首次用计算机手段实现了全路各层次的客流密度图编制；首次带领团队建立了适合中国铁路的客流预测模型，建成了铁路客流预测系统。

创新紧贴时代的脚步

2010年前后，随着中国电子商务向纵深发展，“互联网+”成为大势所趋，单杏花和她的团队顺应时代潮流，在铁道部的部署下，再一次开始了革命性的尝试。在时间紧、任务重、要求高的情况下，他们开始研发铁路12306互联网售票系统。2011年6月12日，铁路12306网站正式启用，标志中国铁路进入电子商务时代。然而，好景不长，他们采用的传统企业级系统技术和架构搭建的平台，在2012年春运“井喷式”的访问量中遭受了严峻考验。

忆及那段时光，单杏花印象深刻：“那是12306第一次面对春运大考，网站点击量巨

⊙单杏花与巡检机房的团队成员探讨设备检查工作。　刘一赢/摄

大、购票请求汹涌而来，网站访问量远超出我们设计之初的测算，大家都紧紧地盯着屏幕，一分一秒地关注网站运行情况，形象一点儿说，连眼睛都不敢眨一下。那时，全社会都关注12306，铁道部领导、院领导也一直陪伴我们到农历大年三十，给予我们巨大的激励和鼓舞。”最终，他们顶住了日点击14亿次的压力，总售票量由60多万张攀升到120万张。

此后几年，单杏花带领团队不断用创新的理念追赶时代的脚步，持续优化调整12306核心系统架构，研究提出“读写分离、售取分离”“异构数据同步”“弹性扩展”“内存计算”“混合云架构”“双中心双活”等方法和技术，破解了12306海量高并发访问、恶意抢票等技术难题，使系统达到了国际领先水平。目前，网站售票处理能力已提升到日均1500万张，日常运行平稳。同时，他们还在12306网站上推出了订餐平台、接续转乘、动车组选座以及“铁路畅行”会员等全新功能。网络上“吐槽”的声音渐行渐远，“点赞”的声音则日益密集。

实施互联网售票，使彻夜排队购票成为历史，这是中国铁路客运发展史上的一个历史性事件。据统计，目前系统注册用户已超2.5亿，高峰日全渠道售票

⊙单杏花指导团队成员进行设备调试。 刘一赢 /摄

已超1300万张，互联网售票比例已超过70%。单杏花说，今后，他们会进一步适应市场需求和客运发展的新形势，持续深化新技术研究和应用，进一步加大基础前瞻技术研究力度、发挥信息技术产业化辐射作用，并将用新技术实现无票候补、全面电子客票、多级票价等新的客运售票服务功能，同时以“智能京张”为龙头，开展一系列智能服务的创新技术研究与应用，不断提升旅客出行的舒适度和获得感。

选择需要无悔的付出

遥想当年，芳华正茂。28个为了理想和事业而奋斗的青年男女聚在一起，又先后各奔前程，唯有单杏花义无反顾地选择了留下。面对诸多诱惑，她始终不为所动。还记得，当最后一名共同奋斗了九年的同事离开时，她抱着即将离开的“战友”，眼圈红了：“铁路的售票系统是路内外专家多年的心血凝聚而成，我得做好传承！”为了这份坚守，单杏花付出了太多。

工作这么多年，熬夜成了家常便饭，加班也是常态。2001年，她被发现患有先天性心脏病，这才给经常加班熬夜时出现的胃痛和胸口痛找到了病根。开胸手术后，医生一再叮嘱她，手术后必须静养一年以上，否则会有生命危险。但当她真的休息了，却感觉生活没了“劲头”。结果，四个月后，她娇小的身影又出现在了工作岗位上。

她的孩子几乎是在办公室里长大的。孩子不满百天，为了工作方便，她“狠心”地把嗷嗷待哺的孩子送回老家。孩子上学后，她雇人每天接送，有时孩子放学只能在单位吃晚饭。出差时，她委托同事把饭送回家。谈及孩子，她愧疚地说：“如果生活可以重来，我一定会把孩子带在身边。”让她欣慰的是，儿子很懂事，也很理解她。

20多年来，单杏花怀揣着梦想与信念，在铁路客票技术创新领域默默奉献、攻坚克难、屡创佳绩，先后获得了铁路青年科技拔尖人才、第二届中央国家机关青年五四奖章、火车头奖章、全国三八红旗手、詹天佑铁道科学技术青年奖等荣誉。2017年，单杏花光荣当选党的十九大代表。面对成绩与荣誉，单杏花从未有过半点矜夸之心，就连儿子也调侃她是“山窝窝里飞出来的一只小鸟”。

“努力了20多年，有过痛苦、有过快乐，取得的一点点所谓的‘成绩’

也不过是生逢其时，要感谢这个时代和铁路的大发展。”单杏花像她的名字一样，在百花争艳的春天里绽放，散发着自己的独特芬芳……

采访手记

心中有信念　肩上有担当

单杏花的心是光明而简单的，无论是陷于穷苦生活时的困窘，还是身处工作重压中的紧迫，她从不轻言放弃。这是一次轻松而又感动的采访。在记者抛出三个问题之后，单杏花开始了平静的讲述。朴实自然的言语中，记者既惊诧于她逻辑思维的强大与缜密，又感叹于她面对艰难困苦的从容与淡定。

从单杏花弱小的身躯里迸发出的巨大力量，也让我们看到了每个时代里总有一群人为了理想和事业在坚守和付出。他们不为形所惑，不为利所迫，心中有信念，肩上有担当，勇敢地扛起了一面面旗帜。单杏花的经历与故事就像整个“70后”一代的缩影。这一代中的佼佼者，也正是今天社会中各行各业的中坚力量。

（原载2018年4月10日《人民铁道》报A1版）

无悔的选择

单杏花

现在咱们铁路春运，各大火车站的情景是这样的：大量特警维护购票秩序的现象消失了，车站周边也不太堵车了；车站不再聘用临时售票员了，售票员还能回家吃上年夜饭了；尤其是旅客，更不用像以前那样顶风冒雪、通宵达旦地排长队买票了。大家只要轻轻松松动动手指，就可以在网上、手机上快捷购票。这一切的变化，我们的售票系统——铁路12306，功不可没。

第一次与铁路售票的邂逅，并不是美丽的相约。1991年，我考上大学，那年我17岁，第一次独自出远门，在妈妈的千叮咛万嘱咐中，从小山村来到了景德镇火车站，广场上黑压压排队购票的人群一下子让我的心情跌到了谷底，排了一天一夜的队，终于买到了第三天的车票。进站坐火车的经历也至今难忘：焦急等待中，绿色的火车缓缓开进了车站，因为过于拥挤，车门无法打开，我几乎崩溃，只能求助别人，连推带拽地，从窗口爬进了车厢。大学期间坐火车的经历几乎年年如此。

1996年，我考上了华东交通大学的研究生。9月底学校把我派到铁科院，参与全路客票系统的研发工作。想到每年春运火车站长长的购票队伍，我就觉得自己参与研究的客票系统很有意义，我要尽自己最大的努力干好这项工作。

当年12月，仅仅参与系统研发3个月的我就被当作骨干，派去参加九江站和南昌站的系统升级。那时的系统很脆弱，需要针对每个站做优化调整。我独立负责很多子系统，内心很紧张，担心票卖不出来、票卖重了或票价算错了。1997年1月15日，我对这一天记忆非常深刻。早晨6点，南昌站开始计算机售票，起初还好，没想到仅仅两个小时后，系统几乎瘫痪，只得转回人工售票。当时，我们已经干了一天一夜，非常疲惫，但情况紧急，只能又继续奋战了一天一夜，终于在次日早6点实现了计算机稳定售票。

此后，售票系统不断优化升级，从1.0版本到5.0版本，我全程参与了从手工售票向计算机售票、从车站独立售票向全国联网售票的转变。在这个过程中，我逐渐从学习请教到独当一面，从主持负责到总体设计。当然在这过程中，我也历经了无数次通宵达旦的熬夜，因为车站系统升级我要熬夜，铁路局系统升级我也要熬夜，总公司系统升级我还要熬夜，我有先天性心脏病，吃饭后会经常反射到胃部，胃会很疼，这时我就找个地方躺下缓一会儿，然后继续工作。

2005年，当最后一名共同奋斗了9年的同事选择外出创业，我抱着这位“战

⊙单杏花在全路客票系统技术支持与维护中心指导维护人员解决系统问题。 刘一赢/摄

友”，哭了。当初，我有很多次机会可以离开铁路系统，甚至有公司出百万年薪聘我，别人也劝我：这样的机会难得。面对选择，我也曾纠结过，一边是百万年薪，另一边是刚刚起步的事业。我将何去何从？我想着客票系统一路走来，知道这是由路内外专家和一大批技术人员多年心血凝聚而成的，我决定要做好传承！因为我喜欢铁路售票这份事业，喜欢攻克系统故障后的愉悦感，喜欢实现铁路客运业务创新时的成就感，喜欢旅客购票出行获得便利后在网上给出好评的幸福感。通过铁路售票系统的研发，能让亿万老百姓买票过程不再难！对我来说更有价值、更有意义！

2011年6月12日，在我们团队的共同努力下，仅仅几个月时间，我们完成了铁路互联网售票系统的研发，铁路12306横空出世！顺利实现了京津城际互联网售票，标志着中国铁路进入电子商务时代！

幸福的滋味还未来得及品尝，一项更艰巨的任务又接踵而至。2012年春运，12306网站迎来了第一次大考。根据前期调研和测算，系统设计的高峰日售票量是100万张，当时我们信心满满。但没想到网上购票异常火爆，大大出乎我们的预料。面对“井喷”式的购票请求，我们的12306网站几近崩溃。想刷余票的人登录不上网站，刷到余票的人订单提交不成功，提交成功的人看不到车票，看到车票的人无法点击支付，支付成功的人看不到成功的结果，系统出现了一种“雪崩”式的连锁反应。

我们的团队都非常紧张，紧紧地盯着屏幕，一分一秒地关注着网站运行情况，形象一点儿说，连眼睛都不敢眨一下。我们知道，无数双眼睛也都在盯着12306网站。网络上有人制作了“嘻唰唰”的视频调侃我们车票刷不出来，更有长篇文章指责我们

“几亿元研发的系统还不如几千元做的系统”。

其实，他们哪里知道铁路票务系统有多复杂，尤其是剩余车票的计算极度复杂，远比双11购物节时，淘宝、京东等电商平台简单的商品数量加减要复杂得多，旅客的一次余票查询可能就是几万次甚至是几十万次的计算。

那段时间，我的压力特别大，又没有地方可倾诉，真的是快顶不住了，只能背着人偷偷地抹一把眼泪，再给自己鼓鼓劲，回过头来继续带着团队核心骨干，24小时连轴转。我知道，我们没有退路可走，只能奋勇向前。整个团队行动起来，跟踪系统运行状况，探讨解决方案，优化系统……吃在单位，累了就

⊙单杏花在工作之余查阅多种资料。 刘一赢/摄

靠着桌子休息一会儿，春运的50多天时间，几乎都是这么度过的，爱人知道我忙，在我保障春运售票期间就尽量减少出差，主动承担起照看孩子的任务，父母也知道我忙，惦记我但又不敢给我打电话，怕影响我开会或打扰我处理问题，有时还为晚上或周末能不能给我打电话而起争执，他们的关心和牵挂给我增添了无穷的力量。我们就是靠拼脑力、拼体力、拼抗压能力，终于完成了那一年的春运任务：高峰日网站点击量超过了14亿次，售票量达到119.2万张，都远远超出了网站设计能力的极限。

突破了第一道难关，我们信心倍增。全面梳理系统的薄弱环节之后，我们全新设计了铁路12306，为防范抢票软件影响12306网站运行，我们还研发了风控系统，最终攻克了海量高并发访问的难题。

现在，铁路12306网站售票能力已提升到1500万张/日。2019年春运高峰日点击量已超2000亿次，相当于全国人民每人在这一天内点击了网站100多次，是2012年春运的100多倍；高峰日售票量已超1200万张，是2012年春运的10倍。12306每年为铁路节约售票成本3亿元以上，每年为社会节约购票的直接交通成本至少在100亿元以上。今天我可以骄傲地告诉大家，咱们的铁路12306达到了世界领先水平，成为全球最大的票务交易系统！旅客排长队购票已经彻底成为历史！每年春节，当旅客踏上舒适旅途回家的时候，也正是我们团队一年中最忙碌的时候。但“宝剑锋从磨砺出”，在铁路客票系统不断攻坚克难、不断创新发展的过程中，也锤炼了一支技术成熟、作风优良、精干高效的12306技术队伍，他们已经成为铁路客运信息化建设的骨干力量。

交通强国铁路先行。今天，我们不仅让旅客购票方便了，而且让旅客出行更便捷、更温馨了，网上可以选座、可以点餐、可以接续换乘、可以积分、可以候补购票等，人们坐火车出行有了更多的获得感和幸福感。

未来，我和我的团队还有着更新、更高的目标，那就是向着智能服务的方向迈进，开展一系列智能服务的创新技术研究与应用，包括智能票务、智能出行等新功能将走进人们的生活，为旅客出行提供更美好的体验，奉献我们铁路科技人员的智慧和力量。

22年寒来暑往、砥砺前行、风雨兼程。在铁路客票系统的研发过程中，我不仅实现了人生价值，铁路12306也成就了我的梦想，组织更是授予了我很多荣誉。2017年，我作为铁路科技界代表，光荣当选为党的十九大代表。这些成绩与荣誉，都是在中国铁路大发展的平台上实现的，都是在完成时代赋予我们的使命中获得的。我还将努力奔跑，追梦前行！我将与我的团队一起，继续努力用技术去提高旅客出行的美好体验，努力提高我国高铁的运营管理水平，为中国高铁名片增光添彩！

一次邂逅，一生钟情。铁路行业舞台宽广，让我抵达了成功的彼岸；铁路行业前景光明，让我在这片蔚蓝的天空下自由翱翔。如果人生可以重新选择，中国铁路，仍然是我的唯一！

2018

新时代铁路榜样提名奖

新时代铁路榜样提名奖 〉〉〉

永远的“开路先锋”

“朱德号”机车组 中国铁路哈尔滨局集团有限公司哈尔滨机务段“朱德号”机车是全路三大伟人号机车之一。机车组现有职工14名，其中党员11名，平均年龄33岁。“朱德号”机车命名72年来，历经五次换型、六次换车，先后有24任司机长、223名乘务员战斗在这个集体，截至2018年9月1日，已安全走行920万公里，相当于绕地球230圈。机车组先后获得全国五一劳动奖状、全国工人先锋号、全路安全标兵、火车头奖杯等480余项荣誉。2017年12月1日，顺利完成第五次换型的“朱德号”机车开启牵引进京旅客列车新征程。

永远的『开路先锋』

——记中国铁路哈尔滨局集团有限公司哈尔滨机务段『朱德号』机车组

记者 胡艳波 通讯员 张广宇

⊙“朱德号”机车组成员在机车前合影。 张广宇/摄

9月2日23时，刚刚完成Z158次列车牵引任务，“朱德号”机车组就直奔北京机务段整备场，精心呵护、保养“朱德号”机车，将车顶上的铜喇叭擦拭得金光灿灿。

不管刺骨寒冬还是炎炎酷暑，无论入库有多晚、身体有多累，他们都要把机车擦拭得干干净净。“擦拭机车就如同触摸‘敢挑重担、勇当先锋’的‘朱德号’精神，我们浑身都有使不完的劲儿！”“朱德号”机车组司机长张佳生抹着汗水说。

1946年10月，在“死机复活”运动中修复的1083号蒸汽机车被命名为“朱德号”。悠悠72载过去，这台伟人号机车历经五次换型、六次换车，始终以“开路先锋”的气概驰骋在祖国建设的各个时期，书写着“开路先锋”的不朽传奇。

车轮滚滚 永远向前

时光荏苒，车轮滚滚，“朱德号”机车即将迎来72岁生日。

哈尔滨机务段新职人员怀着崇敬的心情走进“朱德号”展室，乘着光荣的机车穿越时空隧道，踏访他闪光的轨迹——

为了支援解放战争，哈尔滨机务段的工人在“死机复活”运动中修复了1083号蒸汽机车。1946年10月30日，中共中央东北局把这台机车命名为“朱德号”。从此，这台机车以“开路先锋”的气概昂首实现了一次又一次跨越，创造了一个又一个辉煌。

“解放军打到哪里，火车就开到哪里”，在炮火硝烟中，他一往无前；“不给钱也要干三年”，在社会主义建设中，他勇挑重担；“高提手柄，多拉快跑”，在改革开放中，他敢为人先；“京哈线上创精品”，在新时代，他再写新篇。

“从蒸汽机车、内燃机车到电力机车，每一次机车换型都是一次技术革命。这些都要求‘朱德号’机车组发扬‘敢挑重担、勇当先锋’的‘朱德号’精神，始终站在时代前列！”“朱德号”机车组第二十任司机长赵彦忠深有体会地说。

走进电力时代，“朱德号”乘务员如饥似渴地学习新知识、新技术，提升保安全本领，让安全里程不断延伸。他们在日常工作中摸索、总结出《电力机车运行中出现非正常情况的判断及处理》，对“炸瓷瓶”等“常见病”规定了“诊治”办法，一举解决了电力机车在北方极寒天气下“水土不服”的问题，连厂家的技术人员都伸出大拇指。

“检车一丝不苟，擦车一尘不染，操纵一点不差，安全一事不出”。“朱德号”机车组摸索出安全行车“四个时候”“十大关键控制点”，严格遵守“五防”措施，构建起人防、物防、技防的安全控制网络。

72年来，“朱德号”机车安全走行920万公里，创造了72年“零事故”的辉煌业绩。

光荣使命　铭刻心中

在“朱德号”展室中，陈列着一张2017年12月1日Z158次旅客列车客票。这张客票记录着“朱德号”机车转型进京的重要时刻。

回想起当天的情景，已经88岁高龄的“朱德号”机车组第十六任司机长孙广发心绪难平。他在新老乘务员座谈会上动情地说："能在有生之年见证'朱德号'牵引旅客列车进京，我很激动，这是几代'朱德号'人的梦想！"孙广发勉励现任机车组人员："希望你们不改'开路先锋'初心，在新的伟大征程中再立新功！"

虽然全新的"朱德号"机车组是"百里挑一"的技术尖子，但是面对和谐型电力机车却是"门外汉"，对有关安全操纵的技术与规章制度的了解如同一张白纸。从2017年9月1日新车出厂到12月1日首发北京，留给机车组成员的时间只有三个月！

"伟人号的牌子可不能砸在咱们这代人手里！"张佳生组织伙计们兵分两路，一路跟着兄弟机务段乘务员熟悉机车"脾气秉性"，一路实地勘察各个停车站情况。

从北国"冰城"哈尔滨到首都北京，单程1248公里，需要途经300余个弯道、30余座桥涵、800余架信号机，张佳生带领伙计对照工务、电务部门提供的信息，逐个弄清楚线路的坡度、道岔的型号、信号机的位置等情况。

为确认列车停车标位置，保证机车出库、转线、连挂万无一失，"朱德

⊙ "朱德号"机车组乘务员开车前认真确认发车信号。 赵红军/摄

号”机车组成员们手拿卷尺，多次徒步在北京、哈尔滨等站测量，将可能影响安全的28处风险点记录在案，熟记于心，在模拟机上反复练习操纵。扎根现场掌握第一手材料，机车组体重最轻的刘涛居然累瘦了好几斤。乘务员张亮说：“在公寓休息、吃饭、洗澡，大家聊的都是线路的变坡点、分相处所、关键站等内容，就连说梦话都是在探讨技术问题。”

“咱们开的可是进京旅客列车，必须做到停车一把闸、规章一口清、应急处置一手精！”张佳生带领伙计向有着丰富旅客列车牵引经验的“毛泽东号”“周恩来号”机车组取经，结合京哈线线路特点，先后梳理出客车列尾操作、停车标米数互控、过分相后供电电压确认、双风管风压确认等11项旅客列车操纵安全风险点，并逐一制定了安全控制措施。

责任担当　血脉流传

2017年12月1日，作为首发值乘司机，张佳生在哈尔滨西站拉响了“朱德号”机车进京的第一声风笛。当列车经过十个小时运行安全、正点地抵达北京站时，社会媒体和旅客围在朱老总的铜像前“聚焦”、拍照，张佳生和随乘司机刘洋兴奋不已，前所未有的荣誉感、自豪感、使命感油然而生。

新人新车新交路，如何延续“零故障”的光荣历史，是摆在全新的“朱德号”机车组面前最现实的挑战和考验。“朱德号”机车组党支部提出了“身在‘朱德号’，心向党中央”工作理念。“无论是个人还是集体，都不要忘记初心，忘记我们当初为什么出发！”张佳生把这句话工工整整地记在了当天机车组日志的首页，激励大家以车为荣，创造新业绩。

强基达标、提质增效。“朱德号”不仅勇当安全先锋，还要成为创效模范。北国的夏天，烈日炙烤着大地，“朱德号”机车机械间的最高温度突破50℃。在每个运行区段，乘务员最少钻进蒸笼般的机械间五次，只为探究清楚车体、吨数、天气等影响电力消耗的因素。三个月后，这个机车组提炼出“‘朱德号’节电操纵法”。

走在时代前列，老品牌焕发新活力。“朱德号”坚持“传承+基础+创新”工作思路，敢于“智造”，善于创造。乘务员李东东对司机室内设置的LED显示屏颇为骄傲：“这个显示屏内存大，展示的内容多而全，还不占空间，我们随时随地就可以开展政治理论学习和技术研讨，这可是我们‘朱德号’的原创！”类似这样的“原创作品”在“朱德号”机车组随处可见，《“朱德号”一次标准化作业指导书》等九项创新创效成果凝聚着机车组人员的智慧和心血，成为“朱德号”劳模创新工作室的优质产品。

近年来，“朱德号”机车组坚持开好安全车、品牌车与攻难关、解难题“两手硬”，技术创新成果多达200余项。2015年，机车组被黑龙江省总工会命名为“劳模创新工作室”。

一分耕耘一分收获，如今，“朱德号”机车组成果全面开花：“亮身份、亮承诺、亮职责，争做合格党员”“三亮一争”党内主题实践活动在全段各级党组

⊙第五次换型后的“朱德号”机车奔驰在京哈线上。 尹 航/摄

织推广，党员“两违”率下降两个百分点。今年以来，“朱德号”机车组开展“两学一做”学习教育、加强班组文化建设及开展意识形态工作的经验做法在中国铁路哈尔滨局集团有限公司内部进行了交流，机车组先后荣获中国铁路总公司党内优质品牌、哈尔滨局集团公司标杆党支部称号。

辐射效应　内外开花

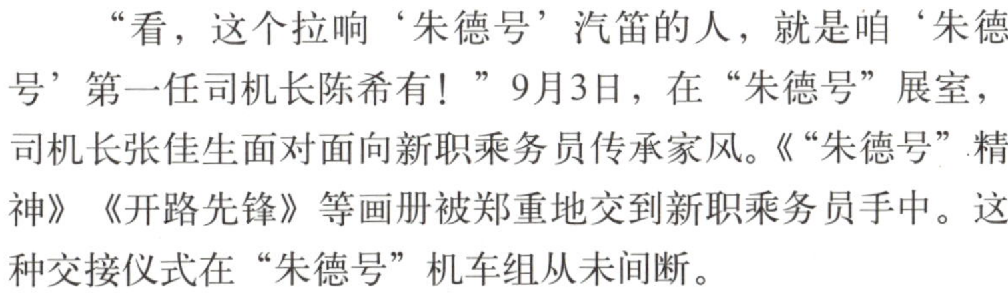

“看，这个拉响‘朱德号’汽笛的人，就是咱‘朱德号’第一任司机长陈希有！”9月3日，在“朱德号”展室，司机长张佳生面对面向新职乘务员传承家风。《“朱德号”精神》《开路先锋》等画册被郑重地交到新职乘务员手中。这种交接仪式在“朱德号”机车组从未间断。

72年来，“朱德号”的乘务员换了一茬又一茬，但“朱德号”精神薪火相传。72年来，先后有24任司机长、223名乘务员在“朱德号”工作过，有的走上了领导岗位，有的是技术能手，有的是行业带头人，个个响当当。

孙广发的大儿子被分配到“朱德号”实习时，孙广发第一个举手赞成。他说：“好钢得在熔炉里炼。”可是，当儿子要在“朱德号”定职时，他执意让儿子退出竞争。他说：“荣誉不能都让咱家占了。”在别的机车上，儿子时刻以“朱德号”精神激励、鞭策自己，成长为一名出色的机车司机。

如今，“朱德号”式星级乘务员评比在哈尔滨机务段蓬勃展开，已经评选出技术过硬、素质达标、标准一流的“朱德号”式星级乘务员305人次。同时，“朱德号”成为选送新职司机、优秀大学毕业生挂职锻炼的育才摇篮。

2013年、2016年，“毛泽东号”“朱德号”“周恩来号”机车组签署《共建联创协议书》，以“争当全路一流标杆，争创全国一流班组，争做当代工人楷模”为目标，始终当运输战线上的开路先锋。

“朱德号”精神走出了铁路，辐射到社会，激励、鼓舞、影响着更多的人。每年，机车组成员都要深入福利院慰问残障儿童，到烈士陵园凭吊先烈。机车组还与周围几所学校建立了包保联系，定期安排人员到学校开展爱国主义教育。自2016年以来，已有三万人次来“朱德号”展室参观学习。

采访手记

让“朱德号”精神代代相传

72载岁月，无论机型如何改变，始终激励着“朱德号”机车组永葆先进的奥秘何在？实地采访，记者由衷地被流淌在血液里、厚植在根脉中的红色基因所折服。“敢挑重担、勇当先锋”是“朱德号”精神的核心，它深刻诠释了几代铁路职工忠于祖国、热爱人民、献身铁路事业的强烈事业心和高度责任感。

伟大时代呼唤伟大精神，崇高事业需要榜样引领。如今，“朱德号”机车牵引着旅客列车驰骋在京哈线上，一群“80后”“90后”乘务员正用他们的使命担当，破解“货改客”过程中的道道难题，续写着“开路先锋”的崭新传奇。

（原载2018年9月11日《人民铁道》报A1版）

一分钟　一辈子

中国铁路哈尔滨局集团有限公司加格达奇站运转车间二班　1987年，加格达奇站运转车间二班提炼出“在岗一分钟，负责六十秒”的班组精神。在班组精神的引领下，二班继承和发扬光荣传统，创下安全生产31年的佳绩。

1990年，二班被中华全国总工会授予全国先进班组称号、全国五一劳动奖状；2011年，获得黑龙江省总工会班组建设竞赛先进班组称号；2016年，荣获中国铁路总公司先进基层党支部称号。2016年，在哈尔滨铁路局成立70周年“十大功臣”光荣榜上，二班榜上有名，成为安全生产的一面旗帜。

一分钟 一辈子

——记中国铁路哈尔滨局集团有限公司加格达奇站运转车间二班

记者 胡艳波 通讯员 张学鹏 李 娜

⊙加格达奇站运转车间二班调车组职工作业完毕安全返回。
杜建钊/摄

4月10日夜，北风卷着霏霏细雨，给早春的大兴安岭笼罩上一层寒霜，加格达奇车务段加格达奇站运转车间二班连结员李洪亮穿着棉袄、棉裤，仔细翻看《安全风险控制卡》，敏捷地攀上车辆执行解体作业。“风大容易溜车，雨天车梯湿滑，一定要做好防溜工作，注意人身安全。”李洪亮说。

31年前，加格达奇站运转车间二班提炼出“在岗一分钟，负责六十秒”的班组精神，成为中国铁路哈尔滨局集团有限公司新时期火车头精神之一，享誉全路。31年后，这个班组永葆本色，与时俱进，成为哈尔滨局集团公司践行交通强国铁路先行的排头兵。

一句话 一生念

加格达奇站运转车间党建工作室内的塑像栩栩如生：制动员顶着寒风，紧握手闸。伫立在塑像前，二班值班站长赵滨动情地给新职人员讲述31年前的故事。

1987年的一天，二班东区的一名扳道员急着回家，抢钩作业，盲目显示信号，差点造成调车机与进站机车正面冲突，幸亏被扳道员及时防止。

在班组分析会上总结教训时，大家你一言我一语地热烈讨论。“眼瞅着还有一分钟就要交班了，但不要小看这一分钟，事故都是在瞬间发生的。”“和车轱辘打交道，注意力必须始终高度集中。一句话，只要在岗干活，就不能马虎，一分一秒都得负责。”……

经过反复推敲、字斟句酌，最终，“在岗一分钟，负责六十秒”正式成为班组精神，并被当时的车间党支部书记栾毅工整地写在班组管理台账扉页上。

31年来，二班时刻践行“在岗一分钟，负责六十秒”的班组精神，让家风代代相传。二班职工将其作为影响一生的座右铭，源源不断地汲取着精神给养。

“在岗尽责，作业达标”，二班职工坚持说标准话、干标准活、立标准岗、交标准班。这个班组总结了“多走一步、多看一眼、多说一句、多想一点”的“四多”工作法，开展联防互控，堵住了安全漏洞。

加格达奇站地处嫩林线、伊加线交会处，是大兴安岭林区重要的交通枢纽。这个站坐拥七条到发线、七条调车线。每天，车流滚滚，来回往返。二班根据季节、工作变化，冬季抓铁鞋制动安全，总结出“天冷有霜先撒沙、防止飞鞋再连挂”的作业法，夏季总结出“下雨连挂两头看，抢钩作业悔当然”等作业窍门。

在专用线取送作业时，二班坚持“坏天和好天一个样，黑天和白天一个样，领导在与不在一个样”。连结员细化分工到人，将大门线路检查、车辆检查、止轮工具安撤、止轮情况交接等全部落实到人。

二班始终把客车安全作为重中之重，在推送车辆经过道口前联防互控，认真执行一度停车制度，尽头线送车严格控制速度。今年1月2日，制动员郝柏春发现客车库牵出线调车信号机外方钢轨连接处鱼尾板螺栓折断，防止了一起可能发生的事故。

截至4月15日，二班已实现安全生产11251天。

一面旗　一把尺

加格达奇站运转车间主任杨立国收藏了三把铁鞋叉子，叉子的主人分别是哈尔滨局集团公司静止投鞋项目竞赛的三届冠军。其中一杆上刻着升腾的

⊙扳道员梁波认真显示股道信号。 杜建钊/摄

火焰图案，大书一个“郭”字，红底金字，煞是好看。“这是郭威的。这个1986年出生的小伙子，静止投鞋4.95秒，这可是全集团公司的纪录。”杨立国自豪地说。

十个铁鞋，每个重六公斤，要在五秒内用铁叉逐一挑起、平稳地投放在钢轨上，还不能触碰挂在线上的铃铛——这是怎样的速度，更是何等的精细！郭威揉着患有陈旧伤的腕骨，他为了这个纪录足足练了七年！

2009年，郭威从部队退伍后进入二班，担任制动员。加格达奇冬季最低气温能降至零下四五十摄氏度，调车组职工要站在运行车辆上完成取送车作业，常常脸上冻得没有表情，手脚都没了知觉。郭威就亲眼看见过老师傅于法民的手指被冻得黑紫，心中悄悄打起了退堂鼓。

当年还是调车长的赵滨找到郭威，向他下战书：静止投鞋比比看！一次次的失败激起了郭威的好胜心，每天下班他都跑到练功场反复练习，叉子断了五根，接头焊了又焊。功夫不负有心人，2012年、2013年、2016年，郭威先后获得哈尔滨铁路局静止投鞋项目的冠军；2015年，他被评为哈尔滨局劳动模范。“永远争第一”，这是二班人的朴素追求。正是这种追求，让这面红旗31年永不褪色。

学技练功提素质，落实标准保安全，这是在岗尽责的标尺。学习室内，职工政治和业务学习笔记摆放得整整齐齐。每周一学、班前一考的学习习惯一直延续至今。

“谁英雄，谁好汉，练功场上比比看！”练功场是二班伙计最喜欢的休闲去处，静止投鞋、手闸硬钩、观速观距是他们的集体爱好。二班的竞技标准极高，规章规定投放铁鞋12秒及格，这里的标准是9秒钟。

调车长魏波只要有单机走行机会，就站在机车上训练观速本领，误差不超过每小时0.2公里。距停留车要显示“十、五、三”车距离信号，他在家里找来细绳，一头拴上石头，每11米打一个结，每走33米、55米、110米，就在路边标记位置，记下时间、步数。

2012年，在哈尔滨局举办的实作技能大赛中，二班的徐志敏获连结员组全能第一名，郭威获静止投鞋项目第一名，苏道智获铁鞋硬钩项目第一名，魏波获观速项目第一名。2016年，在哈尔滨局技术表演赛中，二班包揽了静止投放铁鞋项目前三名，观速观距项目的前两名。

一颗心　一份情

“我们是光荣的加站人，肩负着运输生产的重任，神圣的职责把我们凝聚，我们是多拉快跑的排头兵。‘在岗一分钟，负责六十秒’，企业的灵魂在我们心中。”雄浑的加格达奇站歌在二班激昂唱响。

⊙制动员徐武进行车辆连挂作业。　杜建钊/摄

"'在岗一分钟，负责六十秒'，不仅要强基达标，还要提质增效。"值班站长杜德生说。从调车作业到行车计划，杜德生熟练掌握各个环节的工作要点。今年1月，杜德生在安排客车取送作业和货车调车作业时，优先安排时间要求紧迫的客车取送作业，既节省了调车能力，又提高了运输效率。

现在，二班每次作业都要对阶段计划、编组情况、咽喉道岔、机车出入库、列检商检、天气状况等进行综合考虑，让作业链条安全、优质、高效运转。

加格达奇站运转车间党总支书记李世昌这样解释："打造企业与职工命运共同体，我们带着一颗真心，对安全负责、对效率负责、对企业负责、对自己负责。"

今年春节，热电厂用煤集中到达，二班编解、取送车辆满负荷运转，大家忙得吃不上一口热气腾腾的饺子。调车组的伙计们说："煤炭关系着千家万户的供暖。咱们辛苦点，乡亲们就会暖和些。别看咱们的工作不起眼，可这火车把山里与山外的世界连在一起了。"

"在岗一分钟，负责六十秒"，不断被赋予时代特色，丰富着责任内涵。

4月10日晚，调车区长云波在现车系统中输入当天的调车任务，随后，相应车号、数量、位置等信息自动生成。打印机打出三张任务单，字迹清晰、数据

⊙运转车间二班调车区长云波（前）与车号员郭成（后）认真核对站内现在车情况。杜建钊/摄

⊙加格达奇站运转车间二班全体职工合影。　杜建钊/摄

准确。“原来每钩活儿都是手抄，然后一张张插在大板上，费事不说还容易算错。如今有了现车系统，生成数据又快又准确。”云波说。

二班还添置了智能防溜系统，用来监控铁鞋投放状态。从2017年开始，车站配备了400只智能铁鞋，每只铁鞋里备有一节电池、一块芯片，通过站场灯桥上的信号装置，利用红、黄、绿三种显示准确反映铁鞋使用状态。

二班职工觉得最神的是无线调车机车信号监控系统，“‘在岗一分钟，负责六十秒’是怎么来的？就是因为当年调车机险些闯灯撞车。这个系统可以随时监控调车机运行位置，如果调车机闯灯，就会自动排风停车，防止事故发生”。

人防、物防、技防，二班构筑着安全防线。“以前苦身子，现在累脑子。”技师于群说，“咱二班的伙计凭着一份真情，与时俱进。”

一粒种　一亩田

29岁的叶旭从徒弟于元恒身上，仿佛看到曾经的自己。

当年，操着晋北口音的叶旭刚到二班，就被班组的氛围深深吸引。他给对象、同学打电话炫耀：“知道‘在岗一分钟，负责六十秒’吗？俺们二班就是发源地！”

都说“教会徒弟，饿死师傅”，可师傅孙明把绝活和盘托出，从不藏着掖着。叶旭自创了车辆换长计算法，孙明逢人便夸：“大学生，脑子灵得很。”

叶旭至今记得师傅的叮嘱：“先定个小目标，从制动员干起。”如今，叶旭又把这些话说给徒弟听。

⊙二班调车长孙明（右一）传达调车作业计划，并进行作业前安全提示。 杜建钊/摄

二班始终坚持业务传帮带的优良传统，提出“两抓、两带、一拔尖”的思路。“两抓”即：抓学习，抓练兵；“两带”即：以老带新，以强带弱；“一拔尖”即：业务尖子再拔尖。调车长魏波带领二班一调的伙计苦练硬功。在连续三年的加格达奇车务段调车技术表演赛中，他们班组包揽了所有比赛项目的前两名，被大家称为“魏波技术模范团队”。

春种一粒粟，秋收万颗子。31年来，许多人把“在岗一分钟，负责六十

⊙二班信号员李昊（右）认真确认进路显示及道岔开通状态。　杜建钊/摄

秒”精神播撒在梦想的田野，又有许多人带着一颗初心牢记传承。

2016年，郭威从二班调任一班调车长。“我把二班的工作标准都应用到了一班，我要打造一支青年调车组，与二班比比看。”郭威的脸上自信满满。按照规定，检车时单人双侧检查，一班创新推出“多人交替拉风法”，保证“人后有人，依次交替，一个不漏”。如今，这个方法又反哺到二班推广。

20世纪90年代，曾有人给二班留言：“我认为你们现在只是过了第一关。假如10年、20年后，你们依然坚持‘在岗一分钟，负责六十秒’，旗帜的称号才当之无愧！”

这位留言的朋友，你如今在哪里？你是否看到今天，那面责任的旗帜依旧高高飘扬。

今天，每当新人加入，二班都会组织老职工在党建工作室对照画册、实物、图片，给新人上班组精神第一课。他们还依托局域网，围绕“在岗一分钟，负责六十秒”班组精神制作录制视频、专题课件，打造“互联网+”虚拟课堂；利用微信平台，不定期开设“在岗一分钟，负责六十秒”班组精神传承栏目，线上线下积极互动。

如今，“在岗一分钟，负责六十秒”又升华为哈铁的主人翁精神，形成了哈铁人的共同价值观，成为百年哈铁健步走进新时代取之不尽、用之不竭的动力源泉。

采访手记

争做新时代的主人翁

做主人翁，尽主人责，加格达奇站运转车间二班31年坚持“在岗一分钟，负责六十秒”。这种执着、这种境界，彰显了对国家、对铁路、对事业的责任。

“作业在，标准就在；岗位在，责任就在。”二班的主人翁形象，从来都是以饱满的热情和尽责的行动站在时代前沿。31年来，他们不断提高学习能力、自管能力、创新能力，坚持与时俱进、开拓进取，赋予责任日益丰富的时代内容。

工作是美丽的，劳动是光荣的，创造是幸福的。新时代为铁路职工发挥主人翁作用提供了广阔的舞台，让我们听从时代的召唤，人人争做主人翁！

（原载2018年4月20日《人民铁道》报A1版）

万里旅途 “云”过留痕

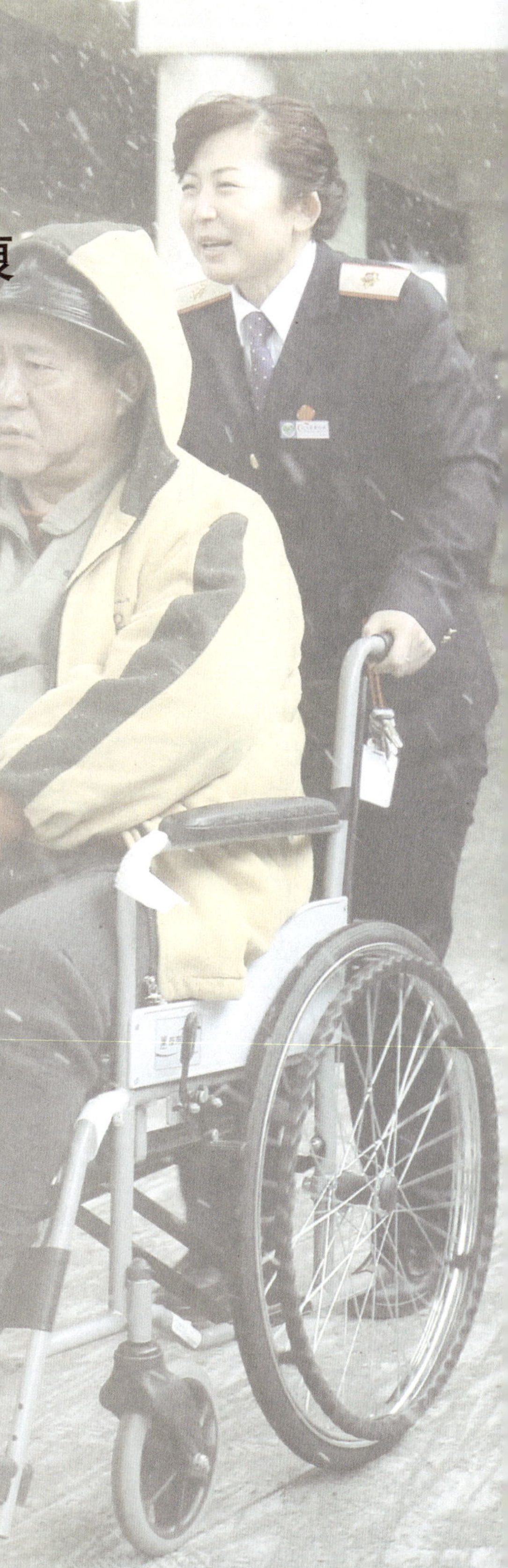

刘晓云 中国铁路沈阳局集团有限公司大连站客运车间值班站长。2003年，有着五年军旅经历的刘晓云来到大连站工作，师从全国劳动模范吕玉霜，成为“吕玉霜服务台”的一名工作人员。2006年，成为新一任“吕玉霜服务台”负责人后，刘晓云用更加坚定执着的信念、精益求精的服务、无私仁爱的情怀迎送八方旅客，把“吕玉霜服务台”打造成为闪亮的名片。她还把爱心之举从车站延伸至社会，以博爱之心扶贫济弱。截至目前，她已累计服务旅客110万人次，收到各种表扬信1700多封、锦旗60余面。刘晓云先后获得辽宁好人·时代楷模、火车头奖章、全国五一劳动奖章、全国岗位学雷锋标兵、全国劳动模范等30余项荣誉。

万里旅途 『云』过留痕

——记中国铁路沈阳局集团有限公司大连站客运车间值班站长刘晓云

记者 韩庆潇 通讯员 李玉思

⊙刘晓云(右)带领工作人员在“吕玉霜服务台”整理车站各检票口钥匙，便于护送重点旅客进站上车。 李玉思/摄

“请问到长春的高铁在哪儿候车？”

“去沈阳坐哪趟车能最快到？”

“到老虎滩海洋极地馆坐几路公交车，在哪上车？”

“大姐，我的手机没电了，在哪儿能快速充电？”

11月15日，中国铁路沈阳局集团有限公司大连站内人潮涌动，在“吕玉霜服务台”前，一个身材娇小、面庞白皙的女子正不知疲倦地以平和而自信的语气一一回答着身边旅客提出的问题。

她就是将全国劳动模范、全国岗位学雷锋标兵、全国五一劳动奖章、辽宁好人·时代楷模等30余个荣誉收入囊中的大连站客运车间值班站长刘晓云。工作15年来，她用自己的真情实感，为来往旅客送去了温暖和爱。

勤学苦练，终成业务精英

1972年9月，刘晓云出生在辽宁省辽阳市一个普通的家庭。由于爷爷、奶奶、姥爷都是军人，刘晓云自幼深受军人作风的影响，对部队生活充满了憧憬。1990年11月，刚满18周岁的刘晓云穿上了军装，成为一名海军医院的护士。在这里，她领悟了一个人生真谛——别人心中的温暖来自于我们的关心，我们要学会关心别人，尤其是那些需要帮助的人。转业后，刘晓云来到大连客运段，成为一名列车员。

2003年8月，经过站舍工程改造，大连站新的候车大厅正式启用，以全国劳模吕玉霜名字命名的“吕玉霜服务台”应运而生。时年31岁的刘晓云怀着一颗激动的心来到大连站，并加入“吕玉霜服务台”这个群体。

刚刚来到“吕玉霜服务台”时，刘晓云既兴奋又感觉到莫大的压力。面对旅客的提问，她看到师傅吕玉霜面带微笑对答如流，自己则磕磕巴巴。有时，她甚至萌生想要退出的想法。可是，她的师傅说：“在困难面前，我们不能言败啊，你看，还有那么多的旅客在等着我们为他们服务呢！”思来想去，刘晓云决定听师傅的话，再用尽全力试一次。

从那天起，刘晓云从最基本的规章制度学起。她把客运知识分门别类制成一张张小卡片，有空就看，默写背诵，苦心钻研。

⊙刘晓云（中）在向徒弟传授服务技巧。 王逸菲/摄

2004年春运期间的一晚，值班的同事因为身体不适请了假，只能由学习刚满两个月的刘晓云单独顶岗作业。为了让刘晓云顺利完成第一次顶岗作业，吕玉霜在下班前对她进行了特别辅导，并留下了自己家里的电话作为“求助热线”。夜幕降临，刘晓云的工作也随之开始。

⊙刘晓云服务团队热情服务重点旅客进站上车。 李玉思/摄

面对接踵而来的旅客，刚开始，刘晓云的应答十分仓促。随着迎接的旅客越来越多，刘晓云在解答问询时越来越淡定，顺利完成了全部工作。第二天交接班的时候，吕玉霜看到眼圈发黑的刘晓云，说：“你看，我就相信你能行！”

这一夜，看到旅客满意离去的笑脸，刘晓云更加坚定了潜心钻研业务的决心，从那时起，她把大部分的休息时间都花在背诵全国铁路主要干线的停车站、列车到开时间、换乘车站和票价上。倒背如流后，她又开始背诵大连市及近郊的大型企事业单位、高等院校、医院、部队、酒店、旅行社、风景区的地址、行走路线和总机号，达到滚瓜烂熟的程度，为的是给旅客提供更为周到的咨询服务。

根据师傅传授的经验和自身经验的积累，刘晓云总结摸索了一套“六用”服务法，即：巧用礼仪表达、熟用英语对话、通用哑语手势、活用人文地理常识、擅用常见疾病应急处置、妙用新媒体服务平台。这些服务方法一经推广，受到旅客们的纷纷点赞，为旅客的出行提供了便利。

大爱无疆，播撒无限爱心

在家千日好，出门一日难。刘晓云深知，做好旅客服务工作，不仅需要过硬的业务本领，还要急旅客之所急、想旅客之所想，付出真心才能收获旅客的理解和信任。所以，旅客在出行遇到困难时，她以百问不厌的耐心、和颜悦色的态度，认真对待每名旅客提出的问题，最大限度给予他们安慰。

“大妹子，请你们一定要帮帮我们……”4月16日7时40分，一位怀里抱着婴儿的60岁旅客张女士急匆匆来到大连站“吕玉霜服务台”向正在值岗的刘晓云求助。

原来，张女士六个月大的外孙子患有先天性疾病，从出生到现在从来没有正常排泄过，每天只靠输营养液来维持机体生命。由于当地医疗水平有限，他们准备乘坐8时41分的G1251次列车前往上海治疗，需要工作人员帮忙护送上车。

刘晓云一边安慰她，一边准备好专用婴儿篮，小心翼翼地把宝宝放到里面，并通过绿色通道将张女士和孩子护送到了列车上。接着，刘晓云又与列车工作人员办理了重点旅客交接手续。当日19时50分，张女士从上海打来电话，他们已平安到站。刘晓云悬了一天的心才放了下来。

当天，刘晓云将张女士的电话存在手机里面。像张女士这样的“亲人”电话，她手机里存着上百个，他们都是刘晓云服务过的重点旅客。

除此之外，她还将爱心之举从车站延伸至社会，去儿童村探望特殊儿童，去福利院为孤寡老人料理个人卫生，帮助患有自闭症的儿童体检。同时，为了掌握更多服务本领，刘晓云利用休班时间向聋哑学校教师请教，熟练掌握了哑语手势；向红十字会专业人员学习，掌握了人工呼吸等急救技能；在对大连市景区、宾馆等重要地标熟知的基础上，一次次坐公交车走遍全市100多条街路和所有住宅小区，成了大连市的“活地图”。所有这些都为她更好地服务旅客提供了极大的帮助。

新任掌门，发扬优良传统

2006年，吕玉霜退休后，刘晓云接过“接力棒”，与六名徒弟形成了现在的七人服务队伍：“计算机大拿”郭兵、“女汉子”刘伟、唯一的男孩纪凯翔等中青年已经成了这个服务团队的中坚力量。

谈及这些徒弟，刘晓云的脸上总是写满了骄傲和自豪，特别是谈到纪凯翔的时候。纪凯翔是这个服务团队中唯一的一名男性职工，也是唯一的一名“90后”。然而，说起当年的事情，纪凯翔感慨万千。

初到服务台工作，纪凯翔特别不适应这里的工作强度和难度，从工作的第一天就想离开。刘晓云苦口婆心，一次又一次稳定了他的心绪。直到一名旅客的出现，彻底改变了他的工作轨迹。

一天，一名神情慌乱的老大爷找到了正在岗位上的刘晓云和纪凯翔。原来，老人身患绝症，乘火车到大连医治。为了防盗，老人把装有十余万元的钱包放在了枕头底下，结果下车时，老人忘了拿钱包。

刘晓云立刻与站台联系，当得知列车还未入库时，她和纪凯翔赶紧跑到老人的铺位取回了钱包。当老人看到完璧归赵的钱包时，“扑通”一声跪倒在服务台前，泪流满面地对他们说：“谢谢你们了，这是我的救命钱，这要是找不到，恐怕我就只能等死了……”

当晚，纪凯翔在日记中这样写道：“以前，我从未想到过自己的工作对于旅客来说这么的重要，今天那位跪倒在我们面前表示感谢的老人让我对自己的工作有了重新的定义，我要努力工作，去帮助那些需要帮助的旅客。”

就这样，纪凯翔成了这个团队中干活最起劲的职工。在刘晓云的带动下，服务台的工作人员自发组建了“刘晓云服务研讨组”，开展征集旅客意见、看齐先进行业、研讨服务案例、培育客运骨干、共建优质品牌等活动，并先后推出了舒适乘车按摩操、重点旅客服务预约卡、电梯安全语音提示系统升级、服务地图等特色服务。

进入高铁时代，旅客出行呈现新特点和新变化。刘晓云着眼于旅客出行的第一需求，不断丰富服务内涵、创新服务方式，搞好服务工作传帮带。随着新媒体的普及应用，刘晓云也将服务延伸到网络上，大连站和大连北站同步组织开设了大连站“吕玉霜服务台”微博和“刘晓云服务团队”微信号，提供日常预约、失物招领等服务。刘晓云精准细致地服务了无数旅客，用真情温暖了他们。

在刘晓云的带领和努力下，“吕玉霜服务台”已经成为一张名片，为南来北往的旅客送去了真情。采访期间，她的丈夫打来电话，问她晚饭想吃些什么。刘晓云挂断电话后，红了眼圈，叹了口气，说：“家里只能靠他了……”

在刘晓云的记忆里，丈夫和孩子大多数的时间都是在等她，尤其是春运期间，丈夫和孩子为了多见她几面，经常在车站里远远地望着正在工作的她微笑……

莎士比亚说：“点燃火炬不是为了火炬本身，就像我们的美德应该超过

⊙刘晓云与团队成员一起帮助行动不便的旅客进站候车。 郭 伟/摄

自己照亮别人。”刘晓云为旅客所付出的真情实感，为这句话作出了最生动的注解。

采访手记

平凡岗位演绎不平凡人生

旅客服务台，看似平凡的岗位，承载的却是将万千旅客充满疑虑的问号拉直、变成圆满叹号的期冀。如何实现这一目标，刘晓云用精湛的业务和无限的爱心为南来北往的旅客送去更加完善的服务来回答这个问题。

刘晓云深知，在家千日好，出门一日难。只有为旅客提供更加温馨方便的服务，才能为旅客铺就出行的坦途。所以，在工作中，她潜心钻研业务，成了“百问不倒”“百答不烦”的“活字典”和“活地图”。

同时，刘晓云将爱心之举从车站延伸至社会，用充满真情实感的光和热，为旅客和身处困境的人送去了温暖、注入了动力、照亮了旅途。

（原载2018年11月28日《人民铁道》报A1版）

润秋的故事讲不完

张润秋　1999年参加工作，曾任北京南站客运值班站长，现任北京南站客运车间业务指导，先后获得全国劳动模范、全国满意度服务明星、中华儿女年度人物、北京市劳动模范、北京青年五四奖章、全国铁路标杆班组长、全国铁路优秀共产党员标兵等荣誉。

润秋的故事讲不完

——记中国铁路北京局集团有限公司北京南站客运车间业务指导张润秋

记 者 高李鹏 特约通讯员 高玉洁

⊙六一儿童节，张润秋为小旅客送上节日祝福。 柴 娜/摄

外形似巨型飞碟的北京南站，有着“中国高铁第一站”的美誉，开通十年发送旅客近三亿人次。

就在这座敞亮的现代化车站里，有一位客运工作人员的名字被很多旅客传颂。有人说，北京南站有个好姑娘；有人说，高铁站里有个“活雷锋”；有人说，铁路上有个微笑天使。

一名普通的客运工作人员，为什么能够感动众多旅客？近日，记者走近张润秋和润秋服务组，听他们讲述十年间，一座车站、一名客运工作人员与来自天南海北旅客间的点滴故事。

日行三万步解答上万句，她微笑始终如一

7月21日，暑运高峰中的北京南站候车厅秩序井然。这一天，近19万名旅客从这里乘车启程。

北京南站二层高架候车区旅客通道旁，“润秋爱心服务区”几个大字十分显眼。站在服务区的张润秋口不停、眼不停、手不停，解答着旅客问询。

“请问13检票口怎么走？”

“请问车票怎么改签？”

……

问题一个接一个，几乎不容她歇息片刻。遇到客流高峰，张润秋几小时喝不上一口水是常事。面对重复了千万遍的问题，她总是面带微笑，一边回答，一边配合手势指引，力争用最短的时间让旅客明白。

2008年北京南站开通时，张润秋就当上了客运值班站长。2010年11月，以张润秋为核心成员，北京南站成立了“润秋服务组”，主要服务重点旅客、解答旅客问询。

在川流不息的大厅巡视、推轮椅接送重点旅客进出站……一天下来，她走路超过三万步，回答旅客问询达上万句。即使这样，张润秋脸上也不见一丝厌烦，始终带着真诚的微笑。

采访过张润秋的记者总会忍不住问她同一个问题：“每天如此重复，你不烦吗？”

“真不烦！能够帮助别人，也是一种幸福！”她说。

⊙张润秋引导带孩子的旅客通过爱心服务通道进站上车。 陈涛文/摄

⊙张润秋耐心解答旅客电话问询。 陈涛文/摄

张润秋至今难忘收到第一面锦旗的故事。那也是北京南站开通后收到的第一面锦旗。

那时，北京南站开通不到一个月。有一天，张润秋正在值班站台值守，只见一位满头大汗的旅客匆匆赶来说，自己把一个贵重皮包忘在列车上了。

原来，这位旅客刚刚乘坐京津城际列车到达北京，下车后发现没带皮包，可列车很快就要折返，于是赶快来找工作人员帮忙。

此时，距列车检票放行仅有四五分钟时间。张润秋一边安抚旅客情绪，一边联系寻找。当对讲机中“找到了”的声音传来时，那名旅客悬着的心终于放了下来。此时，距旅客检票仅剩几秒钟。

没想到，几天后，这位旅客特意到车站送来锦旗致谢。这件小事，让从事客运工作没多久的张润秋认准一条：服务旅客要用心。

2010年9月的一天，候车大厅里，一位坐在轮椅上的重点旅客进入张润秋视线。她赶忙走过去，弯下腰轻声问：“您需要帮助吗？”

注视张润秋半天，这位旅客默默掏出一张车票递给她。张润秋接过一看，列车快到检票时间了，便推起轮椅对旅客说：“我送您提前检票进站吧。”

送进站，送上车，找到列车长作重点交接……当一切安排妥当、张润秋微笑着向旅客说“再见”时，那位旅客突然掏出一张名片塞到她手中，感动得热泪盈眶。

事后张润秋才得知，这位叫尹小星的旅客，就是手摇轮椅先后征服泰山、黄山等20多座名山，翻越海拔5000多米的唐古拉山、穿越塔克拉玛干沙漠的“轮椅英雄”。

在张润秋的工作日志上，前面五六页密密麻麻记满了电话号码：济南站值班站长、南京客运段值班室、天津站公安派出所……“服务旅客时经常会需要。”张润秋解释。

一位记者采访张润秋后，写下这样一段话：温暖一颗冰冷的心需要多久？两人从素昧平生到亲如一家需要多久？这些在普通人身上需要花费大量时间、甚至一生才能做到的事，在北京南站，如高铁一样，这一切都被按下了快进键。

真正用心服务旅客，也许是润秋服务组能够“由外到内”、抵达旅客内心的途径。

“外地旅客的导游、残疾旅客的亲人、老年旅客的女儿、年轻旅客的朋友、儿童旅客的阿姨、外籍旅客的翻译。”旅客送给了张润秋众多美誉。

8969封表扬信和815面锦旗

“你看，我们刚收到一个快递包裹，收货地址是北京南站张润秋爱心服务区。”张润秋指给记者。

包裹上没留下电话和寄货地址，只有署名北女士，留言上写道，感谢润秋服务组对老太太的帮助。显然，寄货人希望张润秋和服务组姑娘们一定要收下这份心意。

张润秋和服务组姑娘给旅客提供的帮助，都铭记在了他们心里。

从2010年成立至今，润秋服务组收到表扬信8969封、锦旗815面，平均每天收到表扬信3封。

“我妈妈说到了北京南站一定要看看您，替她向您问声好！”年轻姑娘说。

“阿姨特别希望在北京南站见到你，你在吗？”患有帕金森综合征的老人为表达心意，坚持要来看看张润秋。

“你还记得我吗？谢谢你曾经帮助过我！”岗位上的张润秋经常碰到这样的旅客。因为帮助别人的事情每天都在发生，实在想不起时她就会对旅客笑笑。

……

“被人惦记的幸福感觉是别人无法体会的。”张润秋说。

2012年元旦，正在值班的张润秋接到了一个从美国纽约打来的越洋祝福电话。

打电话的是年逾古稀的老华侨于凯文。

原来一个月前老人在出差中因心脏病发作动了手术，不巧又赶上痛风发作，以致寸步难移。当天老人乘坐G14次列车从上海返回北京，在北京南站，张润秋把老人抱上了轮椅，一直把老人送上出租车，并送到了宾馆。

“如果当时没有你们的爱心相助，后果不堪设想。”老人满怀感恩地说，“在祖国仍有那么多活跃在群众中，为旅客排忧解难、嘘寒问暖的‘活雷锋’，实在令我感佩不已！在这里，我谨向你和润秋服务组深深致谢，致敬!”

这样的故事，在张润秋身上发生过很多很多。

张润秋在巡视中看到大厅里一位老奶奶在哭泣。她走过去问：“老人家，您怎么了？需要帮忙吗？”原来老奶奶着急到上海看望癌症晚期的妹妹，却买不到车票。张润秋安慰老人：“别着急，我试试帮您买吧。”留下老人联系电话，张润秋送老人离开车站。没想到，80多岁的老人忽然转过身来向她深深鞠了一躬。

“真是受不起啊。”讲到这儿，张润秋眼睛湿润了。

一名军人从秦皇岛坐车到北京南站换乘去福建。到车站才发现车票丢了，身上没有足够的钱补票，归队时间又不能迟到，无奈中他找到张润秋求助。张润秋帮他联系秦皇岛站，找到了丢失车票，又帮他联系快递直接寄到他工作地点。在踏进车厢的那一刻，这位军人向张润秋敬了一个标准的军礼。

时间过去很久，老人鞠躬的场景和军人的军礼

一直留在张润秋心里。“我们做的都是小事，却得到了旅客最高的赞誉。”张润秋说。

服务旅客永远在路上

“进了北京南站，我眼前一亮，你摁亮了小台灯，我心中一亮。”一封感谢信写出了无数旅客的心声。

⊙张润秋引导旅客排队检票。 陈涛文/摄

⊙张润秋为旅客指路。　　陈涛文/摄

原来，一位老人到润秋服务台想了解开往天津的列车。他见张润秋正忙，就要了一本列车时刻表自己看起来。张润秋默默摁亮了一盏小台灯，老人抬起头看着张润秋笑了。后来，老人就给张润秋写了这封感谢信。

因为心里始终装着旅客，张润秋眼里总能看到旅客的困难，帮助就多了一分亲人间的温暖。

见到银发老人步履蹒跚地走进候车大厅，问明情况，张润秋一手接过老人手里的行李，一手扶住老人。她找来轮椅，把老人送到车上。分别之际，离开祖国50多年的归国华侨握住张润秋的手说："高铁的发展成就举世瞩目，我为祖国日新月异的变化感到骄傲。"

去饮水间打水，看到老人坐在冰凉的地上，她忙上前询问；经常接送患重病的病人，她会在推轮椅时尽可能让他们舒服；看到有残障的旅客，她一定会多叮嘱几句……

开通十年，北京南站日均发送旅客从两万人次增加到近15万人次，工作量翻了很多倍，但张润秋一直想的是，如何让旅客出行体验更美好。

张润秋把北京南站列车换乘车次、时刻背得滚瓜烂熟，还买来交通旅游图，每晚都研究到深夜，对公交、地铁接驳线路对答如流。为方便与外籍旅客交流，她整理翻译了"常用工作英语500句"，从此有了"活地图""义务导游""电子时刻表"的美誉。

北京南站全站电扶梯多达76部，无障碍直升梯有35部。每个角落，张润秋走了一遍又一遍，就为了告诉旅客最方便的路线。

对不同年龄、不同需求的旅客，张润秋总结出“勤微笑、勤观察、勤问候”“眼到、话到、手到”的服务口诀。

根据高铁旅客需求，张润秋创新提炼了“六式六心”服务法。适应旅客需

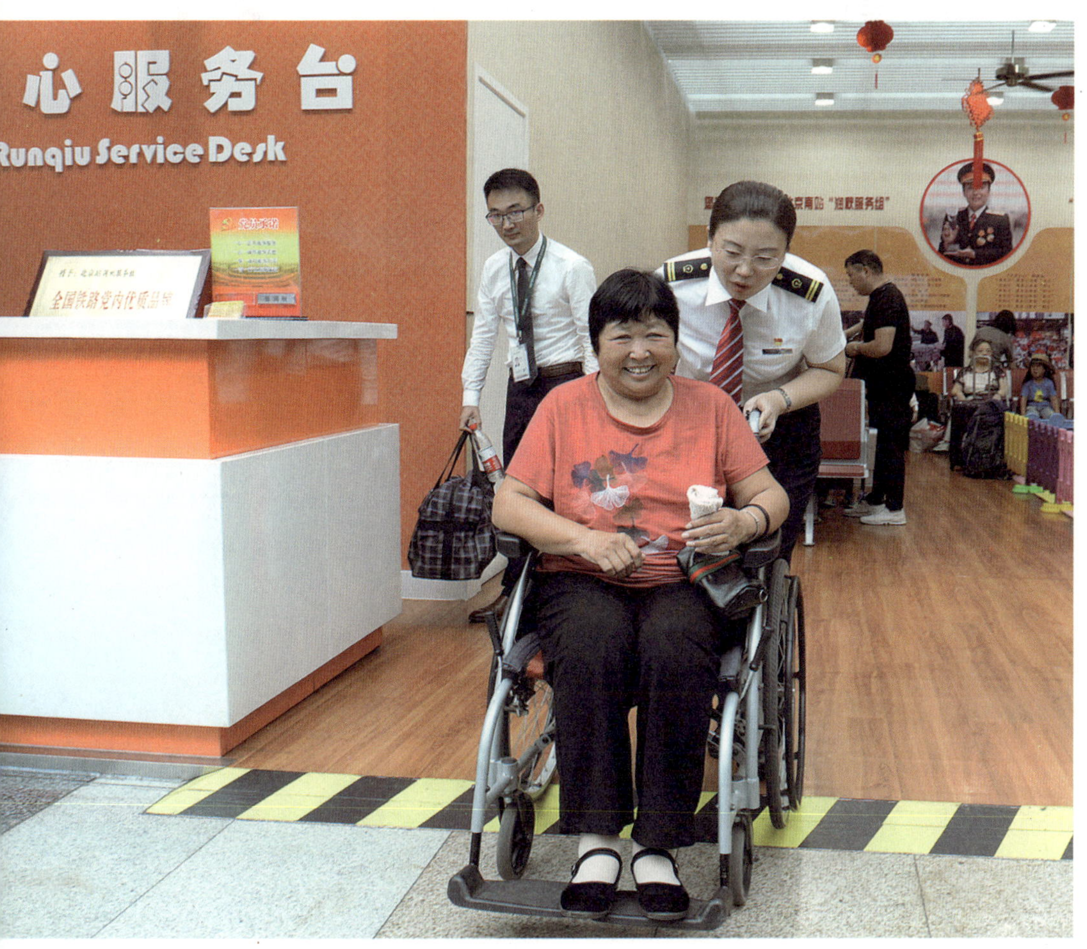

⊙张润秋送独自乘车去曲阜的鹿大妈进站。　陈涛文/摄

求，张润秋和服务组姑娘们在微博、博客、微信上注册账号，真正实现站站、站车“爱心一条龙”服务。

“将心比心、用心换心、以心交心、真情用心开启每一位旅客的美好旅程。”张贴在润秋爱心服务区墙上的一句话，默默诠释着润秋服务组的服务真谛。

如今，担任北京南站客运车间业务指导的张润秋忙碌依然。脚步匆匆、微笑依旧的她，成了亿万旅客心目中铁路活雷锋。

采访手记

真正把旅客装在心中

采访过张润秋多次，记者还是不禁要为她点赞。

十年时间，张润秋做过的好事说不完：抢救临产的孕妇，帮离家出走的孩子找父母，看护离家出走的精神病人……平凡岗位上，她的服务让南来北往的旅客深切感受到了高铁好、铁路好、首都好、祖国好。

来自美国的越洋电话，寄自新西兰的明信片，不署名的快递包裹……每一个感人故事的背后，都是张润秋那句朴素话语的映照：为旅客服务，就是要把旅客当作自己的亲人，把旅客的事当作自家的事。

岗位上的张润秋，再忙再累，面对旅客求助时的笑容总是那么真诚，直抵人心。用她自己的话说，每天很累，可见到旅客有困难就一定要管，而且要管到底、管好！

润秋服务组的姑娘们佩服张润秋帮旅客总能帮到点子上。因为真正把旅客放在心上、装在心中，她总能看到旅客的难处，帮助里就多了一分亲人般的关爱。也许，这就是张润秋让无数旅客念念不忘的秘诀，也是她感动旅客的根本。

（原载2018年8月6日《人民铁道》报A1版）

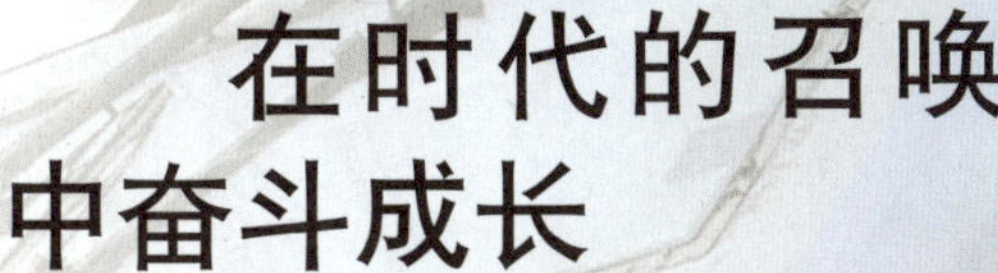

在时代的召唤中奋斗成长

景生启　中国铁路太原局集团有限公司湖东机务段大秦第二机车队重载司机。1993年参加工作，先后获得全路优秀共产党员、全路首席技师、火车头奖章、铁路工匠、全国五一劳动奖章等荣誉，是全路第一个享受国务院政府特殊津贴的重载司机。在2014年大秦线三万吨重载试验中担当主控司机，亲历了我国具有自主知识产权重载铁路技术的重大突破，总结出“两万吨列车精准操纵法”“三万吨列车操纵法”，填补了世界重载列车操纵技术标准的空白，被称为中国铁路重载第一人。

在时代的召唤中奋斗成长

——记中国铁路太原局集团有限公司湖东机务段重载司机景生启

记者 樊康屹 通讯员 赵 永

⊙景生启操纵重载列车行驶在大秦线上。 赵 永/摄

653公里的大秦铁路，承担着中国铁路1/4的煤炭运量。如同大动脉，为整个东部地区输送“血液”。大秦铁路运营30年来，已累计运输煤炭近60亿吨。

设计运输能力为一亿吨的大秦铁路，经过数次扩能改造后年运输能力达到了4.5亿吨。在一条铁路线上完成如此大的运量，得益于具有自主知识产权的重载运输技术的成熟运用。这其中，就包括在大秦线开行运载效率更高的2万吨重载列车。一列2万吨列车运送的煤炭，能装满4000辆载重五吨的汽车。景生启就是一名驾驶两万吨重载列车的司机。

今年46岁的景生启担当机车乘务工作已经25年了。

25年来，景生启经历了大秦铁路主型机车六次转型升级，他驾驶重载列车在大秦线上往返1400余趟，累计安全行车超过180万公里，运输煤炭2100多万吨。

25年来，景生启由一名从农村走出来的技校生，成长为一名精准掌控两万吨重载列车操纵技术的铁路工匠，成为中国铁路第一个操纵3万吨列车的重载司机、全路第一个享受国务院政府特殊津贴的重载司机……他说："身处这个伟大的时代，我为自己有幸成为中国铁路重载技术发展的亲历者、见证者、奋斗者，能够在大秦铁路服务国家发展的奋斗进程中贡献自己的一分力量感到无上光荣。"

司机操着工程师的心

"什么是榜样？景'大车'就是咱们的榜样！"

近日，在中国铁路太原局集团有限公司的《员工行为规范》推广中，景生启作为标准作业的形象代言人再次成为职工们追捧的明星。他的"一次值乘作业标准流程"成为全局"学标、对标、达标"活动的样板。

在外人看来如同军人一般精准的标准化作业，对于景生启来说只是常年的习惯使然，是他第一次听到"大车"这个称呼时就在心底种下的种子。

"大车"是对火车司机亲切的称呼，包含着对火车司机能力大、责任大、贡献大的赞许。1993年，大秦线全线开通之初，20岁的景生启从一名中专生成为湖东机务段的一名学习司机。在他成为一名正式"大车"前，父亲叮嘱他

⊙景生启（左）和搭班司机一同检查、确认车钩状态。 赵 永/摄

说：“无论是种地还是做木匠活，咱都讲究个实在。当火车司机是个多能耐的事，实实在在学好手艺才能走得稳、走得远。”

景生启的父亲是当地远近闻名的木匠，对做人和技艺有着自己朴素的理

⊙退乘时，景生启（右）拿出自己的手账与搭班司机对照交流。 赵 永/摄

解。父亲的话，一直是他职业生涯的座右铭。

从小就目睹父亲精湛木工技艺的景生启，对驾驶机车也有着精益求精的执念。从跟着师傅一板一眼学起，景生启就以匠人特有的拙朴对待学标落标。运行中，每遇一个信号，司机需要手指、呼唤，一个单程至少要做600多次。在一些人看来，这些单调的动作仅是一种形式，偷点懒并不影响安全。景生启却从

不懈怠，每次都“剑指精确、握拳有力”。

景生启在实践中逐渐积累起有关机车构造原理、行车操纵标准、非正常处理办法等经验，在别人认为“只要能开车就行”时，他却视《技规》《行规》为一名司机的“宝典”。他能随口背出任何一条规章，对大秦线20个站场设备、31个分相坐标烂熟于心，被大家称为“活规章”。一门心思钻研驾驶重载业务的景生启，逐步掌握了韶山3型、韶山4型、DJ1型、和谐1型、和谐2型等六种机型的驾驶技术。

在景生启家中，有一个堆满资料的柜子，里面除了有勾画得密密麻麻的业务书籍外，还有他在一张张线路纵断面图、站场示意图中手记的操纵要点、坡道受力分析计算结果。大秦线先后更换过六种机型，开行过6000吨、1万吨、2万吨列车，进行过3万吨列车试验，每一次的机型更换、载重试验，他都要进行LKJ操作、操纵预案等方面的分析，都要记录下操纵心得及优化方法，难怪有人说他是“驾驶员操着工程师的心”。正是这种“国家有需要，大秦有担当”的使命感、这种匠人匠心的执着精神，为他在实践中不断钻研、不断进取、不断奋斗注入了不竭动力。

心诀全在一把闸上

在首都北京以北100公里有座名为渭水河大桥的铁路桥，大秦线在这里画出一个漂亮的S形大弯。2.6公里长的钢铁巨龙“浓缩”在S形大弯中，给人以“神龙见首不见尾”的动感震撼。

当人们感叹钢铁巨龙的磅礴之势时不会想到，列车过桥驶入军都山隧道后，即刻进入大秦线驾驶难度最为复杂的区段：从8.46公里的军都山隧道开始，是长达51公里、坡度超过12‰的连续下坡区段。在这样的坡道上操纵重载列车，撂闸猛了，冲击力瞬间集中释放，轻则造成中部机车渡板变形，重则造成断钩分离；撂闸浅了，则可能引发列车超速甚至放飏……

今天，大秦线的司机通过这一复杂区段时，都能够精确掌握排风、充风、速度三者的最佳操控时机。而这，都得益于景生启创造的“生启治坡法”。

653公里的大秦线仅大同到茶坞的300多公里线路上就有近1公里的海拔落差，并有52座隧道、540座桥梁，桥隧相连、地形复杂。2006年，大秦线开始大规模开行两万吨重载列车。列车越长，冲击力越大。开行两万吨列车，解决纵向冲动是个绕不过去的坎儿。景生启作为最先掌握两万吨操纵技术的优秀司机之一，成为总结两万吨操纵法的担纲人。

重载列车的驾驶心诀全在一把闸上。

在外行看来，景生启的操纵并没有什么特别。他轻握手柄的拇指和食指不时推拉一下，长大列车就能平稳前行。但在行家眼中，那只手柄上的一毫米偏差，在列车上的体现可是天壤之别，看似简单自然的一招一式却处处透露出几十年的功底。熟悉景生启的人更清楚，这种精益化的操纵是一种“人机合一”的境界，是他对车、路精准掌控的结果。

要把自己的操纵技术变为可推广、可复制的操纵法，景生启感到无从下手。之所以被称为心诀，是因为车况、路况、天气、载重等变量因素太多，操纵难度大。一些人说，在大秦线上驾驶两万吨列车就如同中国烹饪，大师的秘诀并不在于看得见的流程，而在于随变而变的掌控。从“输入”到“输出”，景生启开始了新的奋斗。

为了将个性化的操纵技法转化为模块化的操纵方法，景生启给自己编制了时间表，每趟出乘前设计一套操纵预案，运行中试验一种操纵手法，退勤后再对照运行曲线，在脑海中“复盘”每一步操纵得失。他根据自己的操纵心得，计算出两万吨列车在长大下坡道运行的下滑力，并结合不同车底及温度、湿度等诱因，制定针对性操纵方法，减少了列车纵向冲动，达到“杯满不溢”的效果。经过近半年的努力，针对大秦线16个起伏坡道的“操纵模块”成功出炉，两万吨列车中部机车渡板变形等多个难题迎刃而解，景生启首创的“分步循环制动法”被命名为“生启治坡法”，填补了我国重载列车操纵技术空白。

铁路男儿更要担当

如果问景生启，25年的重载岁月哪个时刻最难忘，他一定会告诉你是2014年的4月2日。那一天，他驾驶着3万吨重载试验列车，向全世界展示了中国重载技术自主创新的成果。

操纵3万吨重载组合列车，最大的难点是准确掌握头、中、尾四台机车的相对距离和所处坡道位置，保证多台机车牵引、制动的同步性，否则，极易发生牵引时前拉后拽、制动时前堵后涌等危险状况。

这样的重任并非任何一位重载司机所能担当，这样的肩负也意味着景生启要做出更多的努力。

在正式试验前的40多天里，受命进入试验组的景生启完全处于忘我的状态。在3万吨列车的静、动态试验中，他白天和操纵团队上车试验，夜晚就在试验组里梳理试验数据，将每趟车的操纵实况密密麻麻地记在五个大本子上。每个细节，他都要反复推演上百次，修改、试验，再修改、再试验，不断优化操纵方案。由他主导的“3万吨列车操纵法”，为确保3万吨列车成功试验开行提供了操纵技术依据。

那段日子，他的妻子为照顾老人和孩子，辞去稳定的工作，一门心思地支持他。为了不让老人担心，他没有告诉老母亲自己在忙什么。直到母亲看见他驾驶着3万吨列车出现在电视上，才知道自己的儿子从事着一项伟大的试验。

3万吨重载试验的圆满成功，带给景生启的不仅是荣誉和成就，而且是一种“献身重载事业就是献身中国梦”的精神升华，让他对重载司机的责任与担当有了更深的理解。他说：“3万吨重载试验是立足于国家发展战略的重大技术创新和技术储备。大秦人从来就以国家需要为使命，我们不仅要把重载技术一代代传承下去，而且要把重载精神发扬光大。”

培养更多优秀的重载司机成为景生启新的奋斗方向。

2018年，中国铁路总公司在“六线六区域”实施“货运增量”行动，大秦线作为增量重点，今年要完成4.5亿吨任务。太原局集团公司实施了提高2万吨列车开行比重、提升列车达速率等一系列提效举措，使大秦线重载列车平均追踪间隔由14分钟压缩至12分钟。景生启说：“这样的车流密度，一列不畅就会影响全线的运输效率，必须让更多的司机都能具备‘贴限’运行的能力。”

“贴限”运行是指司机根据信号指示，达到实际运行速度与线路限制速度高度吻合的最佳状态，目前只有景生启等少数几名司机能做到。在他的倡导下，湖东机务段组建优秀司机培带团队，把过去的“1＋1”培带模式拓展为“N＋N”培带模式，以“滚雪球”的方式促进2万吨列车司机技能的整体提升，为大秦线提质增效提供了操纵技术支撑。

心有所念，终有回响。踏上新时代新征程的景生启更加豪情满怀：“既然选择了重载事业，我就要用一生来担当。”

采访手记

诚于心 勤于行

无论是熟悉景生启的人，还是与他接触不多的人，都会对他得出一个踏实、真诚的印象。他不善言谈，却总给人以靠谱、笃定的感觉。在他的人生字典中，责任就意味着言必行、行必果，无论是对家人、对同事，还是对自己，决不失信。

对单调的事儿保持耐性，对重复的活儿慎始如终，从景生启所记的一本本手账、所画的一张张图纸、所坚守的一个个职业习惯中，我们看到一位匠人强大的精神力量，也看到新时代铁路产业工人的坚定信仰和执着追求。不驰于空想，不骛于虚声，把追求重载列车安全高效的梦想转化为一趟趟标准值乘、汇入一次次操纵技术创新，全身心地在交通强国铁路先行的奋斗中展示新作为，我们为之点赞！

（原载2018年5月28日《人民铁道》报A1版）

霞光千里伴客行

王晓霞　38岁，中国铁路太原局集团有限公司太原电务段动车车载设备车间党支部书记、工程师。九年来，她和她的创新团队完成了三种型号的列控车载设备仿真试验系统，填补了全路空白。她先后两次获得火车头奖章，并获得全国铁路巾帼标兵、铁路青年五四奖章、山西省五一劳动奖章等荣誉。

霞光千里伴客行

——记中国铁路太原局集团有限公司太原电务段动车车载设备车间党支部书记、工程师王晓霞

记者 樊康屹 通讯员 仵秋香

⊙王晓霞（右）和工长正在检查设备。 王立军/摄

中国高铁不仅以高速度、高颜值驰名中外，更以高安全性、高准点率让百姓的出行之路更美好。在享受高铁的安全快捷时，许多人也许并不知道，众多铁路一线科技工作者为了中国高铁事业的发展、为了确保高铁和旅客安全万无一失正在忘我奋斗。中国铁路太原局集团有限公司太原电务段动车车载设备车间党支部书记、工程师王晓霞，就是这样一位奋斗在最前沿的铁路科技工作者。

不敢错过任何一个电话的霞姐

“霞姐，我是0D5786司机，显示器报单系故障……”

5时30分，沉睡中的王晓霞被电话叫醒。

“别慌，还有其他报警提示吗？”王晓霞立刻问。这种不需要任何寒暄的电话，王晓霞经常接到，但大多数时候，她与通话者从未谋面。一声亲切的“霞姐”背后，是大家对她的尊重和信任。

王晓霞所在的动车车载设备车间肩负着太原局集团公司所属54组动车组列控车载设备（ATP）的日常维护和数据分析任务。ATP被称为动车组的大脑、眼睛和中枢神经，运行中的动车组通过ATP不间断采集各种工况、信号、线路数据等信息，这些信息是王晓霞和她的技术团队实时监控动车组运行安全、进行数据分析的重要依据。

若遇到动车组在运行中突发故障，王晓霞和她的技术团队会结合远程监测系统数据指导司机进行现场处置。多年来，她已习惯了从任何事情、任何状态迅速切换到动车组ATP故障处置状态，在沉睡中也不例外。

王晓霞的手机号码是“动车110服务热线”，因此，手机对于她来说更像是一个时刻准备接收求助讯号的雷达。而对于动车组司机来说，“霞姐”就是一个时刻待命、无所不能且永远不会令人失望的外援，总能在紧急时刻为他们指点迷津、排忧解难。

“2016年有段时间我连续遇到几起故障，每次求助霞姐都会顺利解决。”太原机务段动车乘务员姜波说，“事后我才知道，霞姐在一次添乘中因水杯倾倒造成腿部烫伤，无法行走。那段时间，她正在家养病。”

无论是在授课，还是在开会，王晓霞的手机铃声会随时响起。有一次，组织上安排王晓霞到海南疗养，走到“天涯海角”景区门口时，她接到了咨询电话。等她放下电话时，同行的人已经走出景区。她常说，越早掌握故障动态和原因，处理问题就越主动。

“所谓故障，其实就是ATP系统中某个模块发出的预警，就像身体通过发烧或疼痛提示我们可能出现健康问题一样。”王晓霞解释，“绝大部分故障都是不危及行车安全的‘小感冒’，越早发现、诊断、处置，对行车安全的影响就越小。”

及早发现、准确判断、科学处置……王晓霞所做的一切努力都是为了不让“小感冒”发展成为“大问题”。

九年多来，经她远程指导处置的突发问题超过300件。远程处置“零失误”为王晓霞赢得了信任和口碑。

“信任是激励更是责任，唯有不断精进才能不负众望。”王晓霞对记者说，“其实大多数故障司机自己也能解决。大家愿意找我，是希望从我这里获得确定感。”

这并非高铁司机不自信，而是因为所有与高铁有关的人都把确保高铁和旅客安全万无一失作为衡量工作的唯一坐标，是政治红线和职业底线让每一名从事高铁工作的人都怀有一颗敬畏之心。

在挑战自我中成长起来的ATP专家

2017年11月13日，西安北至太原南的D2508次列车行至途中报警，常规处置未果，是继续运行还是更换备用列车？列车调度、动车司机都在紧张地等待着王晓霞的最终决断。

情况越是紧急，越需要沉着冷静。王晓霞迅速将车况信息在大脑中缜密推演，在确定即便是最坏情况下也不会危及旅客和列车安全后，果断决策：列车继续按图运行，司机不间断观察反馈列车状态，随时做好应急准备。当日12时56分，列车准时驶入太原南站。

走下列车的数百名旅客并不知道，他们因为一名铁路科技工作者的精准研判避免了中途换车。更有数十趟后续列车也避免了因打乱运输秩序而造成的晚点。

事后，有同事说：“霞姐，你当时笃定的神情太帅了！”

⊙王晓霞正在对动车ATP设备数据版本进行检查确认。 贾 铂/摄

人们看到的是王晓霞的笃定和自信，不知道的是，王晓霞的决策绝非盲目的冒险和臆测，而是在强大技术支撑下的科学判断，是对ATP这一领域的精准掌控。在此背后，是她数年来不畏困难、勇于挑战的不断累积。

2009年4月，石太客专开行在即，这是山西首次开通高铁。面对组织的信任、百姓的热盼，王晓霞作为刚刚接触ATP的技术“小白”，感觉肩上的担子沉甸甸的。当时正是中国高铁从研发制造到应用之时，ATP的界面尚不够“友好”，能够熟练应用ATP的人也很少。四种类型的ATP差异很大，分析、监测等软件多达20种，分析数据包的程序全是外文，仅一款法文软件就有500多条语句。作为新手，打开软件就要三分钟，更别说弄懂ATP背后的原理、故障的类型、分析的方法了。

看不懂外文界面，她就缠着厂家技术人员一步一步地问。听不懂厂家技术人员的方言，她就一句一句地写、一图一图地画。不懂数据分析要领，她就先死记硬背厂家技术人员的操作步骤，将1000多个数据分析项点熟记在心……

为了真正“从里向外”地掌握ATP的原理，王晓霞开始了艰难的求索。她一方面逼迫自己高强度吸收，一方面再逼迫自己高强度输出，跟同事们讲，在实践中用，碰壁了、失败了再找技术人员学。死磕自己，日日精进，学以致用，融会贯通……

王晓霞最喜欢的一首歌是《真心英雄》，她从心底珍视“没有谁能随随便便成功”的奋斗观。对于许多人来讲，故障就是麻烦，唯恐避之不及。王晓霞却千方百计向外局的同行“索取”故障案例。每出现一种新型故障，她都要亲自分析处理，直至完全弄明白。在实践中广为应用的“望闻问切”车况判断法正是得益于王晓霞与现场的频繁互动和反馈：望就是看外观，每列动车组有60多个插头、50多个插件、350多个灯显，通过手摸眼看感知车况；闻就是听异常，各种在常人听来难以忍受的机械噪音、报警音，在王晓霞听来都有着不一样的含义；问就是通过司机了解运行中的状况，把握不同车辆类型的“个性”；切就是通过软件对运行数据进行深度分析，以此全方位为动车组听诊把脉。

大数据是当今最流行的风投项目，无数科技精英都在围绕数据建模、数据分析挖掘数据中蕴含的商业价值。数据是枯燥的，每一组数据的背后都有无尽的奥秘。王晓霞每天也在与数据打交道，通过数据之间的关联性、模块之间的逻辑性，从浩如烟海的数据中寻找有价值的信息。商业开发是从数据中挖掘商

⊙王晓霞对动车组速度传感器电缆连接状态进行认真检查。 杨 阳/摄

⊙王晓霞对动车组速度传感器部件进行外观检查。 杨 阳/摄

业价值不同，王晓霞所从事的数据分析是为了判断动车组的安全状态，为高铁列车的安全提供保障，为千千万万的旅客出行提供保障。

从顶尖人才到优秀团队的带头人

“复兴号奔驰在祖国广袤的大地上！”每当听到、看到有关复兴号的讯息，王晓霞就感到阵阵激动和自豪。因为，在复兴号的诞生过程中，有着王晓霞的一分付出和努力。

2015年10月，中国标准动车组两辆样车在原平至太原高铁综合试验段进行型式试验和运用考核。王晓霞参加了有关ATP方面的试验。

“我们终于有了自己的标准动车组，当时特别想跟大家分享我的兴奋之情。但为了遵守保密规定，我只能将这种兴奋的心情掩藏在自己的心底。”王晓霞回忆说，具有完全自主知识产权的新一代高速列车，工作界面更加“友好”，数据下载更加便捷。特别是操作便捷的数据分析应用软件，让技术人员再也不用在20多种软件中不断跳转了。

在全程参与复兴号动车组试验任务的两年中，她根据试验内容提出了多项优化建议，为圆满完成既定试验任务做出了贡献。

从对ATP一无所知的行业“小白”，到ATP领域的行家里手，王晓霞与中国高铁共同成长。

“梁政、许德超，你们这组负责PB总线和连接电缆。智成刚、刘向平，你们这组负责模块与软件……咱们争取10月底形成基本雏形，11月开始着手硬件安装和设备调试，明年春运前争取投入使用。”2018年8月31日，在王晓霞创新工作室中，王晓霞与她的创新团队成员们正在围绕《300T型列控车载设备仿真试验系统》进行项目分工。这个项目将与《ATP全功能仿真测试系统》共同组建完整的列控车载仿真试验系统，是王晓霞创新工作室与中国铁道科学研究院集团有限公司共同开展的一项研究。

2015年成立的王晓霞创新工作室是她和她的创新团队开展技术攻关的新平台。这是王晓霞由顶尖人才向优秀团队带头人的转变，也是为适应动车组大量开行对更多优秀一线科技人员的需要。在王晓霞的带领下，他们已经完成了200C、200H、300S三种型号的列控车载设备仿真试验系统，实现了动车组故障在线模拟仿真，填补了全路空白。

天道酬勤。付出总有回报，在前行道路上不断奋斗的王晓霞先后获得火车头奖章以及全国铁路巾帼标兵、铁路青年五四奖章、山西省五一劳动奖章等荣誉。

采访手记

最美的晓霞

晓霞是忙碌的。这从采访总被电话打断这件事中可见一斑。忙碌的晓霞顾不上照顾老人和孩子，却从来不曾耽误一个电话。在她对所有事情的重要程度排序中，有关ATP的事项永远排在最高优先级。忙碌中的晓霞有一种投入之美。

晓霞是质朴的。工作中的晓霞总是行走于车上、车下，忙碌于检测、试验，专注于仪表、数据……工具包、手电筒、笔记本，一身工装，步履稳健。刚刚38岁的她已有不少白发，却是同事们眼中最美的霞姐。质朴的晓霞展现出一种专注之美。

晓霞是快乐的。每当技术研发有了新进展，每当周围同事有了新进步，每当收到曾经帮助过的同事一句感谢，她脸上都会溢出满足的微笑。快乐的晓霞总是充盈着自信之美。

王晓霞坦言自己是一个喜欢挑战的人。她说：“所谓的技艺精湛都是逼出来的。面对责任、压力和挑战，逃避不是我的选择。我一直在逼迫自己从舒适区走进学习区，不断成长。”

（原载2018年9月27日《人民铁道》报A1版）

调车场上的“无敌解钩手”

陈　林　共产党员，1989年4月出生，2012年转业参加工作，担任中国铁路郑州局集团有限公司郑州北站驼峰连结员，主要负责郑州北调车场下行驼峰货物列车的分解工作。六年来，他分解列车不计其数，没有出现任何差错。他2016年荣获郑州北站“四优”共产党员称号，2016年、2017年连续两年摘取车站调车职业技能大赛桂冠。他的事迹先后在中央电视台《新闻联播》《新闻30分》等栏目播出。

调车场上的『无敌解钩手』

——记中国铁路郑州局集团有限公司郑州北站驼峰连结员陈林

记　者　肖培清　通讯员　何飞飞

⊙摘钩中的陈林。　何飞飞/摄

八月的中原大地，骄阳似火。在郑州北站十里调车场，一列列货物列车犹如吸足了能量的巨型暖气片，不断地散发着灼热的气浪，股道间温度达到50℃。

在下行驼峰场，一名穿着黄蓝相间工作服、戴着黄色布帽、身材瘦小的小伙子，一手拿着电脑打印的调车作业计划小票，一手拿着一根长长的、一端安有“U”形提钩器的杆子，沿着从驼峰上溜下来的一列货物列车来回奔跑。汗水浸湿了衣服，脸上布满了汗珠，他仍旧全神贯注，根据作业小票提示提钩、解钩、摘管……经过35次重复作业，一列长长的装有货物的列车被拆分开来。它们或成单、或成双、或多组串联，沿驼峰而下，步入各自股道，与停在那儿的其他货车车辆“亲密接触”。随后，它们将组成一列新的货物列车，按照货物到达方向疾驰在祖国广袤的大地上。

小伙子叫陈林，今年29岁，是郑州北站下行运转车间的一名驼峰连结员。自2012年转业参加铁路工作以来，他就一直在“追着火车跑”。六年来，他平均每个班次解钩作业千余次，分解的货物列车不计其数，没有出现一点差错。同事们称他“无敌解钩手”。最近，他被中国铁路总公司选树为新时代铁路榜样。

立足岗位成长之秘诀：用心、敏感、认真

郑州北站日均办理货车2.2万辆，承担着京广、陇海四个方向的列车分解、调车任务。陈林所在的下行驼峰担负着整个调车场65%的调车作业量。

“刚上班那会儿，看着车辆从驼峰溜下，看着师傅们‘追着火车跑’，听着车辆之间的碰撞声响，我心里直发怵。”回想起第一次接触驼峰连结员工作，陈林感慨万分。驼峰连结员的主要工作是紧跟时速十公里的货物列车一路小跑，将其连接车钩分离，并摘开风管，是一个对技能与体力都要求很高的岗位。

“那时，我啥都不懂，啥都不会，第一次使用提钩器摘风管就没有摘

⊙陈林不停奔跑，往返于车体之间。　何飞飞、朱和光/摄

开。”陈林对第一次摘风管记忆犹新。这激发起了他的斗志。从那以后，他就专心研究风管连接的构造以及提钩器操作诀窍，并反复实践练习。一次摘不开就两次、两次不行就三次……手上磨出了泡，鞋子跑出了洞，新领的工作服没几天就变得脏兮兮的。仅仅一个半月，他就熟练掌握了驼峰连结员工作的基本技能。

与运动的车辆打交道，安全最重要。“其实，刚上班那会儿，师傅强调最多的还是安全。”陈林说，“除了业务外，我们还必须熟记各种规章制度。”那时，他随身携带着一个小本子，里面记录着驼峰连结员工作必须知晓的规章制度。一有空，他就会拿出来看。“那是血与泪的总结。”他说。如今，陈林对这些规章制度已经烂熟于心，但仍会时常翻看，提醒自己执行作业标准不能走样。

⊙陈林确认钩销提拉到位。 何飞飞、朱和光/摄

作为“铁三代”，“安全”二字打小就进驻陈林心中。工作后，父辈们叮嘱最多的还是安全。驼峰连结员除了摘钩、排风、瞭望等工作外，还需要特别注意车辆提钩时机、溜放间距以及风管气压等。

“如果溜放的车辆风管存有余风，车辆就可能在未进入调车股道前停下来。这样，后面溜放的车辆就会撞击停止的车辆，极易造成事故。”据陈林介绍，除此之外，他们还要在“轰隆隆”的现场准确识别对讲机传来的各种指令，稍微分心走神就可能出现工作失误。陈林休班时间多是读书学习，或到车站进行日常演练。

功夫不负有心人。2016年，他参加车站调车职业技能大赛，取得个人比武第一名的佳绩；2017年，他再次摘取车站调车职业技能大赛个人比武桂冠。

用心、敏感、认真——陈林将其归纳为自己立足岗位成长之秘诀。陈林一个班12个小时，平均解体列车2000多辆，奔跑、行走十几公里，半个月就穿坏一双鞋。

工作六年来，陈林记了100余万字的业务笔记和工作心得，穿破了140余双胶鞋。六年来，他没有一次违规作业，还防止大小事故十几起。

安全效率双赢之要领：快、准、稳

“陈林，九道车辆解体完不用回屋了，西边驼峰已经开始预推，作业计划小票给你放在信号机下面了……”今年7月27日10时40分，陈林别在胸前的对讲机传来指令。10时55分，汗水早已浸透衣服的陈林顾不上休息，迅速来到另一列准备解体的货物列车旁。他拿起计划小票扫了一眼，打趣道：“今天这温度，一列车63辆，要摘55钩，干完活儿可真是‘蒸桑拿’了！”

“嘟……”一列货物列车驶出调车场，渐行渐远。陈林用袖子擦了擦额头上的汗水，专注地看着一列货物列车被顶送上驼峰。溜放作业开始，陈林一手“掐”计划小票上的摘钩位置数据，一手握提钩杆，随车“起舞”。

当摘到第九钩时，他发现车辆风管未被摘开，遂一个箭步上前，靠着手中

⊙陈林（左一）讲解车辆防溜措施。　何飞飞、朱和光/摄

的提钩杆快速精准捣掉钩头底部两边固定钩舌的销子，顺势将提钩器准确卡扣在风管结合处，使劲往斜上方一拉，风管被断开，随后提钩，一节车辆稳妥地从整列车中分离开，沿设定好的线路去往自己的“位置”。准确判断、快速跑动、精准定位、娴熟摘钩……三四秒间，陈林一气呵成，犹如在作一幅水墨画，行云流水，酣畅淋漓。

陈林说：“解钩手拆分列车，一定要做到速度快、卡位准、重心稳。”陈林告诉记者，眼下正值暑运，天气热，调车作业任务繁重，必须练就一身“快、准、稳”的本领，才能实现安全与效率双赢。15分钟后，这列车解体完毕，陈林回到提钩房休息，湿透了的工作服紧紧贴在他的后背。

“调车场安全，成在调车，败也在调车。有了安全，才谈得上效率。”在提钩房，去年入路的职工王梦琦说。他告诉记者，陈林结合调车场调车安全红线管理内容编写的几句通俗易懂、便于记忆的顺口溜很受职工欢迎，如今已在班组推广。“班前想喝酒，管住手和口；危险不出现，防溜是关键；车闸要拧牢，铁鞋不能少；领车不瞭望，警钟要常敲……”说着说着，王梦琦轻松背诵起来。“现在，我每天接班后都会背诵一遍。它基本上涵盖了所有调车安全注意事项。”王梦琦说。

⊙陈林使用提钩器快速摘开风管。

⊙陈林使用提钩器快速摘开风管。　何飞飞、朱和光/摄

采访中，陈林探寻调车安全规律的过程给记者留下了深刻印象。陈林结合所在岗位工作实际，总结出了三个“第一趟”必须高度警觉的安全规律，即接班后第一趟调车作业，职工还未进入工作状态，容易发生纰漏，必须班前提醒或班中盯控；饭后第一趟调车作业，职工身体惰性增强，容易简化作业过程，必须及时提醒；交班前最后一趟调车作业，职工急着交班，注意力容易分散，必须重点盯控。如今，这三个时间点已经成为郑州北站调车作业安全卡控的关键时段。

凝聚团队力量之法宝：依靠、授业、帮促

去年12月，陈林通过公开竞聘成为郑州北站下行运转车间北区二班副班主任，协助车间管理干部加强现场安全卡控。

岗位变动后，陈林把更多的精力用在了安全盯控与业务传帮带上。据车间主管驼峰的副主任徐亮介绍，作为副班主任，陈林既要带领大家完成生产任务，又要确保班组成员的人身安全。工作中，他结合调车作业特点，细化完善了班组自控、互控、他控措施，最大限度发挥了团队作用。

今年1月15日，郑州北站综合集成自动化管理信息系统正式上马。新系统使用之初，由于种种原因，调车场列车解体量大幅下滑。陈林主动请缨，组织成立了驼峰自动化课题攻关小组，先后破解了往驼峰传输调车计划、调车进路平行作业等24项技术难题，既降低了作业人员的劳动强度，又提高了作业效率。1月28日，陈林带领他所在的班组创造了新系统上马以来单班解体51列的新纪录。

一花独放不是春，百花齐放春满园。“停、停……你的信号显示动作不规范、联控用语不标准。”前不久，郑州北站每年一度的调车职业技能大赛即将鸣锣吹哨，陈林带领班组职工进行赛前“预演”。第一次参加比赛的徒弟雷明总是掌握不了要领，陈林只好利用休班时间给雷明“开小灶”。他与雷明分享练功比武经验，不厌其烦地讲解车辆防溜、排风复检等技术关键点，并把自己多年来记录整理的调车作业心得告诉雷明。“虽然师傅年龄比我大不了几岁，但他谦逊的作风、耐心的态度、精湛的业务都是我学习的榜样。”雷明说。

⊙陈林（左一）示范摘接风管作业要领。　何飞飞、朱和光/摄

⊙陈林（前）与同事“双面提钩”作业。　何飞飞、朱和光/摄

如今，陈林已带出了六个优秀徒弟，他们成为车间重要岗位上的中坚力量。陈林所在的班组也连续两年获得郑州北站调车职业技能大赛团体第一名的好成绩。

一个人的力量是渺小的，而当这个渺小的力量被认同、被传递、被凝聚时，就会变得强大。

采访手记

安全工作没有捷径

驼峰连结员的工作枯燥，千万次地做着重复的动作；驼峰连结员的工作危险，需要时刻警醒、敏锐、认真。陈林千万次地把一件事重复做好，时时刻刻保持着对安全的敬畏之心，值得我们学习。

安全工作没有捷径、玩不得虚招，需要业务娴熟，需要执行标准不走样。安全工作有规律可循，不能瞎打瞎撞，需要总结规律，按规律办事，方可事半功倍。陈林对待工作用心、认真，刻苦钻研业务，注重发挥团队作用，收获成功实属必然。

调车工作是铁路安全的重点领域。年轻的陈林在这一领域的积极实践，为我们树立了榜样。

（原载2018年8月24日《人民铁道》报A1版）

铿锵之声奏华章

黄望明　中国铁路武汉局集团有限公司武昌客车车辆段武昌运用车间质检员、"黄望明客车检车员铁路技能大师工作室"负责人。1970年12月出生，工作29年来，曾两次获得火车头奖章，2005年获得全国技术能手荣誉，2014年获得湖北省交通运输行业十行百佳标兵荣誉，2015年获得湖北省技能大师、全国铁路劳动模范荣誉，2016年获得全国铁路优秀共产党员荣誉，享受国务院政府特殊津贴。他所负责的铁路技能大师工作室被湖北省总工会首批命名为"示范性劳模创新工作室"，被中国铁路总公司党组命名为党内优质品牌。

铿锵之声奏华章

——记中国铁路武汉局集团有限公司武昌客车车辆段武昌运用车间质检员黄望明

通讯员 秦 涛 次少杰

⊙黄望明检查客车车钩。 次少杰/摄

“砰砰、砰砰……”华灯初上，武昌客车车辆段客车整备库里，身着蓝色工装的中国铁路武汉局集团有限公司武昌客车车辆段武昌运用车间质检员黄望明正在一辆辆静静停靠的客车下不停地钻进钻出，小小的检车锤与轮轴、螺栓、弹簧等部件撞击发出的声音显得格外响亮。

这一串串敲击声在他听来是隐藏奥秘的美妙音符，任何“不合拍”的声音都可能成为发现安全隐患的线索。从事客车车辆检修工作的29年里，他在敲击声中先后发现了3000多个安全隐患、排除危及行车安全的重大故障200余个，被同事亲切地称为“检车状元”“客车神探”“技能大师”，获得了全国技术能手、火车头奖章等荣誉。

技术工人是最初的梦想

1989年，身材瘦削的黄望明从技校毕业，离开家乡孝感到武昌客车车辆段从事检修工作。那一年，他刚满19岁。临出门，父亲和他促膝长谈。“只有靠技术吃饭，才能永远不落伍。”这是父亲说得最多的话，也是让他记忆最深刻的话。从此，“成为一名技术工人”的梦想在黄望明心里深深地扎下了根。

心中有梦想，干事有劲头。从第一天上班起，他就像一个工作狂，白天到车辆旁仔细观摩故障的发现和处理方法，拉着有经验的师傅问这问那；晚上不顾一天劳累，从同事那里借来业务书籍，学习、总结、消化一天所学，书本和笔记上满是密密麻麻的圈点符号。

练功场成了他第二个“家”。为了彻底弄懂车辆内部构造和工作原理，他利用休息时间一趟趟地往段练功场跑，一次次地从练功车下钻进钻出，一遍遍地把各种车辆配件拆装分解。向书本学、向实践学，每个技术步骤他都要琢磨成百上千次，就连检车员检车的最基本“形体动作”他都不知练了多少遍，直到成为肌肉记忆。

除了在单位勤学苦练，他还在家里腾出一间房，设为“练功房”。这个不到七平方米的小房间被他布置得满满当当，一面墙上挂满了各型客车车辆的图片，另一面墙的书柜里满是专业书籍，还有一面墙的自制架子上摆着他自费淘

⊙黄望明（右二）带领职工开展客车制动阀技术攻关。 王　强/摄

来的客车转向架、车轮等配件。

"黄望明不算特别聪明，却一直很刻苦努力，静得下心干一件事，特别执着。"这是武昌客车车辆段质检科副科长彭汉洪眼中的黄望明。凭着对业务技术的痴迷，黄望明不仅掌握了客车检修的"十八般武艺"，还练就了"听音辨症"的独门技能：通过倾听检车锤敲击列车配件的声音辨别列车"病患"，响声发脆，就是正常；响声沉闷，表明部件有松动；若是沙哑，那就可能构件有裂纹。

凭着这门绝技，黄望明连续多年在全路组织的行业比武中摘得桂冠，并在2005年首届全国铁路职业技能竞赛上一举包揽了个人全能第二名、理论第一名和单车检查第三名，获得了全国技术能手称号。

破解难题是最大的爱好

在黄望明的工具包里有一个巴掌大的镜子，常常引起别人的好奇：一个沉默寡言的男同志怎么这么爱打扮？

"这个镜子是他妻子送的'钩腔检查镜'，专门用于发现隐蔽位置的隐患。"同事王瑞抢先一步道出了镜子的秘密。原来，黄望明在负责整修清洗车钩时，发现钩腔内部因为视线阻挡存在检查死角，留有安全隐患。于是，他一直冥思苦想解决办法。一天早上，他看到妻子在镜子前梳妆，灵机一动把妻子包里携带的小镜子借来，赶到单位将小镜子伸入车钩，利用手电筒照射镜面的反射，不断位移扫视钩腔内侧进行检查，将所有部位检查得清清楚楚。他给小镜子起了一个专业的名字——"钩腔检查镜"。一经推广，全段列车钩腔故障率直线下降。

⊙黄望明检查车厢内窗锁。王 强/摄

除了"钩腔检查镜"，黄望明的工具包内还有一个防漏"创可贴"，同样也大有来头。武昌客车车辆段开行的客车中有不少是北上客车，从武昌到西宁运行1000多公里，冬季两地温差近30℃。在这种环境下运行，车底部类似汽车制动装置的管系会发生热胀冷缩，容易导致风压漏泄，如果风压值低于600千

⊙黄望明（左）和同事在地沟线里检查客车关键部件。　王　强/摄

帕，列车就无法开行。

闲暇时，黄望明就琢磨，能不能为管系漏泄的部位贴上“创可贴”？有想法就立即行动。他按列车管系的尺寸找来两片能合扣起来的活动管卡，内里衬着一截胶皮，把管卡扣装在管系破损漏泄部位，里面的胶皮就能包裹住漏泄点，并随着温度降低包裹得越来越严实。这个法子很快奏效，以前处理风压漏泄故障往往要来回忙活半个多小时，现在只需一分多钟就解决了，大伙都对黄望明的防漏“创可贴”赞不绝口。

“每一个宝贝的产生都需要不断探索，看到一个个难题被破解，自己很有成就感，那种喜悦比获得任何奖励都高兴。”黄望明对工具包里的“土宝贝”爱不释手。多年来，他怀着对工作的满腔热情，善于发现、乐于解决安全生产的问题，总结推广先进作业法117项200余条，小改小革生产工具26个，为单位节约生产成本500余万元。

安全无事是最高的荣耀

“安全需要用心去捍卫，它就像一面镜子，用尽全力了，你会发现回望你的也是成功。”在黄望明的工作手册第一页，认认真真地写着这样一段话，这就是他的“镜子哲学”。

黄望明给自己定下“三个不少”的标准，那就是质量检查不少走一步、不少看一眼、不少敲一锤，用心检查，不放过一丝一毫的隐患。对检查发现的每

⊙黄望明徒步巡视客车，每天需步行近十公里。 王 强/摄

RW 554998
243-251DG2

一个问题，他总是跟踪到底，直到“过关”才放手。

每天，黄望明都要在整备场徒步近十公里，为数万个车辆零部件进行“体检”，一套检车法重复几千遍。他摸索出了一套“四站五蹲二钻”检车工作法，其检车“要诀”编入了段《客车转向架单车技术作业标准》，成为安全“秘籍”。

“质量检查工作是安全的最后一道防线，干的时间越长，感觉肩上的责任越重，胆子越小越怕出事。安全无事是对我的肯定，也是最高的荣耀。”黄望明谈起自己的岗位一脸严肃，对安全工作有很深的感悟。

2010年4月4日，黄望明对2614次列车进行出库前例行检查把关，探身查看209P型转向架时，焊接处一个极其细微的颜色变化引起了他的警觉。他拿起钢丝刷，趴在地上，仰着头小心翼翼地刮掉转向架横梁表面的厚厚铁锈，慢慢地，一条长达150毫米的横向裂纹赫然暴露……当天下午，他举一反三，对库内的同批车型转向架进行检查，又发现防止了一件裂纹隐患。他立即将这一发现上报，得到各级领导重视。

“安全工作来不得半点虚假，你轻视、忽悠它，它就会让你头破血流。”生活中随和的黄望明在安全上十分认真严肃。一次，他在质量检查时发现一个螺帽大小的车辆配件安装间隙比标准值大了一毫米，立即找到相关人员要求返工。那名工作人员说：“我水平有限，只能达到这个标准，而且一毫米的误差并不会影响配件功能，没必要返工。”黄望明二话没说，当着他的面自己修正了那一毫米。后来，那名工作人员回忆道：“这件事让我反思了很久，自己差的就是那‘一毫米的细心’。”

29年间，凭着严谨和认真，黄望明检修客车70余万辆，先后发现防止车辆安全隐患3000多起，经他检查把关后的列车累计安全运行900余万公里，等于绕地球200多圈，他先后获得全国铁路劳动模范、湖北省技能大师称号以及全国铁路系统火车头奖章等30余项荣誉，成为全局车辆部门享受国务院政府特殊津贴的第一人。

技术创新是最好的回馈

一间荣誉展示室、一间创新成果展示厅、一间技术攻关室……2013年7月，以黄望明的名字命名的“黄望明客车检车员铁路技能大师工作室”正式成

⊙黄望明检查客车轮对轴承。 王 强/摄

立，发挥他的业务专长开展技术创新、技术攻关、培训交流等活动。

丹心化春雨，桃李满园香。“授人以鱼，不如授人以渔。把经验和技能传授给年轻人，培养出更多优秀的高技能人才。”黄望明说出自己的想法。成为大师工作室“掌门人”后，黄望明把精力放在传技能、带队伍上，培养出一大批确保安全生产的尖兵。他手把手带出的47名技术骨干中，有6名获得局级奖励，21名获得段级奖励，1名荣获湖北省技术能手称号。

“大师工作室把各类技术人才聚到一起，发挥自己的特长，为安全生产和创新发展贡献力量，也是对企业多年培养的最好回报。”黄望明说。

科学分组共同攻关、定课题领任务、每周交流研讨……在黄望明的带领下，大师工作室集结优秀人才成立“创新军团”，紧紧围绕客车检修质量和运用安全两大重点开展技术攻关，交流碰撞“火花四溅”、创新成果“精彩纷呈”。经过多次试验，他们集众智、聚合力，先后完成了客车轴温故障调研攻关、集控线故障处理、客车空气制动机故障攻关等24个重点攻关项目，取得了管系故障途中应急处理包、Z字形活节扳手等35项技术革新成果。其中，“宜万线旅客列车闸片偏磨调整器的研制”等五项技术成果分别荣获国家级、省部级表彰。

2018年，作为铁路一线技术职工代表，黄望明参加了第十三届全国人民代表大会相关会议，展现了铁路职工的亮丽风采。

择一事终一生，用匠心谱华章。黄望明用手中的检车锤诠释了工匠精神，在平凡的岗位上演奏了一曲交通强国铁路先行的赞歌。

采访手记

铿锵声中见匠心

采访中，眉目温和、内向寡言的黄望明一谈起客车检修工作就滔滔不绝、情绪激昂，像变了个人似的。可以看出，他对工作岗位充满热爱、对技术创新满怀激情。正是这份精神，让他在平凡岗位走出了一条“检车神探”的大师之路。

“砰砰、砰砰……”检车锤敲击配件的声音在黄望明看来是最美妙的声音。在从事客车检修工作的近30个春秋里，他始终怀揣着“靠技术吃饭永远不落伍”的朴素想法，一门心思钻研业务知识，精益求精守护客车安全，心怀大爱热衷技术创新，用行动诠释了铁路工匠精神、树立起了新时代铁路榜样。

（原载2018年5月7日《人民铁道》报A1版）

与高铁一起奔跑的“动车医生”

董宏涛　中国铁路西安局集团有限公司西安动车段调度科应急台动车组机械师、“宏涛动车难症诊疗组”“董宏涛劳模创新工作室”负责人，1969年出生，1992年入路，先后获得陕西省技术状元、全路技术能手、全路百名学习型党员标兵、陕西省劳动竞赛标兵、火车头奖章、全路优秀共产党员、全路劳动模范、三秦工匠、铁路工匠等多项荣誉。他负责的“董宏涛劳模创新工作室”是全国示范性劳模和工匠人才创新工作室，先后被授予陕西省示范性劳模创新工作室、火车头劳模创新工作室等。

与高铁一起奔跑的『动车医生』

——记中国铁路西安局集团有限公司西安动车段调度科应急台动车组机械师董宏涛

记者 唐 茹 通讯员 程党团

⊙董宏涛在动车组车侧仔细查找故障。 王曙天/摄

夜阑人静，一团灿亮的灯火照耀着夜空。

“那是灯桥，方便动车组夜行。”西安动车段调度科应急台动车组机械师董宏涛不由自主地停下脚步，深情凝视着那片光亮。那里，奔劳一天的动车组已“回家”休息。

这是五月的一个子夜。据介绍，当天，十万多名乘动车组出行的旅客陆续安全抵达，董宏涛始终在应急台监护着动车组安全。

董宏涛是全路首批动车组机械师，是拥有26年车辆检修经验的高级技师。2011年以来，他带领团队科技创新，取得成果19项，其中获得国家专利五项，今年又有四项成果申报了专利。2015年至今，他平均每年取得国家专利两三项。

万家灯火明
——为旅客兑现一个“万无一失”的安全承诺

西安动车段坐落在古城西安草滩八路，属于离钟楼几十公里远的远郊。董宏涛说："我才来这里上班时，周围全是庄稼地，有天下班晚了，硬是走了40多分钟才坐上车。"

董宏涛是陕西高铁乃至中国高铁发展的亲历者、见证者。

2007年，西部地区首列"D"字头列车在陇海线西宝提速段顺利运行，时速200公里，时称"西部第一速"。董宏涛为首列动车组的随车机械师。

2010年，郑西高铁开通运营。这是中西部地区第一条时速350公里的高铁，董宏涛担当了首趟列车的值乘。

2013年至2014年，西宝、大西高铁西安至太原段相继建成，西安动车段成立，董宏涛始终坚守在草滩八路。

2017年，宝兰、西成高铁接连投用，董宏涛在应急台当"台长"，运筹斗室、掌控万里，护航动车组奔驰在广袤的神州大地上。

11年来，中国铁路西安局集团有限公司的动车组从1组发展到126组，运行从宝鸡一个方向辐射到23个直辖市和省会城市，动车运用所能力从2线2列位扩展为10线20列位，管内高铁从无发展到844公里，董宏涛一直是一名动车组机

⊙董宏涛（左）利用业余时间帮助青年职工提高动车组检修技能。 王曙天/提供

械师。

11年里，郑西高铁上曾发生的一幕令董宏涛今生难忘。这一世界上首条修建在大面积湿陷性黄土地区的高铁，开通运营翌日就遇到了雨天。

“当时，一列从郑州开往西安的动车组5号、6号车厢有异常声音，咯噔咯噔响。我当即呼叫司机停车。”董宏涛回忆道。大家下车一检查，发现两

⊙动车组列车整装待发。 王曙天/提供

节车厢的车轮出现擦伤现象。面对突发情况，随车机械师和厂方技术人员仔细研判，最终确定列车按120公里时速限速运行。董宏涛说："我和工友坚守在抖动最厉害的6号车厢，守护旅客安全和列车安全。"

这趟列车从区间行驶到就近车站后，立即将600多名旅客换乘到热备车上。旅客们全部安全离开后，机械师仍守在原来列车上，监护动车组入库检

修。后来，西安局集团公司下发奖励通知，称董宏涛以事业心和责任感“防止了可能发生的行车事故”。

确保旅客安全万无一失，是铁路人的使命，也是一个承诺。动车组风里来、雨里去，总会遇上突发情况。面对险情，董宏涛坚持“车在哪里，人就在哪里”。作为一名经验丰富的“老兵”，等列车和旅客安全到达终点，董宏涛才觉得心里轻松点。

动车组机械师有随车的，也有在库内检修的。2007年至今，董宏涛和工友们车上车下检修动车组累计达12.7万多组（次），组组安全无忧，次次安全抵达，兑现了“万无一失”的安全承诺。

二十六年磨一剑
——以钻研编织一个从跟跑到领跑的火车梦想

“老董最大的特点就是爱钻研。以前他不擅长看电路，常追着我问，现在我会的他也会，但他钻透的知识我不一定了解。”和董宏涛认识了16年的西安动车段安全科技术干部刘强说。据他回忆，跑车时老董也背着业务书，在列车到站入库停放的十几个小时里，其他人都在休息，只有老董在看书。有一次刘强醒来，看见老董歪着身子睡着了，右手还抱着本书搁在胸前。

“跑车”，是检车员和随车机械师的口头禅，他们和旅客一起登上车，随时发现和处理在途运行问题，如幕后安全保镖。

在确保安全的基础上，旅客们还希望火车既快又舒服。这也是董宏涛的梦想。

董宏涛1992年从部队退伍入路，26年以来，始终觉得有一种动力一直激励着自己奋勇向前。以前一次在西安站检车时，两个外国人指着时速标识，用不熟练的汉语问他是什么意思。董宏涛应答后，随口问他们国家的火车时速最快能到多少。外国旅客回答“300公里”，令董宏涛十分吃惊：“中国的火车何时能赶上啊！”后来，他迫切地想学习更多知识，努力考上了兰州交通大学机械自动化专业，脱产学习两年。

靠勤学苦练，董宏涛多次在段、车间举行的技术比武中获得第一名，并在西安局职业技能竞赛中获得全能第一名。2007年，38岁的他通过竞聘成为全路首批动车组机械师。

26年磨一剑，一朝试锋芒。不管是上车值乘还是下车检修，董宏涛都在和火车疑难杂症“死磕”。

研磨子是专门清除动车组车轮杂质的易耗器件。然而，在库里卸装研磨子

⊙在董宏涛这样一批人的影响和带动下，西安动车段作业流程更加完善、精细，检修质量动态稳定可靠。 王曙天/提供

时，因空间狭小、没有专用工具、眼睛看不清，机械师们用钳子操作时，成功率低、安全性差，还常发生皮肤擦伤的情况。

去年，董宏涛带着工友们进行科技攻关，在研讨中碰撞创新火花，提出研制专用工具的金点子。在选择控制方式时，有人说用液压式，因操作复杂被否定了；有人说用电控式，又因使用多芯电缆不方便再次被否定。董宏涛

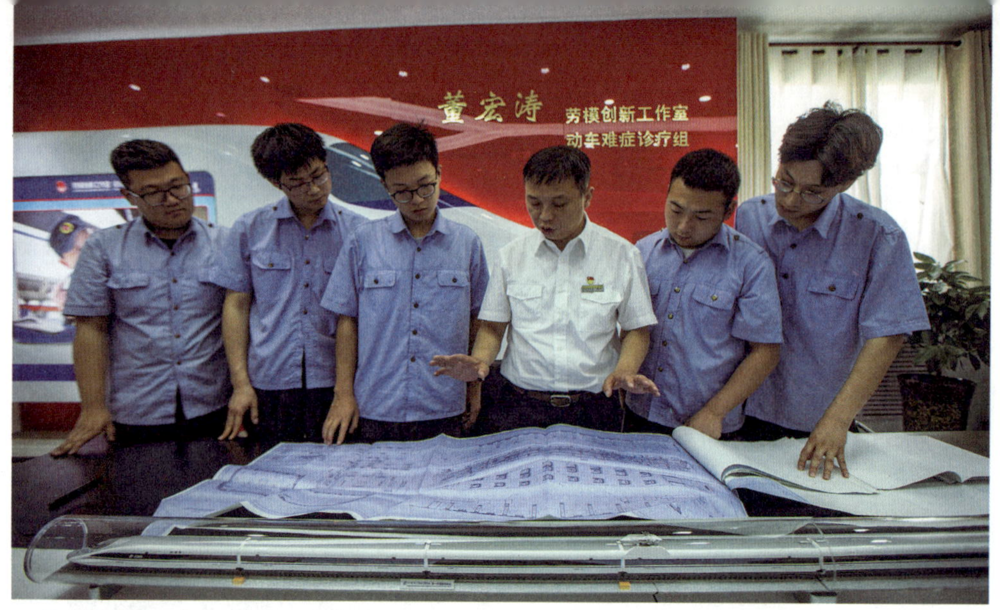

⊙董宏涛（右三）与“董宏涛劳模创新工作室”成员共同研究电气线路原理。 王曙天/提供

突然联想到摩托车的刹车线，和工友多次论证、试验，研发了CRH2型动车组踏面清扫器自动排气专用工具。这项成果使作业时间缩短至五分钟以内、作业人员由三人减至一人，在今年申报了发明专利。

曾随车值乘多年的刘强，称董宏涛团队“把随车机械师的双手完全解放了出来”。以前，机械师老是提着工具箱处理突发情况。董宏涛带领团队研发了多功能动车应急处置背心及腰带，将17种工具有序装在背心口袋或腰包里，极大提升了应急处置效率。这两项成果获得了实用新型专利。

2015年至2017年，董宏涛团队研发的多功能测量尺、动车组救援用32芯线电气连接器插头拆装专用工具、受电弓气管圆螺母快速安装扭矩扳手等成果获得五项国家专利。如今，再说起火车时速，他的腰板挺得笔直：“中国高铁领跑全球，‘中国速度’世界领先。”

一片赤子情
——在遗憾中补写一种忠孝两全的男儿担当

回顾26年的铁路生涯，董宏涛用“笨”字形容自己，但西安动车段党委副书记、纪委书记文卫锋却评价他是全段的“宝”、动车组安全“守护者”的带头人。

“在脑子里看车”是董宏涛练就的一个最笨、但是保安全最有效的绝活儿，他能把车辆空间模型、上万个零部件在脑子里组装起来。

“我脑子里装着车，其他人和事就很难放心上。”因为一心不能二用，董宏涛认为自己太笨了。

在动车组激增的关键时期，西安动车段相继成立“宏涛动车难症诊疗组”“董宏涛劳模创新工作室”，董宏涛都是带头人。一次，一组动车组报接地故障。他和厂方技术人员查了一夜，故障没“现形”。第二天晚上，他刚回到家又接到通知，该动车组一出库即报警，须连夜排查。已“白加黑”连轴转了30多个小时的董宏涛赶回单位接着干。查到后半夜，人困得靠在柱子上都能睡着，脸都变青了。直到天色泛白，他们才终于找到了故障点：在一块上了十几颗螺丝的底板上，一颗螺钉长了一毫米，顶破了电线外皮。

董宏涛是一名有28年党龄的共产党员，哪里有需要，他就去哪里；哪里有困难，他就冲在前。诊疗组成立以来，他们先后破解难题300余个、排查故障近2000件。2015年应急台成立后，他带着大家处理了200余趟动车组运行途中的突发情况，为随车机械师提供了近千次技术支持。他还连续担任五届西安动车段备战中国铁路总公司技能竞赛的主教练，培养出九名机械师获得陕西省技术状元、陕西省技术能手、全路技术能手等称号，60多名机械师成为业务骨干。

⊙董宏涛在认真检查动车组运用状态。 王曙天/提供

此前，董宏涛的岳父得了癌症，做手术发现已到晚期。那段时间，只有董宏涛的妻子高维日夜在医院守护，难免对他有些责备：“以前家里没啥大事，宏涛回家少也就算了，但老人住院一年多，直到去世，他都没有在病床前端过一次饭、守护过一晚。老人病倒前多疼他啊！他一去，老人就把好吃好喝的给他。”

董宏涛错过了照顾病中的岳父，也错过了女儿的成长。从小学到高中，他没有给女儿开过一次家长会，一家人也没出去旅游过。去年，上大四的女儿开始在外实习，他才突然意识到自己永远错过了陪伴孩子的成长过程。

“现在机械师队伍培育起来了，五月份单位专门给我放了一周假，我准备带着老人、妻子去自驾游，弥补对他们的亏欠。”董宏涛说。

董宏涛的“笨”，其实是一种执着的信念，一个守护者的赤胆忠心。如他守卫的动车组，只要在路上奔跑，唯一的执念就是奋勇向前、当好先行。

采访手记

执念一车　追风逐梦

心中有梦想，脚下有力量。26年来，董宏涛把列车的运行安全、快捷作为自己的奋斗梦想，执着追梦几十年不动摇，以强烈的事业心和责任感，彰显了一名共产党员的坚定信念和一个动车组机械师的职业追求。

董宏涛为梦想而坚定笃行，在关键时刻，坚持“车在哪里，人就在哪里”，用实实在在的行动践行“万无一失”的安全承诺。他为梦想而顽强奋斗，入路26年，勤学苦练26年，精通动车组检修技术，并无私地传授给工友们。他为梦想而不断创造奇迹，坚持科技创新，围绕现场难题进行攻关，获得了一项又一项国家专利，用非凡的业绩诠释了当代铁路人的奋进之路。

（原载2018年6月14日《人民铁道》报A1版）

与复兴号一起奔跑

薛　军　中国铁路济南局集团有限公司济南机务段动车组司机，1968年出生，1985年入路，1998年加入中国共产党，曾获得齐鲁最美职工、山东省第五届道德模范、山东省劳动模范、中国铁路总公司优秀共产党员等荣誉。2018年8月，薛军被推选为中国工会第十七次全国代表大会代表。

与复兴号一起奔跑

——记中国铁路济南局集团有限公司济南机务段动车组司机薛军

记 者 李锡秉 刘毅华

⊙薛军正在驾驶复兴号列车。 尚瀚鹏/摄

今年7月1日起，在京沪高铁千里铁道线上，16辆长编组复兴号动车组风驰电掣，与祖国的大好河山交相辉映，绘成了一幅中国新时代美丽的画卷。

7月30日，在G7次长编组复兴号动车组驾驶舱内，薛军一丝不苟地操纵作业。他亲历了蒸汽机车到复兴号列车的发展变化，手握七本不同速度等级驾照，驾驶过23个型号的机车、动车组，这一成绩在全路屈指可数。他有33年的火车驾龄，已安全行车1.8万余趟340万公里，见证了中国铁路的发展和“中国速度”的迅猛崛起。

手握七本驾照，成就“全能型”司机

“要做就做中国最好的火车司机，要开就开中国最先进的火车。”这是薛军恪守的工作信条。

小时候的薛军，家在铁道旁。每当巨龙一样的列车经过，他就和伙伴们跟着列车一起奔跑。当时他想，长大后我要是能开火车，多威风啊！

1985年高中毕业后，薛军毅然选择了铁路，来到了儿时梦想的地方——济南机务段。

薛军入路时，正是蒸汽机车时代。他一边摸索学习，一边拜师学艺，凭着谦虚好学的钻研精神，不到两年的工夫，便考取了蒸汽机车司炉证。

两年后，他又通过了机车构造理论、性能检查、实际操纵考试，成为蒸汽机车副司机，并总结出“一触、二摸、三闻、四看”蒸汽机车检车法。如愿以偿成为一名“大车”时，薛军只有20岁出头，在全段引起了不小的轰动。

1989年底，薛军通过转型考试，成为一名内燃机车乘务员。“内燃机车驾驶室宽敞，从蒸汽机车的‘一室一厅’变成了‘两室三厅’，没有了呛人的煤灰，穿一身制服，感觉很威风、很体面。”性格朴实的薛军说。

1992年5月，薛军获得了内燃机车驾驶证。随后，六种东风系列内燃客运机车的驾驶方法全部被薛军掌握。同事们都称他为“全能型”司机。1998年1月，薛军成为济南铁路局首批获得170公里时速内燃机车驾驶证的司机。

⊙又一次圆满完成值乘任务的薛军准备退乘。　尚瀚鹏/摄

⊙薛军（右一）利用动车模拟驾驶系统讲解操作技巧。 姜 波/摄

“向师傅学习、向先进看齐，始终是我前行的动力。”2006年7月，薛军获得了第四本驾照：电力机车“A单”本，开始驾驶170公里时速电力机车。“我本以为一直这样，可以开到退休了。”薛军笑道。

2006年11月，薛军在北京南站碰巧看到“中华之星”。流线型设计给薛军留下极深的印象。

回来后，薛军失眠了。工作之余，他天天关注我国动车组发展情况，想着什么时候招考动车组司机。2006年12月，动车组司机招考消息传来，薛军既喜悦又激动，立即去报名，却被告知要有全日制院校文凭才可以报名。薛军有些失望，但他坚信，总有一天会开上动车组的。

2007年6月，动车组司机扩招，他顺利报上名，但在理论考试时名落孙山。“这是我从业以来最难的一次考试，看动车组的专业术语就像看‘天书’。”薛军至今仍然记忆犹新。

从不认输的薛军拿起厚厚的动车组专业书籍，如饥似渴地“啃”了起来。像《新华字典》一样厚的《技规》，他烂熟于心。那段时间，同事、亲戚、朋友都很难找到他。“只要有重要业务考试，他就‘闭关’学习。”薛军所在的济南动车车间安全员刘敬业说。

苦心人，天不负。2008年4月30日，经过严格的选拔，薛军取得了赴西南交通大学参加动车组司机培训的资格。当时正赶上5月12日汶川大地震，成都震感强烈，余震不断。作为党员和领队的薛军带领大家克服困难，全部通过了结业考试。

2009年1月，薛军获得了第五本驾照——200公里至250公里时速动车组驾驶证；2011年，他考取了300公里至350公里时速高铁列车驾驶证，2015年，又获得了J1通用驾驶证；“全能型”司机实至名归。

为了让旅客乘车体验更平稳，薛军潜心研究动车组驾驶技术。一有空闲，他就窝在模拟驾驶室，看着公里标，对着投影仪上显示的地理方位，一点点摸索在哪个地方以什么速度行驶。他探索出的平稳操纵法在全局集团公司动车组司机中推广。

2017年6月26日，复兴号在京沪高铁首发，薛军承担了济南西至南京南间的列车值乘任务。在平稳熟练的驾驶中，他见证了复兴号带给国人的光荣与自豪！

胸怀感恩之心，甘做传道授业者

“我是个幸运儿，感谢组织的培养和关怀。”不善言谈的薛军腼腆地说。他的事迹先后登上了中央电视台和《人民日报》，还被美国主流媒体《华盛顿邮报》转载。

对取得的成绩，薛军并不骄傲：“成绩只能代表过去，安全行车永无止境。”他总是不厌其烦地对同事和徒弟说，对待安全，不能有一丝一毫的大意，一旦出现事故，后果不堪设想。

⊙薛军（右二）指导徒弟做好汛期数据设置。 王 浩/摄

薛军的安全成绩已经超过了他的师傅、全国劳模周振刚。2016年，周振刚以安全行车320万公里的成绩光荣退休。“愿更多像薛军一样的先进职工继续开好安全车。”周振刚欣慰地说。

开内燃机车的司机都知道，安全平稳驾驶须牢记“起车稳、加速快、停车准”九字诀，操纵逐级提速柄，原理与开汽车一样，逐级加速和换挡，能减少对柴油机部件的损耗，既省油又环保。段里来了内燃机车新职司机，薛军都会上车现场示范。

⊙薛军给业务骨干讲解专业知识。 姜 波/摄

十几年间，薛军逐级提速的良好习惯为单位节支200余万元。每年，他都被评为段节支创效能手。在他的带动下，该段节支降耗热潮一直不退。

薛军首创的“利用动能闯坡法”和“柴油机转速控制节油法”在全局集团公司推广，总结的“低手柄、低电流平稳起车法”被同事们纷纷效仿。他还主动请缨，为机车司机培训班或新职人员授课，现场手把手传授经验。

“要想开得稳、停车准，对线路和到达站的熟悉必不可少，还要对照线路进行控速。薛老师的教导让我受益匪浅。”薛军的徒弟孙建洪说。

曾在一起共事的济南货运车间内燃机车司机郑万红说，薛军出乘归来交车，会留下一张纸条，写明机车的运行和检修情况，让接车人对机车状况明明白白。至今，他们还一直沿袭这一有效做法。

说起驾车经验，薛军侃侃而谈："途中难免遇到突发情况，要沉住气、稳住神，冷静思考七秒到八秒，然后做出有效判断，才能准确处理问题。"凭借娴熟的业务技能和丰富的驾驶经验，他总结了动车组"一清、二想、三看、一朗诵"防错漏安全作业法和"五多"工作法，已经防止各类事故100多起，被济南局集团公司编入动车组司机实训教材。

自1993年全路启动"机车乘务员百趟安全正点竞赛"以来，薛军安全行驶342万公里，安全里程位列济南局集团公司第一。今年，薛军又新收了50名徒弟，传经验讲绝活，全段形成了学习先进、争当先进的浓厚氛围。

⊙出乘时，薛军仔细核对相关数据。李晓龙/摄

就在去年，薛军向车间党总支递交申请书，带领12名同事组建党员突击队，每到中高考、节假日，都会义务奉献上线添乘，解决了车间加开临客、替班添乘人员紧张等问题。该突击队成立以来，已经义务奉献106次，彰显了共产党员的先进本色。

只要遇到疑难杂症，"大车"们经常在车间微信工作群里交流，薛军总会第一时间主动答复，提出自己的解决方案。

"在车间劳模工作室，作为领军人物，薛军经常与大伙儿切磋技艺，针对开安全车、平稳车开展技术攻关。"济南动车车间党总支书记张锋说。

薛军平日里少言寡语，却时刻关心同事。他曾经带头捐出1000元，并撰写倡议书，为同事身患重病的女儿募捐两万余元。他自掏腰包买了40多件雨衣，放在乘务员派班室，消除了雨天接触网下打伞可能引发的人身安全隐患。

情系开车终不悔，其乐融融一家人

薛军坦言，之所以能安心开车，在岗位上得心应手，多亏了善解人意的爱人。

谈及儿子，薛军满脸愧疚。儿子上中学时，薛军父母身体不好，爱人在家陪老人，他又赶上参加动车组司机招考，夫妻俩没有给儿子开过家长会。儿子一直对他不理解，甚至有抵触情绪。2015年春运，中央电视台来薛军家采访，儿子这才对薛军慢慢多了些了解，明白了爸爸的付出和艰辛。

如今，从事保安工作的儿子多次在单位受到表彰。“看到爸爸这样出彩，作为儿子，我也不能落后。”薛军的儿子对记者说。

2016年3月28日，薛军下班后回到家，一束鲜红的玫瑰花和丰盛的晚餐早已摆在饭桌上，爱人和儿子笑盈盈地看着他。薛军这才想起，这是他们夫妻俩结婚23周年的日子。

有的“大车”下班回到家中喜欢小酌一杯。近年来，薛军却滴酒不沾。“我家到单位，走路十分钟就到了，如果领导来电有紧急情况需要处理，沾了酒就没办法参与。动车组全列禁烟，为了避免开车时犯烟瘾，我就把烟也戒了。”

如今，薛军每次外出值乘的四天时间里担当四个交路，在家休息时间不足20个小时，有时还

要教授徒弟。有相濡以沫的爱人、长大懂事的儿子，薛军甚感欣慰。

“希望更多的复兴号开行，让旅客出行体验更美好。”薛军动情地说。33年春华秋实，薛军已安全运送旅客近2000万人次。他用一名铁路人的奋斗与

⊙在胶济铁路陈列馆，薛军耐心地给小学生们讲铁路故事。 尚瀚鹏/摄

拼搏、责任与担当，向世人展示着中国高铁这张闪亮名片。在祖国广袤的大地上，他与复兴号一同奔跑！

采访手记

脚踏实地　逐梦前行

薛军从蒸汽机车司炉起步，一步一个脚印，一步一个台阶，从未停止过与列车一起奔跑的步伐，如今驾驶着复兴号驰骋在祖国大地上。

薛军怀揣梦想，主动迎接“大车”生涯中的一次次挑战，他干在实处、走在前列，永不止步、追求卓越，书写了精彩的人生篇章。同时，他时刻牢记自己是一名共产党员，不忘初心，执行标准不走样，安全永驻心中，时时刻刻以企业的利益为重，顾全大局，乐于奉献，三十年如一日，充分体现出新时代共产党员的先进性。

小人物折射大时代。透过薛军的人生轨迹，我们看到中国铁路改革发展的壮阔历程，感受到中国高铁不断前行的坚实脚步。中国铁路的铿锵前行，需要更多“薛军式”的优秀司机。

（原载2018年8月14日《人民铁道》报A1版）

半世纪薪火相传
百万客心沐阳光

南京站“158”雷锋服务站 南京站“158”雷锋服务站50年坚持学雷锋，2012年获得全国青年文明号称号和全国铁路党内优质品牌等荣誉；2013年荣获全国工人先锋号称号；2015年荣获第一批全国学雷锋活动示范点和全国时代楷模等称号；2016年荣获全国先进基层党组织称号。“158”雷锋服务站四代131名客运员中，涌现出全国劳动模范、铁道部劳动模范等一批先进模范人物。

半世纪薪火相传 百万客心沐阳光

——记中国铁路上海局集团有限公司南京站『158』雷锋服务站

记 者 孙业国 通讯员 祖 韬

⊙南京站“158”雷锋服务站工作人员正在服务重点旅客。
祖 韬/摄

仲秋的玄武湖畔，金桂怒放，阵香扑鼻。屹立湖岸的南京站，阳光透过巨大的玻璃窗，洒下一片温暖。

在车站二楼一间不到80平方米的房间，是全国铁路首家专门为老、幼、病、残、孕等重点旅客提供服务的候车室——“158”雷锋服务站。在这里，四代铁路人连续半个世纪接力传承雷锋精神，让百万重点旅客心沐阳光、温馨出行。

半世纪不忘“学雷锋”初心

“张大爷！”一个月前，78岁的旅客张邦圣拿着两桶泡面，再次出现在“158”雷锋服务站见习生车恒庆眼前。车恒庆没有想到，自己一点绵薄之力，竟让老人20多天念念不忘。

前不久，张邦圣从南通乘坐火车到达南京站。刚一下车，看着站台上人流如潮，老人就慌了。正在“158”雷锋服务站学习的见习生车恒庆发现老人不知所措地站在原地不动，立马上前询问老人，并将老人请到“158”雷锋服务站候车室，为他端来热水。得知老人计划转车去吐鲁番时，车恒庆帮他买来第二天的车票。老人在南京无亲无故，眼看着要在车站过夜，车恒庆下班前自掏腰包买来一桶泡面，泡好送到老人跟前。第二天，车恒庆早早起床，又买来热气腾腾的包子送给老人，老人感动不已。20天后，老人从新疆回来，到南京站下车后，专门找到“158”雷锋服务站候车室感谢车恒庆。

类似的温情故事每天都在南京站发生着。让我们把历史的指针回拨到半个世纪以前。

1968年，南京站刚建站，正值全国响应毛泽东同志“向雷锋同志学习”的号召，车站第一代客运人李惠娟等客运员自发成立了“学雷锋班组”，提出“上夜班的每天早来一小时，下夜班的晚走一小时”，利用业余时间，帮旅客搬行李、打开水、缝补衣物，做一些力所能及的小事。一位盲人旅客拿着李慧娟送来的饭菜，感动地说她就是“女雷锋”。

1986年，铁道部劳模、车站母婴候车室客运员孙燕光用平板车帮年迈、

⊙“158”雷锋服务站现任值班员、班组党支部书记黄吉莉在服务小旅客。 祖 韬/摄

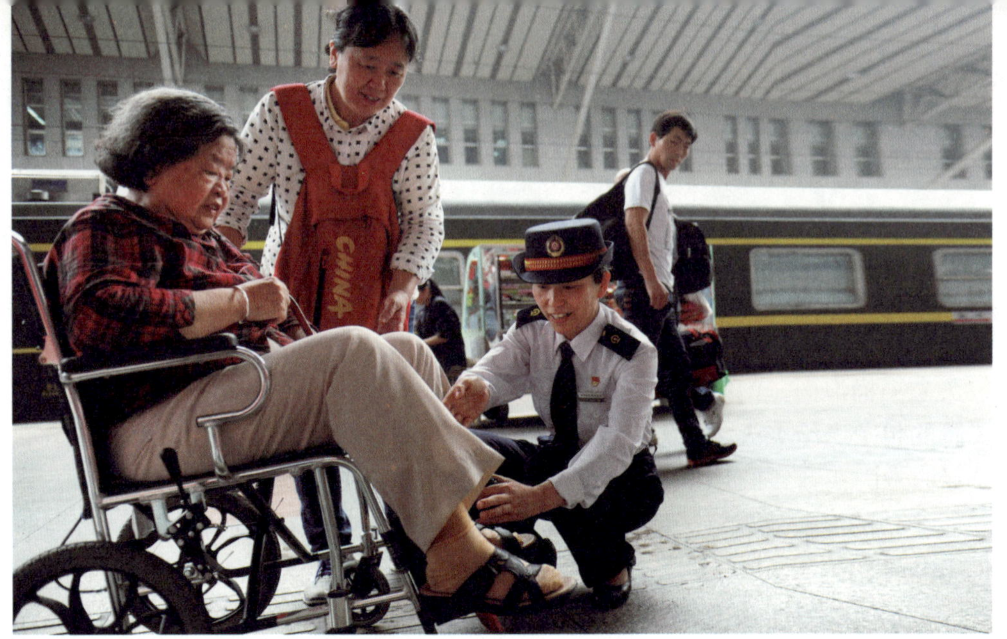

⊙火车头奖章获得者施凤英正在服务重点旅客。 刘一赢/摄

行走不便的旅客拉行李，被旅客们亲切地称为“雷锋车”。“雷锋车”推了32年，也将雷锋精神传播了32年。有人在意见簿上写道：希望你们永远推下去，把这份真情和记忆留下来。

2000年，南京站精选十余名服务骨干成立一个班组，命名为“158”雷锋服务站，“158”，即“义务帮”，寓意为老、幼、病、残、孕等重点旅客提供志愿服务，火车头奖章获得者施凤英成了“158”雷锋服务站的领头人。

2011年夏天，一位重症旅客倒在车站的天桥上，施凤英扶他时，旅客吐血溅了她一身，可她眉头都没皱，一直将旅客扶到120救护车上。也是那年，一位残障老太太拉肚子，施凤英把她领到厕所，为她换洗衣服。老太太双腿缺失、浑身异味，施凤英毫不犹豫地抱着她上轮椅、进电梯……

如今的“158”雷锋服务站，“80后”“90后”姑娘们已经成为主力。尽管她们多是独生子女，但现在都很“享受”这份护工般的工作。黄吉莉、钱明洁为发生意外、囊中空空的伤残老人买车票和食品；叶慧和患癌症有轻生念头的女大学生旅客拉家常交朋友，为她捐款，帮她重拾生活的希望……

一晃，半个世纪过去了，这里已成为全国首批学雷锋活动示范点，南京站先后有131名职工在这个岗位工作过，3000多名职工参与过义务服务，累计帮助老弱病残孕等困难旅客100多万人次。

“158”雷锋服务站现任值班员、班组党支部书记黄吉莉告诉记者：“我们要坚持以奉献精神引领价值追求，让雷锋精神在‘158’雷锋服务站薪火相传，永不磨灭。”

家的温暖与时代同行

“铁路‘158’，温暖如在家。”这句话既是南京站“158”雷锋服务站半个世纪坚守的诺言，也是每一位“158”人紧随时代步伐提升服务品质的自我鞭策。

随着时代的发展进步，重点旅客的服务需求日益增长。“158”雷锋服务站的成员们发扬钉钉子精神，干一行、爱一行、钻一行，努力成为服务行家。为了尽量保持残疾旅客上下坡道时平稳，她们学会了倒推轮椅；为了增加和盲人旅客的亲近感，她们不再用盲棍引导，而是身贴身地搀扶……

南京站“158”雷锋服务站采取走出去学、请进来教的办法，组织全员分批到职业培训学校学习语言艺术、外语、心理学，到星级宾馆学习服务礼仪，从特教学校请来手语老师手把手地教，从医院请来医护人员面对面传授急救护理知识。如今，在“158”雷锋服务站里，每个人都养成了学习钻研与重点旅客语言沟通和交流技巧的习惯，一本1200多页的《中国手语》教材被大家翻得很旧。

一次，黄吉莉和妈妈到菜场买菜，看到一位聋哑人在使用手语，便主动上前讨教几招。亲戚看了大吃一惊，问道：“吉莉怎么哑了呢？”妈妈笑着说：“这孩子学手语入了迷。”

功夫不负有心人。“158”雷锋服务站人人普通话都达到了二级乙等水平，个个掌握了手语、急救等服务技能，八人英语通过了四级，不少人还拿到了导游证。

2013年春运期间，党员客运员吴婷在售票厅巡视时，发现一位老人面色青紫，蜷曲在地上一动不动。她迅速伏下身来，用标准手法按压心脏，毫不犹豫地进行人工呼吸。当老人慢慢睁开眼睛时，在场旅客无不为之感动，售票厅内掌声雷动。

车站变大了，服务更细了。高铁南京南站建成运营后，商务旅客较多，为此，“158”雷锋服务站专门配备了电脑、专用电话，增加了打印、复印、传真等服务项目。“高铁时代，我们提高的不仅是速度，还有服务质量。”“158”雷锋服务站客运值班员许慧玲说，“变化的是硬件设施，不变的是‘人民铁路为人民’的宗旨。”

⊙四代“158”人坚守50年，接力传承雷锋精神。 刘一赢/摄

在服务中传承，在传承中创新。经过几代工作人员的探索总结，“158”雷锋服务站形成了“随访、送水、检票、咨询、解难到座位”的“五到位”，“帮助旅客购买车票、上下车、联系接力服务、拍发电报、寄信件”的“五帮助”，“免费提供轮椅担架、针线药品、网络传真、应急充电、行李搬运”的“五免费”以及“让旅客有亲切感、舒适感、安全感、愉悦感、留念感”的“五个感”的“四个五”服务项目。旅客们纷纷反映，“158”雷锋服务站服务个性化强，人情味浓。

展现新时代榜样的力量

“四位残疾旅客乘10月13日T237次列车到你站换乘去张家界，请@武铁襄阳火车站协助做好中转服务。”

上个月，四位残疾人刚买好车票，就找到“158”雷锋服务站，当班的客运员马晶在了解他们的需求后，马上发微博并@武铁襄阳火车站。很快，对方回应：“已安排客运人员为这几名旅客提供服务，请放心。”

伴随着网络发展，“158”雷锋服务站借助网络延展服务空间，建QQ群、微信群，开微博，还在上级的支持和推动下，与全国160多个车站、480多趟列车建立起联网联动服务机制，让雷锋精神随钢轨延伸，走出南京，跨越国界。

一次，90多岁高龄的美籍华人萧志从美国回来探亲，从上海坐高铁到南京。年事已高的他行动不便，随行亲人又携带大量行李。施凤英主动当起了老人的“拐杖”。20天后，萧老坐高铁去上海乘飞机赴美，得知消息的施凤英顶着高烧，再次将老人送进车厢。老人拿出美元酬谢，她婉言谢绝。老人拉着施凤英合影留念，说要把照片带到美国，用它颂扬祖国的文明和进步。

“琳琳、晓娟、晨晨，请允许我这样冒昧地称呼你们。在我心中，你们是高铁站最靓丽的风景线，你们是南京留给我最温馨的回忆，也是我家庭这段苦难中最弥足珍贵的正能量。”打开“85后”女孩邹丹写给“158”雷锋服务站工作人员焦琳琳、吴晓娟、邵晨的信，字里行间流露出邹丹的感激之情。

邹丹的单亲母亲张秀芝是一名外省的退休教师，被查出重病后，一直在两地间往返接受化疗。张秀芝第一次化疗后，身体十分虚弱，邹丹只好在地上放一块海绵垫，让母亲坐在上面拖着边歇边走。

这个消息传到了“158”雷锋服务站，大家便对邹丹母女进行了长达半年的接送。得知医药费不够了，许慧玲又自掏3000元，再带上班组捐助的1000元，帮助张妈妈治病。邹丹说，雷锋服务站用无私的援手抚平了我们母女的自卑，将来，我要好好报答这个温暖的社会。

把友爱传递得更远，把友善传播到社会。早在六年前，“158”雷锋服务站就联合20多所高校建起志愿服务基地，吸纳一万多名大学生到车站开展志愿服务，在铁路系统组成了首支“郭明义爱心团队南京站‘158’爱心分队”，已开展社会公益活动32次。在南京站客运枢纽、南京南站客运枢纽，长途汽车站、地铁与“158”雷锋服务站联合成立“爱心联盟”，为重点旅客提供接续服务。

以前，在南京站出租车候车区域，一些的哥看到残障人士或生病旅客打车总想拒载，但当看到“158”雷锋服务站的姑娘们抬着轮椅上的旅客上下电梯，常常累得脸通红，他们感动了。如今，只要见到“158”雷锋服务站推着轮椅送旅客，司机们都会跑过去帮上一把，他们还自发组成与“158”雷锋服务站联动的“爱心车队”，一个电话，人到车到。

半世纪薪火相传，百万客心沐阳光。奔跑在新时代交通强国铁路先行的伟大征程中，“雷锋”传人“158”雷锋服务站必将演绎出新的精彩。

采访手记

甘当平凡岗位的一颗螺丝钉

“我愿意一辈子做好帮困小事！”这是“80后”黄吉莉接受采访时说的肺腑之言。作为“158”雷锋服务站班组党支部书记，她的感言同时也道出了整个班组的心声。水滴虽微，渐盈大器。50年后的今天，“158”雷锋服务站的坚守弥足珍贵。

在实现交通强国铁路先行奋斗目标的征程中，每一个铁路人都应该像“158”雷锋服务站的工作人员一样，甘当平凡岗位的一颗螺丝钉，干一行、爱一行、钻一行，勇于坚守，持之以恒，售好每张票、发好每吨货、建好每一米铁路，在灿烂的新时代展现属于自己的风采。

（原载2018年10月30日《人民铁道》报A1版）

永不褪色的传承

广九客运段广九车队 广九客运段广九车队前身是1959年成立的广深二组，担当广州至深圳客运列车乘务工作。1979年4月4日，广州东站至香港九龙红磡站的直通车恢复开行，广深二组改名为广九二组，担当直通车乘务工作。20世纪末，广九二组改名为广九车队。近40年来，一代代广九车队的乘务员以创建世界一流服务品牌为目标，不断创新服务，获得全国五一巾帼标兵岗、全国三八红旗先进集体、全国新长征突击队、全国青年文明号等荣誉，她们的先进事迹被拍摄成《广九姑娘》《穿越罗湖桥的姑娘》在全国展播。

永不褪色的传承

——记中国铁路广州局集团有限公司广九客运段广九车队

记 者 朱进军

⊙即将出乘的广九车队乘务员们。 广九客运段/提供

40年，连接粤港，见证沧桑变幻；
40年，不忘初心，助力改革发展。

从1979年广州至香港的广九直通车开行至今，担当列车值乘任务的中国铁路广州局集团有限公司广九客运段广九车队的一代代乘务员们，牢记使命、不忘初心，在传承中创新，在创新中传承，为区域经济社会发展架设起了腾飞之路。

心中有国，立足岗位忠诚报国

广州至香港九龙铁路于1911年全线通车，然而历经抗日战争、解放战争，这条铁路几经中断。1979年4月4日，伴随着改革开放的春风，广九直通车恢复开行。

“这趟车有着光荣的传承。”首趟广九直通车列车长、广九客运段退休职工邬元菊告诉记者，广九车队前身是1959年成立的广深二组，担当广州至深圳客运列车的乘务工作。班组的刘秋容、刘淑英等先进人物，曾受到党和国家领导人的接见。1979年广州东站至香港九龙红磡站的直通车恢复开行，广深二组改名为广九二组，担当直通车乘务工作。20世纪末，广九二组改名为广九车队，现有职工105名。

广九直通车的开行，让中国又打开了一扇对外开放的窗户。吸收世界文明的先进精华，把糟粕拒之国门之外，这是从广九车队乘务员们第一天值乘开始，就被赋予的一项重任。

“我们所有人员都做出了‘拒腐蚀、永不沾’的承诺。”邬元菊说。每当有旅客给列车员小费、红包，她们都婉言谢绝，没有一个人会把它装进自己的口袋。

不光有诱惑，还有恐吓。在广九直通车开行初期，有些敌对分子会打电话给铁路部门，宣称线路上有炸弹。为了确保旅客安全万无一失，列车都要停下来检查。虽然最后，每一次排查都发现是骗局，但是，每次在紧张时刻，广九车队的乘务员们从不会退缩，都在车厢里安抚旅客情绪。

⊙第一代广九车队乘务员。 广九客运段/提供

"当时，谁都不知道是真是假，但是，既然在这个岗位，就要挺身而出。"邬元菊表示。

物换星移，广九直通车从最初的每天开行一对，到现在每天开行12对。运行区间从广州至香港，延伸至佛山、上海、北京至香港。列车的车型在不断改进，列车运行速度也在不断提升，但是，广九车队"拒腐蚀、永不沾"的承诺从未改变。近40年来，广九车队的乘务员没有发生一件违反纪律、有损国格人格的事情。车队也收获了全国新长征突击队、全国三八红旗先进集体等诸多荣誉。

心中有责，开拓创新争创一流

"广九直通车不仅代表铁路形象，而且见证着中国改革开放的历程。做好列车服务责任重于泰山。"广九车队党支部书记裴冬说。

责任牢记心间，创新提升使命。广九车队一直争当全国铁路客运服务的排头兵，曾开创多项服务"第一"，影响全国。

广九直通车乘务员是铁路乘务员中第一批化淡妆、抹口红、穿西服、系领带、穿皮鞋的，开了全国铁路服务的先河。20世纪80年代，广九直通车首次挂上豪华餐车，首创在列车上提供自助餐、西餐、早茶等多种选择的餐饮服务。这是中国铁路餐车第一次提供自助餐服务。这趟车还是第一个开展免税商品销售服务的列车。广九车队是第一个列车员实现普通话、英语、粤语服务的车队。

"当时列车免税商品销售为国家赚了大量的外汇。"广九直通车原"金牌销售员"丁凯英告诉记者，有时一趟列车的销售额达十多万元港币。

没有最好，只有更好。"自广九车队成立以来，车队开创性形成的服务措施和模式，一直都是广州局集团公司甚至是全国铁路客运系统的学习标杆。"裴冬介绍说。

在改革开放之初，广九车队探索总结出"问一声您好，拿一拿行李，扶一把旅客，做一件好事，送一个微笑，说一声再见，提供一项特色服务，旅客不满道一声歉"的八个一服务，满足粤港两地旅客需要。

随着改革开放的深入以及高铁的发展，广九车队在长期实践中总结提炼出Smile（微笑）、Safe（安全）、Silent（安静）、Sweet（亲切）的4S服务，被借鉴运用到整个广州局集团公司的高速动车组上。

目前，随着改革开放的转型升级，广九车队的服务标准也随之再次升级，其打造的“形象美、气质美、仪态美，服务好、设备好、体验好”“三美三好”服务标准，又被纳入广州局集团公司“U彩”服务品牌建设的重要内容，全面推广运用。

⊙广九车队乘务员在列车前留影。 金 迪/摄

心中有德，忠于职守服务旅客

2018年10月5日，记者登上广州东站开往香港九龙红磡站的Z807次广九直通车体验。来到车厢门口，列车员甜甜的笑容，让人如沐春风。车厢的地板擦得光亮照人，给人的感觉一尘不染，干净舒爽。记者用手摸窗台、洗手台，也

是干干净净。

9时4分，列车徐徐开动。列车员们开始整理行李架，为一些持有护照的外籍旅客发放入境卡。这是广九直通车独有的服务。餐车的工作人员在车厢里来回走动，让旅客不需要走动，就能享受点餐、送餐、购物服务。

“我是第一次乘坐广九直通车，感觉服务很棒！”来自白俄罗斯的旅客阿历克斯由衷地称赞。

餐车的厨房是用玻璃与外面隔开，站在走道上，可以看到大厨们正在精心制作。厨房内的设施、大厨们的着装、炒菜的过程，在列车过道中就能一览无余。这种开放式厨房也是广九直通车所独有的。

“几十年来，最好卖的是秘制鸡腿，已成为广九直通车的招牌菜，许多旅客就冲着鸡腿专门乘坐广九直通车。”餐车服务员李艳秋介绍说，最多时，一趟列车可以卖出160个鸡腿。

自开车伊始，车厢服务员就忙个不停。他们不时推着清洁小车收拾垃圾，不时拿着钳子清理洗手间的卫生。“我们直通车不配专业保洁，所有车上保洁工作都由列车员完成，工作标准是像家里一样干净。”列车长金迪说道。

牢记职业道德，高质量落实职业标准，是每一名广九直通车乘务员们的基本素养。在20世纪90年代前后，乘坐广九直通车的香港、台湾旅客增多，他们经常携带贵重财物，时有遗失财物现象发生。广九直通车的乘务员没有一个人拾物私藏，都是积极寻找失主，努力物归原主。

“2007年中国进出口商品交易会（广交会）期间，一名外籍旅客遗失了10多万美金在车上，我们捡到后，将钱交到海关，最终物归原主。”金迪介绍，平均每年他们要捡到失物1000多件。

心中有爱，乐于奉献服务社会

“感谢你们，你们真的比亲人还亲呀！”2018年2月13日20时20分，一对香港老年夫妇被送下车就医前，多次感谢当天广州东站至香港九龙红磡站Z819次广九直通车列车长冷丹。

冷丹是位“80后”，给人的印象非常干练。当天，Z819次列车开出广州东站后，她在巡视车厢时发现，8号车厢有一对80岁左右的老太太露出身体不适的表情。冷丹立即主动上前了解情况，忙前忙后，对待老太太如亲人般的热情，

⊙广九车队乘务员在车厢里收纳垃圾。 朱进军/摄

不时送上热茶水以及披肩，尽量让老人好好休息。同时，她还拨打香港急救电话，让医护人员在香港红磡站等候，及时为老人诊治。

不是亲人胜似亲人，周边的旅客纷纷为冷丹的服务伸出大拇指点赞。

带着真诚、带着爱心，主动服务旅客已成为广九车队乘务员们的基本服务理念，融入他们的心灵骨髓，无论社会变迁，无论旅客是谁，他们从未改变。

去年，一位“红通”逃犯在女儿的陪同下，乘坐广九直通车从香港回内地自首。对于他们，车上的乘务员们一视同仁，同样笑脸相迎，像对待平常的旅客一样，微笑服务、真诚服务。

与国内大多数旅客列车不同的是，这趟车还经常会有被拒入港或入内地被遣返回去的旅客。这些旅客因各种原因被遣返，心情肯定不佳，但广九车队的乘务员们仍然坚持旅客至上的原则，用爱心服务好、用真情安抚好他们。

不仅在工作中，就是在工作之余，广九车队也经常组织献爱心活动。近十多年来，每逢节假日，广九车队就组织志愿者，到广州一家老人院，义务照顾一位瘫痪在床的老人张宏武。无论车队人员如何变化，年复一年，风雨无阻。广九车队党支部还利用党日活动等契机，组织义务植树、向贫困学校捐赠书籍等活动，让更多的人感受到他们的温暖。

蓦然回首，近40年来，广九车队的精神在代代相传，时代在变、设备在变、人员在变，但是，“人民铁路为人民”的服务宗旨从未改变，广九人的初心、广九人的传承未变。

采访手记

服务的魅力

“这趟车乘务员服务好”“这趟车干净卫生”“餐车大厨现场制作的鸡腿非常好吃”……当记者体验广九直通车时，随机采访了多位旅客，没想到他们中很多人都是广九直通车的忠实粉丝，长期以来，已习惯乘坐广九直通车往返香港和内地。

旅客们喜欢广九直通车的理由有很多，追根溯源，是广九车队的服务已深深打动了他们，融入了他们的心灵，成为他们生活的一部分。

“用手摸窗台，一尘不染。车厢里随脏随扫，给人以五星级宾馆的感觉。”一名香港旅客告诉记者，他在香港一家公司驻广州的办事处工作，经常坐直通车往返香港和广州，对广九直通车的服务非常满意。

近40年来，一代代广九车队的乘务员不忘初心，传承“心中有国、心中有责、心中有德、心中有爱”的精神，始终保持了高标准、高品质的服务，并历经日月的积累，让旅客成为忠诚的“铁丝”。

这就是服务的魅力，长期坚持、长期坚守，才能历久弥香、源远流长。

（原载2018年11月5日《人民铁道》报A1版）

“科技尖兵”追梦人

曾湘毅　45岁，中国铁路南宁局集团有限公司柳州南站信息技术科党支部书记、科长，曾获火车头奖章、南宁局集团公司优秀共产党员等荣誉。23年来，他先后自主或带领团队研发标准化车间管理系统、货检手持机系统等信息系统38个，其中4个获国家级奖项、17个获全路级奖项。

『科技尖兵』追梦人

——记中国铁路南宁局集团有限公司柳州南站信息技术科党支部书记、科长曾湘毅

记 者 马常宏 通讯员 李俊雄 李德华

⊙曾湘毅在编制电子规章。 李俊雄/摄

作为全国20个路网性编组站之一，柳州南站不仅是中国铁路南宁局集团有限公司的运输“心脏”，也是西南区域运输畅通的重要“神经”。这里，每天万余辆货物列车到达、编组、出发，最高日办理货物列车达17148辆；这里，40多个自动化信息系统高效运行，极大提升了运输效率和安全保障力。

这些铁路技术的广泛运用，与柳州南站信息技术科党支部书记、科长曾湘毅密不可分。大学毕业23年，他一直沉醉于信息技术岗位，自主或带领团队研发了38个信息系统。

面对快速更迭的信息技术，他学无止境；面对艰巨的任务挑战，他攻坚克难；面对五六倍工资的高薪诱惑，他不为所动……

挑战自我

1995年，曾湘毅从西南交通大学自动化控制专业毕业，满心欢喜地来到柳州南站。可走进车站电算室

那一刻，眼前的工作条件，让他产生了极大的失落感。

“八个人只有三台电脑，开发程序只能事先在草稿纸上写好，再轮流上机编程。”曾湘毅对23年前报到时的情景记忆犹新，电算室在柳州南站驼峰顶的一个小院内，办公设备老旧，进出还是乡村烂泥路。夜深人静时，他一个人待在单身宿舍，心里难免有些烦躁。

有一次，师傅带他下现场调研时他听车号员抱怨：手工计算车辆编组不仅工作量大、效率低，而且经常出错被考核。类似的问题，很多工种都一样。这次调研，深深刺痛了他的神经，一股责任感涌上心头。曾湘毅希望用自己掌握的计算机技术改变现场作业。

重新审视自己的价值，曾湘毅满血复活。白天上班，他主动给师傅帮忙，不放过任何学习锻炼的机会；晚上回到宿舍，一头扎进计算机专业书海，很少出门。很快，他便悟出了一些门道，开始参与一些小型项目。

1997年，铁道部准备在全路推行车站现车管理系统。虽然系统主框架已经设计完成，但一些细节内容需要各铁路局、站段自筹力量进行攻关。

为了检验自己的学习成果，曾湘毅主动请缨，接受系统开发任务。“当时一个老师傅调侃，这毛头小子胆子不小，上班不到两年就敢独自领课

⊙曾湘毅（左一）组织“科技尖兵”项目攻关团队成员学习业务知识。 李俊雄/摄

题？”提起当时的冲动，曾湘毅乐呵呵地说。

他接下课题才发现，这项任务远没有自己想象的那么简单。“铁路专业性很强，系统技术又很先进，我在学校根本没有学过，现场也没接触过。”曾湘毅说。没有现成经验可借鉴，一切都得从头开始。为了攻克这个难关，他硬着头皮向领导争取去北京交通大学参加两周专业培训班的机会，接着闭门自学了近一个月的时间。

⊙曾湘毅调试设备。 李俊雄/摄

弄通技术原理后，他白天基本泡在现场，了解车站管理人员和实作人员的管理需要和使用习惯；晚上回到家，结合技术原理和现场需求继续琢磨，经常半夜醒来突发灵感，爬起来写代码；遇到不会的程序，他买来十余本专业书籍自学。为了攻克这个系统，他放弃了所有节假日的休息时间。

经过大半年的努力，曾湘毅终于顺利完成铁路车站现车管理系统各个子项目的开发和完善。“这一年的钻研拼搏，让我学到了更多知识，专业技术有了很大进步。”谈起车站现车管理系统开发那段经历，曾湘毅激动不已。

技术上，曾湘毅快速走向成熟，在技术圈里开始小有名气。

“2002年7月的一天，深圳一家知名网络企业通过同学找到我，想让我去他们公司做数据库系统工程师，并许诺了丰厚的待遇。”曾湘毅说，在当时对方给的工资至少是自己收入的五六倍。

面对高薪诱惑，曾湘毅曾有过动摇。他说，当时同班来到铁路的30多个同学有一半都辞职经商了，陆续买了房、有了车，很让人羡慕。但想着铁路工作氛围很和谐、自己也已在柳州成家、车站领导对自己也特别关心，最终还是选择留下。

破题攻坚

技术上的日渐成熟，极大增强了曾湘毅的自信。在铁路技术创新的路上，面对一个又一个急难课题，曾湘毅和他的团队总是迎难而上、一一化解。

2011年4月，柳州南站发生一起错挂列尾事故，给全站列尾管理敲响安全警钟。经过深入分析，他发现列尾管理缺乏技术手段，存在管理粗放的问题。“信息技术科马上开展课题研究，尽快彻底解决问题。”面对紧迫的任务，曾湘毅立即带领团队开展现场调研。他发现，全站有280个列尾，每年运用四万多次，平均每月都发生四五个未检测上线、电池电量不足、安全卡控

⊙曾湘毅（左三）与“科技尖兵”项目攻关团队成员查看系统数据。 李俊雄/摄

失效等问题。

如何利用科技信息手段，解决现场管理问题？项目组进行了反复讨论，决定开发列尾管理信息系统，利用条形码档案管理，以扫码方式解决问题。经过半年的攻关，系统正式建成。此后，列尾事故不仅被杜绝，列尾管理小而广的问题也迎刃而解。

⊙曾湘毅（左二）指导“科技尖兵”项目攻关团队成员开发软件。 李俊雄/摄

“每个项目结题时，都是最开心、最幸福的时刻。”曾湘毅说，通过自己的奋斗解决现场的问题，就是工作的价值所在。

2015年3月，柳州南站三级六场开通，车站步入现代化车站行列。由于三级六场建设中配置了大量新设备，必须解决新设备与旧系统技术脱节的问题，否则新设备无法最大限度发挥作用。

曾湘毅作为重大课题领头人，必须想在前、干在前。他决定组建“科技尖兵”项目攻关团队。他把信息技术科八名技术骨干团结在一起，开启攻坚模式。在团队多次头脑风暴后，大家形成一致意见：研发新一代运输安全管理综合信息系统，解决既有车站运输安全管理系统数据分析缺失和管理没有形成闭环的问题。

在研发过程中，由于系统框架与车站原有系统不兼容，各种信息传递异常的问题频繁出现。为了打破技术瓶颈，曾湘毅团队整整两个星期泡在办公室，测试、试验数千次，修改程序无数遍。饿了就叫外卖，困了在沙发上眯一会儿。最终通过后台登录接口彻底解决了用户信息传递问题，有效解决了过去风险管控过程无痕迹、无统计、无提醒的老大难问题。终于，在车站三级六场开通前，系统投入使用，大伙终于松了一口气。

除了项目开发，信息技术科还要负责处理日常系统故障。技术问题无论大小，曾湘毅绝不会有丝毫怠慢。

2016年5月的一个周末，正准备陪孩子去公园游玩的曾湘毅突然接到科室小黄打来的求助电话。原来，车站运输系统出现了故障。接到电话后，曾湘毅抱起孩子就往车站赶。来到车站后，他全力排查故障，把孩子扔在一边。经过近四个小时的现场、机房、系统筛查后，他终于发现了故障点。等处理完回到办公室，他才发现孩子已经在沙发上睡着了。

“工作上，曾科长非常拼，他的故事三天也讲不完。”9月28日，记者在柳州南站信息技术科采访时，和曾湘毅同时入路的同事覃东海说道。

面对同事的夸奖，曾湘毅显得不好意思，连忙解释道：“我们科室研发的所有成果，不是我一个人努力的结果，靠的是每位成员的拼搏奉献。”曾湘毅开始一一点评，“冯磊，是我们的技术大咖；小黄，自学成才的技术高手；岳建智，典型的‘IT’男……”

⊙曾湘毅检修机房硬件设备。 李俊雄/摄

永不懈怠

技术创新，永无止境。曾湘毅感慨，信息技术领域，如果不坚持学习、不一直努力，很快就会落后于时代。

“历任车站领导都格外重视信息化开发投入，现在车站的安全治理模式已发生革命性变革。”柳州南站副站长李想自信满满地说。以前安全管理靠人盯人，再努力也无法杜绝小而广的问题；现在通过现代信息化手段，实现了全覆盖、闭环式管理，安全管理的底气足了。

从车号识别、列尾管理、安全管理，到职工评价、班组台账、人力管理……凭借曾湘毅带领的研发团队建立起来的40多个涉及安全、运输以及综合管理等各方面的信息管理系统，柳州南站构建起现代化综合管理体系。

⊙曾湘毅（左二）与“科技尖兵”项目攻关团队成员在调度大厅调试设备。 李俊雄/摄

记者在曾湘毅的办公桌上发现，《2018—2020年科研项目计划表》规划了SAM系统计划编制综合智能研究、调车计划标准化作业程序（SOP）电子看板系统、车站人力资源评价体系等七个课题攻关项目。

“在生产数据运用、视频图片自动分析等人工智能方面，信息化建设还有很大的提升空间。”曾湘毅说，按照技术先进的现代企业要求，车站信息化建设仍然任重道远，必须持续创新。

记者了解到，曾湘毅团队初步研发的调车计划标准化作业程序（SOP）电子看板系统目前已进入调试阶段。柳州南站根据中国铁路总公司提出的标准化车间建设要求，以现场作业标准化为核心，启动了系统的研发，通过把现场作业标准制作成可视化流程，重点解决了作业程序复杂、标准记不住、不会干的问题。

曾湘毅说，这个系统充分考虑了现场作业的“痛点”，同时在设计系统架构等方面考虑了将来可拓展性，在下行车间试用成功后将进行全面开发，实现全岗位可视化标准作业指导。

单位的支持、团队的协作、家人的理解，让曾湘毅的事业之路越走越宽。

⊙曾湘毅对柳州南站的网络设备进行维护。 李俊雄/摄

昔日的电算室已更名为信息技术科，他也从系统管理员成长为了科长、团队带头人。

一分耕耘一分收获。20多年里，曾湘毅先后自主或带领团队研发了车站职教管理信息系统、职工教育手持记录系统、运输效率分析系统等30多个系统，保证了运输“心脏”搏动有力，降低了职工的作业强度，节约了企业管理成本。

企业管理和现场作业的需要，就是曾湘毅奋斗的动力。

采访手记

把爱好融入本职工作

采访中，曾湘毅多次提及，“玩”计算机是他的兴趣爱好。转眼二十三载，他一直专注于信息化钻研，可谓硕果累累。支撑他的，源于爱好，而不止于爱好。

因为爱好，所以专注。他办公桌上整齐码放的业务书籍中，每本都有详细的批注；他的电脑里，有多种未开发完成的程序，以及各种系统的初级模型；他的手机里，记录着偶尔迸发的小灵感、金点子，以及临时写成的代码。

因为爱好，所以担当。每次遇到重大课题攻关，他总会主动领题、废寝忘食，并全身心投入其中；每当遇到系统故障职工求助时，他热心相助、从不懈怠，以最快速度处置；每当遇到技术难题无法破解时，他总是沉着冷静、思维缜密，以精湛的技术化解。

把工作变成爱好，是工作的最高境界。曾湘毅说：“当你爱上这份工作，自然就会快乐工作，一定会竭尽全力把工作做到极致。”

（原载2018年10月9日《人民铁道》报A1版）

匠心筑梦绽芳华

雷　立　女，汉族，中共党员，1970年4月出生，1990年10月参加工作，现任中国铁路成都局集团有限公司成都动车段成都东动车运用车间技术室副工长兼探伤班工长，“雷立劳模创新工作室”和“雷立技能大师工作室”负责人。她创立的“校、洁、全、比、验”动车组空心轴超声波探伤“五字”作业法，在全路推广应用。雷立创新探索信息化探伤模式，带领技术骨干完成27项技术发明革新。她编制的《探伤设备使用指导书》成为探伤职工作业时的“掌中宝”。她曾先后获得全路技术能手、铁路工匠、全国五一巾帼标兵、全国五一劳动奖章等荣誉。

匠心筑梦绽芳华

——记中国铁路成都局集团有限公司成都动车段成都东动车运用车间技术室副工长兼探伤班工长雷立

记 者 傅洛炜 通讯员 周 兵

⊙动车车轮探伤作业前，雷立在认真检查车轮表面状态。
曾毅然/摄

11月7日，中国铁路成都局集团有限公司成都动车段成都东动车运用车间检修库内一片繁忙景象。头戴蓝黑色工作帽，身穿深蓝色工装的该车间技术室副工长兼探伤班工长雷立正在现场指导徒弟给一列动车组做轮轴探伤。

雷立自从事探伤工作以来，以匠心构筑梦想，在岗位上坚持“每一次都是第一次，第一次就要无缺陷”的安全理念，潜心钻研、不断创新，填补普速列车探伤工艺空白，创立“校、洁、全、比、验”动车组空心轴超声波探伤“五字”作业法，探索开发信息化探伤模式，先后发现并排除30多起典型或重大列车轮对故障，实现了28年探伤无缺陷。她把青春奉献给热爱的探伤事业，绽放出巾帼工匠之花的美丽芳华，为西南铁路动车组列车运行安全贡献了自己的力量。

填补普速列车探伤工艺空白

1990年10月，刚刚参加工作的雷立被分配到成都车辆段轮对探伤组做探伤工，开始了她的职业生涯。

成都车辆段检修车间原记工员刘玉珍是雷立的师傅，提起这个徒弟便赞不绝口。踏实、好学、不怕苦、勇于钻研创新是雷立给刘玉珍留下的深刻印象。

在学习中，热爱探伤工作的雷立不懂就问、敢于实践，肯下功夫钻研，跟着师傅们一起学工艺。很快，她从对探伤一无所知到逐步熟悉掌握超声波探伤和磁粉探伤技术，并在1995年光荣入党，成长为独当一面的探伤能手。

在工作中，爱岗敬业的雷立多次发现重大裂纹缺陷。在长期的探伤实践中，她勇于创新，认真探索总结普速列车探伤的工艺和方法，提出的“裂有长短、孔是一点、杂波乱动、透锈一片”“十六字”探伤法至今仍被广泛使用。她研发的短前沿K值探头，完全符合生产需要，填补了当时全路盘型制动轮对探伤工艺的一项空白。

创立推广探伤“五字”作业法

2010年，成都东动车运用所建成投用，雷立被确定为动车轮轴探伤工作的第一人选。已40岁的雷立毅然离开了普速客车探伤岗位，不惧困难，从头学

⊙雷立创新发明的探伤机接油盒，有效破解了工作中遇到的难题。　田　野/摄

起。通过刻苦钻研业务，她很快成为成都局第一个拥有动车组空心轴探伤证的探伤工，实现了从货车到客车再到动车探伤工作的三级跳。

那一年，雷立的女儿正处于小学升初中的关键时期，丈夫是检车乘务员，

⊙现场巡视、卡控关键是雷立每天的日常工作。 石本驹/摄

经常在外，老母亲又体弱多病……雷立家里单位两头跑，面对从手工探伤示波分析到自动探伤电脑分析的技术跨越，她夜以继日挤时间学习，不断总结动车组探伤的特点、风险超前防控重点和按标作业的规律，创立了确保动车组空心轴探伤质量的“校、洁、全、比、验”“五字”作业法：校，每天工作前按工

艺标准调试七个探头，将试验样轴上的13个缺陷全部检测出来，确保设备状态良好；洁，探伤前仔细清洁轴内壁，保证探头所到处内孔壁无油迹、污物、锈迹、异物等，防止损伤探头或影响检测结果；全，探伤过程全程盯控，确保没有遗漏探伤面；比，发现疑似缺陷显示时，按标准对波型、波幅、灵敏度等逐一进行对比；验，完工后再次校验设备，要求波幅、灵敏度都达到工艺要求，并且一次通过，否则当天探伤的轮对必须全部返工重探。

"校、洁、全、比、验"字字千钧，实现了安全风险超前防范、探伤过程全面受控，确保了探伤质量无缺陷、零故障。

严格按程序作业，是雷立探伤作业雷打不动的标准。记者问她哪个步骤最重要，她说，每一次都是第一次，第一次就要无缺陷，每一步都重要，任何疏忽都可能引发事故。

雷立是这样说的，也是这样做的。探伤设备"校"为先，开工校验是探伤工作的第一步，只有保证设备状态100%良好后，雷立才会到现场探伤，开始下一道作业程序。2012年2月3日，雷立在开工校验时突然发现数据库丢失，而厂家远在北京，坐飞机来也要到第二天。她硬是给厂家打了一个电话又一个电话，边学边问边摸索，直到当天22时才完成数据库重建，保证了第二天的生产需要。

只要探伤仪一挂上空心轴，平时活泼开朗的雷立就一脸严肃、目不转睛地盯着屏幕，进入一种忘我的工作状态。2010年7月28日，她在对一组CRH1A型动车组进行探伤时发现其中一条空心轴存在三个内部缺陷，并且都比较隐蔽。她通过降低灵敏度、换轴端面探伤、手动检测等多种方法反复探测，用了三个多小时最终判定其中一个缺陷当量已超过三毫米，并做了换轮处理，排除了隐患。

探伤"五字"作业法凝聚了雷立20多年的心血，是实现标准化作业的秘籍，大大提高了探伤效率，成为排除动车轮对故障的法宝。2013年4月1日，中国铁路总公司在成都召开动车探伤经验交流会，全面推广雷立探伤“五字”作业法。

技术革新研发信息化探伤模式

2014年，“雷立技能大师工作室”和“雷立劳模创新工作室”相继挂牌成立，工作室的大多数成员都是雷立带出的技术尖子。在雷立的带领下，该工作室围绕动车检修难题开展工装改造和技术革新。在四年的时间里，他们完成了“空心轴探伤机进给机构端盖保护套”“空心轴探伤工具小车的定置和材料配送改进”“不落轮镟床常见故障总结与处理方法”三个技术创新课题，创新完成“CRH380D型动车组裙板确认勾引工具”“车头雨刷臂更换工具”等27项发明，解决了诸多现场技术问题，大大提高了动车运用检修效率。

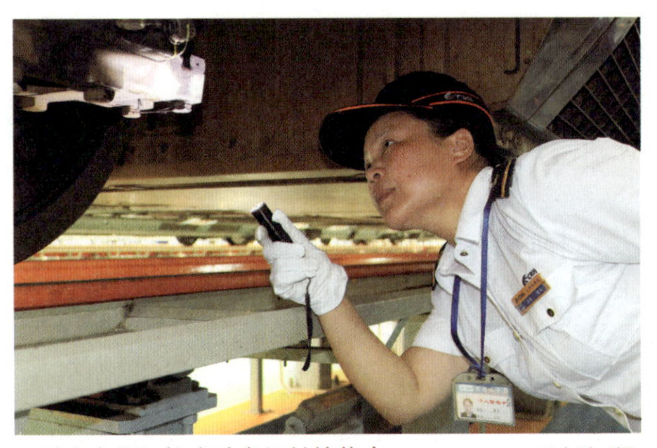

⊙雷立在仔细检查动车组轴箱状态。　石本驹/摄

面对近几年高铁动车组技术快速发展的趋势，雷立勇于担当、迎难而上，主动兼任车间技术室副工长。她不仅牵头编制《探伤作业指导书》和《空心车轴探伤缺陷的判定及处置方法》，还创新研发信息化探伤新模式，积极组织探伤班生产骨干对配属的五种车型、三种技术平台共130组动车组空心轴和库存34条空心轴履历进行电脑录入，建立数据库，实现了对空心轴健康状况的大数据分析和追踪，有效提高了空心轴运用效率，促使动车探伤更加规范化、科学化、信息化，科学有力地确保探伤质量。

秉承工匠精神培育技术精英

“雷立劳模创新工作室”除了攻关创新外，还有一个职能就是传技育人。雷立将“五字”作业法编成口诀让职工易懂易记。在工作中，她毫不保留地传授技术，指导班组新职工逐步掌握探伤作业中11个项目29个作业步骤，通过标准化操作保证正确结果，让标准化作业成为探伤人员的职业习惯。

面对新职工，雷立耐心教学，注重实战，工作现场就是教学的课堂。新职工跟着雷立学，秉承“每一次都是第一次，第一次就要零缺陷”的工匠精神，克服各种困难，逐渐成长为探伤工作中的技术精英。学员熊高龙刚开始接触超声波探伤时基本一窍不通，无从下手。雷立每逢探伤作业，就将熊高龙带到现场进行教学，悉心指导，很快熊高龙就开窍了。熊高龙上岗作业后，多次发现

⊙雷立向徒弟们传授动车组探伤要领。　　曾毅然/摄

动车组轮对缺陷，现已成长为车间骨干技术员。四年间，雷立带出的近百名徒弟在全路和成都局集团公司各项技术比赛中成为“常胜将军”，雷立也因此声名远播，被职工誉为“探伤精英孵化师”“疑难杂症会诊师”和“技术创新发明家”。

持之以恒孜孜追求，匠心筑梦硕果累累。雷立在高铁动车探伤领域的突

出表现受到了各级组织的肯定和广大铁路职工的追捧。她先后当选四川省第九次、第十次党代会代表，获得全路技术能手、铁路工匠、全国劳动模范等荣誉称号。

采访手记

为她雷打不动的习惯点赞

记者曾多次采访雷立，发现她不仅有不断探索创新的韧劲，还有个雷打不动的习惯：虽然每天做的是同样的工作，但每一次雷立都会以百分之百的专注，忘我投入其中。

“每一次都是第一次，第一次就要无缺陷”，这是雷立持之以恒坚守的工作标准，难能可贵的是她每一次都能做到一丝不苟查隐患、做到产品无缺陷，确保了动车组运营上线绝对安全。

人品铸就精品。正是雷立这种爱岗敬业、持之以恒、精益求精、不断创新的工匠精神，创造了她28年探伤产品无缺陷零故障的奇迹。这种对工作的极致追求，对产品质量精益求精，是对工匠精神的最好诠释。让我们为新时代的铁路榜样雷立点赞！

（原载2018年11月19日《人民铁道》报A1版）

小锤敲响安全曲

陈向华　中国铁路昆明局集团有限公司昆明北车辆段货车检车员，1974年出生，1991年入路，2004年加入中国共产党，曾获得全国劳动模范、全国五一劳动奖章、云南省劳动模范、云南省货车检车员技术状元、全国铁路首席技师、火车头奖章、全路技术能手、云岭首席技师等荣誉，2018年荣获中国铁路总公司铁路工匠称号。

小锤敲响安全曲

——记中国铁路昆明局集团有限公司昆明北车辆段货车检车员陈向华

记 者 郭薇娜 通讯员 王悦冰

⊙陈向华瞭望技检完毕始发的列车。 龚宇翔/摄

6月29日，清晨的第一缕阳光刚刚从山尖溢出，整齐排列的铁路股道就泛起了耀眼的白光。昆明东站，这个云南最大的黄金“旱码头”在朝阳下呈现出一派“金戈铁马”的景象。

每天，在这里停靠进行运用维修的铁路货物列车车轮与轨道的碰撞声、检车员作业的敲击声、对讲机的呼唤声此起彼伏，仿佛在演奏一首激昂慷慨的铁路运输交响曲。

“演奏场”上，一个专注的身影和他独特的“乐器”十分引人瞩目。只见他蹲下身子，抬头45度，锤击点检车辆底部各零部件。胸前，党徽迎着朝阳照亮了古铜色的脸庞，身后，小锤敲出的安全乐曲悦耳动听——他就是中国铁路昆明局集团有限公司昆明北车辆段货车检车员陈向华。

肩负重任的“拆弹专家”

在外行人看来，陈向华从事的货车检车作业十分单一枯燥，且技术要求低。亲身体验过后才知道，一辆车的检查项点有数百个，作业人员要随时起身下蹲，不但对体力是极大的考验，而且要熟练掌握不同车型的构造差异和检修关键，才能在短短五分钟的技检时间里做到尽善尽美、不出差错。

作为家里的第一个铁路人，1991年刚入路领到检车锤时，陈向华对铁路工作的一切都充满好奇。然而，最初的新鲜感过后，剩下的便是日复一日枯燥的练习和敲打。由于年轻气盛，对铁路运输安全的重要性认识也不足，当时的陈向华只满足于按部就班作业，并没有真正意识到检车员工作的重要性，直到亲眼看见了一次令他终生难忘的行车事故。

那是1992年8月，成昆线发生了一起因热切轴导致的列车颠覆事故，入路不满一年的陈向华跟随师傅去抢险。到达事故现场，看到颠覆的列车横七竖八地倒在线路两旁，陈向华十分震惊，开始对自己工作的重要性进行深刻思考。

抢险结束返回岗位后，陈向华增强了工作责任心。但在他师傅眼中，徒弟的责任心仍然欠“敲打”。在一次长大货物列车检修作业中，因为担心技检超时，陈向华有些慌乱。师傅发现他作业标准执行不到位后，赶紧跟在后面帮他

⊙陈向华（左一）在为新职人员讲解货车轮对量具的测量方法。 许崇官/摄

复检。作业完毕，陈向华睁大眼睛顺着师傅手指的方向望去，制动梁端轴上一条细长的裂纹赫然出现在眼前。

“眼到、锤到、心到！这是检车的秘诀，你知道把这条裂纹放出去的后果吗？你作为检车员发现不了车辆故障，就等于是在列车上安了一颗‘定时炸弹’！”师傅严厉的话语重重敲打着陈向华的心。回想起前不久那场惨烈的事故，他深切地感受到了手中检车锤的分量。也就是从那时起，他把自己当作了“拆弹专家”，时刻提醒自己检查处处到位、标准一丝不减、隐患一个不漏，绝不能让“定时炸弹”威胁行车安全。

勤学苦练的“妙手仁医”

沉下心苦练基本功的陈向华，开始认真提升自己给车辆诊断治病的本领。他每天带着小本子在现场观察、思考和记录。他把成为一名高明的“车辆医生”作为自己努力的目标。

为了尽快成为一名“妙手仁医”，他努力练习自己的“医术”，常常利

⊙陈向华（左一）对车间班组业务骨干进行现场技术教学。　　许崇官/摄

⊙陈向华在狭窄的货车车辆底部检查制动梁。　王悦冰/摄

用下班时间在练功场反复按标准锤炼，务求检查的准确性不断提高。

随着运输生产的日益繁忙，人们对检车的时效提出了更新更高的要求，检车员之间经常打趣说：“检车不是走，而是跑和跳，是不断地和时间赛跑。”陈向华更是如此，为了练就快且准的检车本领，陈向华和自己较上了劲。

作业场上，别人一锤而过的车辆，他总要多敲上几锤；别人探身看看的部位，他硬要趴下多看几眼；别人绕车两圈就完成的技检作业，他总要复查确认一遍。陈向华的安全检修成绩一天天叠加：月度无漏检、季度无漏检、年度无漏检……

为不断提高自己发现故障隐患的能力，陈向华无论在岗上班，还是休班在家，总是抓住各种时机勤学苦练车辆检修和故障处理知识和技巧。下班后，寂静空旷的练功场，总会有陈向华练习时清脆的“叮当”声执着地延续到深夜；节假日，他主动放弃休班，积极参加车辆救援、车辆大故障抢修等工作……

一路耕耘，辛勤的汗水在他走过的路上浇灌出了累累硕果。

2004年，工作13年的陈向华完成了28.8万辆铁路货车的安全检修，发现9000多个安全隐患，解决2000多个典型故障，成为这个段唯一实现连续十年无漏检的金牌检车员。

“对工作负责，就是对自己的人生负责。”这是陈向华的人生和工作信条。

就是在这一年，陈向华成为一名共产党员。始终怀以初心，敬畏工作的他以饱满的工作热情、扎实的工作作风、优异的工作成绩，时时处处发挥着共产党员的先锋模范作用，赢得了广大干部职工的好评，彰显了一名共产党员的先进本色。

突出的成绩也让他实现了自己的华丽转身。他先后获得全国劳动模范、

⊙陈向华（左二）在技能大师工作室向工班长讲解工具创新改造过程。 王悦冰/摄

全国五一劳动奖章、云南省劳动模范、云南省货车检车员技术状元、全国铁路首席技师、火车头奖章、全路技术能手、云岭首席技师等荣誉。他用每天数千次的锤起锤落、每个班数千米反复巡检和一把二尺锤弹奏出自己人生的动人乐章，把自己打造成了一名车辆检修的“妙手仁医”。

善于思考的“创新能手”

源于对工作的热爱和对货车车辆构造的熟悉，已成为行业佼佼者的陈向华对工作有了新的更高的目标。他开始不满足于参照别人的标准，而是希望能把自己思考提炼的经验诀窍形成方法措施供大家学习借鉴。于是，以不断提升货车检修质量、建立科学规范作业流程为目标，陈向华努力开启了一条由掌握标准向创造标准转变的创新之路。

陈向华的徒弟朱逵还记得，在一次脱产培训中，一天的劳累过后，他把扳手遗忘在了练兵场，只得不情不愿地回去取。没想到，他大老远就看到一个身影在车辆旁一会儿蹲、一会儿爬、一会儿仰、一会儿卧，有时钻进车底，有时在车旁飞奔，落日的余晖把这个人的身影时而拉长、时而变短，各种莫名其妙的“动作招式”就像在练一套“旷世奇功”。

“这不就是师傅陈向华吗？作为全车间技能培训总教官，怎么还需要利用下班时间给自己开小灶？”朱逵忍不住心中疑惑，上前询问。原来，陈向华正在给传统的货车技检28步作业标准“挑刺”。结合铁路货车技检作业点多分散、费时耗力、稍不小心就会漏检漏修的实际，陈向华决心根据自己多年心得，对比传统的检车标准，梳理探索更为准确高效的检车步骤。

几个月后，陈向华果然梳理出车辆六大部位、156个必检点，将其绘制成单车技检作业23步流程图，让长久以来“盲人摸象”式的检车作业变得标准规范，故障发现率提高了300%以上，单车技检作业效率提高200%。这个新的作业法在各运用车间推行使用至今。

⊙陈向华（左一）提示工班长安全工作要点。王悦冰/摄

在多年的工作中，陈向华不断学习、总结和改善，先后总结出车辆交叉支撑装置五字检查法、制动梁闸瓦厚度差检查法、人力制动机检查判断处理方式、列车软管连接器检查法、车列（车辆）常用紧急快速检修法等十多项作业法，不断改进传统铁路货车运用检修模式，被全路各兄弟单位作为经典教案广泛应用于检车员岗位技能培训、现场检修作业中。

他还发挥车辆人的巧匠精神，结合现场作业实际，和工友们一起动手，取得闸瓦托磨损处理专用扁铲、车辆脚蹬变形处理套装及互钩差超限、闸瓦过限故障处理专用工具等数十项技术创新成果，提高了现场车辆故障处理能力，有力确保了车辆的安全运行。他所在的昆东上行运用车间也因此获得中国铁路总公司授予的“十强货车列检作业场”荣誉称号。

育人育才的“辛勤园丁”

走进昆明北车辆段陈向华火车头劳模创新工作室，各类铁路货车专用工具、机械设备、工装设施的模型陈列在房间一侧，几个人围着中间的工作台正在紧张忙碌地工作，偶尔会听到机器研磨声和焊接物件的“滋滋”声传来。

为更好地支持陈向华开展技术创新、培养技术人才，2014年，这个段以陈

⊙陈向华（左二）用模型详细讲解货车车辆构造，便于职工理解记忆。 王悦冰/摄

向华名字命名的技能大师工作室应运而生，并在2016年凭借丰富的现场技革创新成果，被总公司评为“火车头劳模创新工作室”。

“工作室成立之初大家就达成了一个共识，就是新时代的劳模不应该只是出力流汗的‘老黄牛’，必须要走创新之路，要走育人之路。”陈向华说。

陈向华喊出了“强本领、勤攻关、传绝技、带高徒”口号，着力将工作室打造为具有辐射效应的学习型人才培养平台。针对队伍结构和人员的特点、专长，陈向华认真为每名成员量身制作“成长套餐”，通过分解技术革新课题，工作室成员带领徒弟采取专家授课、头脑风暴、集中研讨等方式完成课题攻关，不仅充分发挥了团队优势，也激发和释放了成员们的个人潜能。全新的创新工作模式，也在各课题组间形成了“攀比”攻关进度、PK攻关质量的氛围，老师傅细心严谨“传帮带”，年轻人虚心专注“比学超”，全员创新和学习热情不断提升。

多年来，工作室先后完成了更换摇枕弹簧便携式工具、便携式单车试验机等科技创新项目42项，完成车辆空气制动故障调查处理等技术革新改造128项次，取得“橡胶管收集装置”“遥控自动推轮装置”两项国家实用新型专利。这些科研成果不仅为企业发展提供了不竭动力，更使队伍得到了锻炼、技能得到了提升。

2008年担任车间技能培训总教官以来，陈向华指导培训的多名青工在全路货车运用系统职业技能竞赛中获得单项第一的好成绩，而他在生产现场开设的“劳模课堂”，使700余名现场职工得到了劳模技能的真传。尤其是劳模创新工作室的成立，为更多年轻有为的职工搭建了实践展示的平台。多年来，陈向华共培养了15名获得云南省五一劳动奖章、全路新长征突击手等荣誉的“蓝领骄傲”，用“劳模精神”点亮了一方智慧天空。

“检车员的人生注定是在阳光下书写的。经得住大自然的风霜雨雪，熬得住四季的冷热交替，活出太阳的激情，一点点给自己的人生增加厚度，我们的路才会走得更远。新时代，交通强国铁路先行是每一个铁路人的责任，我会矢志不渝地将这份初心进行到底。”看着飞驰而过的列车，陈向华极目远眺，心中奏响一曲用小锤敲出的劳动乐章。

采访手记

平凡“锤”就不凡

以锤为笔，陈向华凭着努力书写的一个个检车数字，不仅体现了一名劳动者的荣耀，更体现了一名共产党员的责任与担当。通过27年如一日的努力与坚持，他一次次实现了自我超越，一步步从一名铁路车辆门外汉蜕变为内行眼中的“技术大拿”，在平凡的岗位上成就了自己的梦想。他用持之以恒、精益求精和勇攀高峰的故事，展示出一名平凡的铁路人在平凡的岗位上成长，完成自我历练、实现自身价值的生动履历。如何用平凡锤炼不凡？陈向华正在用他的小锤用心作答。

（原载2018年7月4日《人民铁道》报A1版）

爱桥痴桥　初心不忘

陈忠祥　中国铁路兰州局集团有限公司定西工务段陇西桥隧车间桥隧工，国家级铁路桥隧工技能大师工作室负责人，目前全国铁路系统唯一的桥隧工首席技师。1960年9月出生，1980年参加工作。入行38年以追求卓越、敬业乐业、精益求精、忠诚感恩的精神，完成了从“门外汉”到“桥隧大师”的华丽转身，获得全国技术能手、全国五一劳动奖章、甘肃省陇原技能大奖、中国铁路总公司铁路工匠、火车头奖章等多项荣誉，享受国务院政府特殊津贴。2004年12月，他与新时期工人明星许振超等180名新时期工匠共同受到国家领导人的接见。

爱桥痴桥　初心不忘

——记中国铁路兰州局集团有限公司定西工务段桥隧工陈忠祥

记　者　杨军　特约通讯员　强　科　通讯员　张俊峰　张涛

⊙陈忠祥在检测宝兰高铁桥梁支座。　　杨　军/摄

他是中国铁路兰州局集团有限公司第一批电力机车乘务员，1984年调到原陇西工务段，当上了工务系统一名机械钳工。而今，他是全国铁路屡立战功、赫赫有名的铁路桥梁专家和“大国工匠”。他就是定西工务段陇西桥隧车间桥隧工陈忠祥。

从一个毛头小伙子，成长为全国技术能手，从名不见经传到技能大师工作室的领军人物，34载似水流年，从24岁立下初心，到58岁双鬓斑白，陈忠祥坚持所选，干自己所爱，让相伴的事业和人生的价值得以无限延伸，让毫米不差、精益求精、追求卓越深深镌刻在陇东山区的铁道线上。

“当工人就要当最好的工人”

面对工务系统枯燥的工作岗位和陌生的工作环境，陈忠祥困惑过、迷茫过。“混日子”的思想也曾在他的大脑深处徘徊过。“当工人就要当最好的工人。”老师傅的一句话，激励着他从最基础的工作一步步干起。通过勤学苦练和老师傅的言传身教，他很快就掌握了桥隧养护一整套技术，在生产上独当一面。

机遇总是留给肯努力的人。1989年，兰州铁路局承担了酒泉卫星基地铁路专用线钢桁梁桥大修任务。一天，日本进口的空压机突然“趴窝”停止作业，面对“洋玩意儿”，老师傅一筹莫展。

“我试试！”陈忠祥站了出来。他开始“庖丁解牛”，一遍遍拆装空压机，利用排除法找寻故障点。害怕搞混零件位置，他就一个个编上号码，边比对、边琢磨，经常弄得满身都是机油。第三天，细心的陈忠祥终于找到病因，排除了故障，比原计划提前42天完成了大修任务。从此，他也吃上了老师傅的技术“小灶”。

就这样，在“大腕”名师的指导和自身的不懈努力下，陈忠祥的学艺之路迈上快车道，不到两年时间，就精通了“三喷一锚”等桥隧大修养护一整套技术，成为一名技术尖子。

1993年，陈忠祥先后在兰州铁路分局、兰州铁路局工务系统大比武中夺得个人全能第一，同年被推荐参加全路第四届青工技术大比武，取得了第八名的

⊙陈忠祥带领工作室成员进行课题攻关。 屈新妮/提供

好成绩。

2004年，在获得全国技术能手荣誉称号后，陈忠祥写下这样一段话：“我反反复复地问自己，为什么会得到这一切？答案只有一个，那就是我的身边有许许多多的好人，是他们多少年来对我无私的帮助和关心，才有了我的今天！传帮

⊙陈忠祥在观察桥梁模型。 屈新妮/提供

带是我最应该做的。”

要实现快速发展，需要有一大批技术精湛的技术工人。陈忠祥最大愿望就是为兰州局集团公司培育出更多的“铁路工匠”，把他的技术传承下去。

为了调动职工的学习热情，陈忠祥常常以作业现场为课堂，以单项作业为内容，用多方位的引导方法促使职工在干中学、学中练。在定西工务段提前介入宝兰高铁期间，陈忠祥共组织开展高铁适应性培训56次，完成桥隧工培训351人次，参与高铁“三个百分之百”考核培训3期。此外，他还开设“微课”，在微信平台为职工推出系列培训，助力青年职工技能的提高，并及时为现场职工答疑解惑，解决工作技术难题。

窍门就是严格执行工艺标准

落实标准是我们保证安全的必经之路。只有将各项标准都落实到位，我们才有可能减少故障、保证安全。工程质量达标没有别的窍门，关键就是严格执行工艺标准。

在宝兰高铁介入检查工作中，陈忠祥一次次爬上几十米高的桥墩，一遍遍进入寒冷刺骨的隧道进行精心检查。他和团队成员走遍了宝兰高铁59座桥梁、37座隧道，检测了近万个桥梁支座，对156公里隧道进行逐米敲击检测，先后检查出桥梁方面问题5343个、隧道方面问题22097个，对检查出的各类桥隧问题及时进行逐一整治。通过现场介入检查的实践，他和团队成员积累了一整套高速铁路前期介入和静态验收的工作方法、经验，为高铁开通运营后的检养修工作奠定了良好基础。

他常对工区职工说，高铁时代要牢固树立“高铁安全无小事”的思想，每一项工作都要严格执行中国铁路总公司、兰州局集团公司相关专业技术规章要求。他坚持标准、一丝不苟、追求完美的工作态度得到监理、建设单位的认可。有些工程单位的领导向他发出邀请，给予高薪待遇，都被他婉言拒绝了。陈忠祥深情地说：“我是铁路培养出来的，拥有的技术和获得的荣誉不仅仅属于我一个人，更属于工务段，我必须和兰州局集团公司在一起。”

多年来，他致力于全局集团公司工务系统高技能人才教育培养工作，积极开展技术交流和业务培训，完成桥隧、线路专业相关的局级、站段级培训98期，授课2768课时，培训学员8026人。另外，他参与全局集团公司线桥技术骨干培训班四期、技术交流协作三次、局集团公司科技成果推广活动一次。经他辅导培训晋升为技师、高级技师的人多达100余名，他带出了四名全路技术能手、十几名兰州局集团公司优秀技能人才和兰州局集团公司技术能手。

这些年来，他编写和主编出版了《桥隧单项作业标准》《桥隧工岗位必备技能》《桥隧工星级达标》等技能培训教材；在《中国培训》等刊物发表技能培训论文三篇，其中两篇论文获奖。

2017年，他牵头负责的工作室被命名为示范性劳模创新工作室。作为领头人，他觉得肩上的担子更重了，誓言要把所学的知识都教给年轻的下一代，培养出更多的技术工人，让工匠精神血脉传承。

一线才是最大的创新舞台

随着兰州局集团公司步入高速时代，大量新设备、新技术、新材料、新工艺的应用给铁路工务养护作业带来翻天覆地的变革。面对新的形势和任务，陈忠祥深刻认识到：线路质量是工务的饭碗，线路安全是工务的命脉。“以精良、优质、稳定的线路质量确保安全畅通，对于我们来说就是实现了最大的效益。”他说。

“技术创新并非实验室独有，一线才是最大的创新舞台。”这是陈忠祥时常挂在嘴边的一句话。2004年6月，他发现陇海线1487公里474米处南河大桥安装的板式橡胶支座中有四孔梁的七个支座处于悬空状态，严重危及行车安全。按常规，整治这样的病害不仅需要中断行车，而且还要耗费大量资金。他大胆提出运营线不封锁线路整治桥梁支座病害的方案，采用新开发的WS混凝土黏合剂砂浆进行捣垫，在不中断行车的情况下破解了支座悬空的难题。

多年来，他创建的更换K型扣件三步作业法有效解决了运营线钢梁桥明桥面大修中的行车安全和作业质量问题，被兰州局集团公司广泛推广使用；研发的小型双面筛沙机改变了传统筛沙机效率低、耗电量大、占用场地大的弊端；发明的桥枕钻孔机极大地提高了工作效率和作业质量，使桥枕加工优良率从80%提高到了98%，降低能耗约33%。此外，他还优化了套箍整治混凝土桥墩风化病害工艺、新运营线桥梁支座首次维修工艺等多项桥涵病害整治工艺。

2010年，在陇海线36座圬工梁桥的护轨改造施工期间，他归纳整理出了Ⅱ型混凝土轨枕护轨间距改造的几个关键技术要领，革新小工具两件，创造经济效益

26.4万元。2011年，针对陇海线旧圬工梁泄水孔过短造成梁体腹板混凝土开裂、主筋锈蚀等病害的实际，他提出了圬工梁泄水孔接长改造新方法，取得良好效果。

宝兰高铁桥梁采用目前最新球形钢支座。面对新产品，陈忠祥和建设、施工单位的诸多技术人员对安装标准和精度要求都不够熟悉，因此施工中多次出现质量问题。面对此种情况，他和团队成员对桥梁支座的设计原理、安装应用等进行研究，花费近百个小时做动画、制作PPT课件，先后举办多次系列专题讲座，并近百次到现场指导。同时，他带领大家开展“客运专线桥梁支座转角快速检测创新”课题立项攻关，总结提炼出了高速铁路桥梁支座转角4定4测2点检测法，有效解决了检测效率低、检测不完整和检测数据不全面等问题，提高了桥梁支座的测量精度和速度，赢得多方高度评价。

⊙陈忠祥在桥上进行观测。 屈新妮/提供

近年来，组织上多次让陈忠祥从事车间管理工作，他都婉言拒绝了。“一个人只有坚持干一行、爱一行、钻一行、精一行，把‘责任’二字挂在心头，才能在平凡的岗位上创造不平凡的业绩。如果我从事了管理工作，就意味着要离开创新平台，整天忙于事务，势必影响我开展科技研发。”陈忠祥坚定地说。

58岁的他，虽然还有两年就退休了，但依旧满怀激情，穿梭在大大小小的桥梁间、隧道内，用自己的慧眼为桥梁、隧道“把脉治病”，用自己的实际行动守护渭水与陇山间的钢铁大道。他不忘初心，正继续为全面构建创新型、开放型、智慧型兰州局集团公司贡献自己的力量。

采访手记

他的舞台始终在这里

陈忠祥是职工学习的榜样，是职工眼里的“草根明星”，最重要的是，他坚持传道授业，致力于培养高技能人才，让工匠精神血脉传承。

记者采访发现，陈忠祥就是凭着一股韧劲和执着，当之无愧成为职工和领导口中的“大师”，成为中国铁路兰州局集团有限公司名副其实的安全功臣。记者感慨的是，虽然陈忠祥的工作能力早已超越了一线工人，但他的舞台始终在一线，他用自己博学笃志、勇攀高峰的经历证明，生产一线才是技术创新的源泉所在。

陈忠祥爱桥、痴桥，栉风沐雨，无怨无悔。在他心里，那一座座延伸的桥，就是他一生的追求。

（原载2018年7月21日《人民铁道》报A1版）

驻村的铁路“庄稼汉”

亚库甫·阿沙木都　中国铁路乌鲁木齐局集团有限公司驻和田县拉依喀乡达奎村工作队副队长，1981年7月出生，2001年11月入路，2010年8月加入中国共产党，曾获得乌鲁木齐局集团公司2017年度感动乌铁十大功臣荣誉、新疆维吾尔自治区开发建设新疆奖章。

驻村的铁路『庄稼汉』

——记中国铁路乌鲁木齐局集团有限公司驻和田县拉依喀乡达奎村工作队副队长亚库甫·阿沙木都

记 者 张家启

⊙在色格孜库勒村核桃标准化管理示范园内，亚库甫·阿沙木都（中）和村民商量防治病虫害问题。 关拥军/摄

金秋十月，和田核桃进入了采摘季节。在塔克拉玛干沙漠南缘的新疆维吾尔自治区和田县色格孜库勒乡色格孜库勒村，村民乌加阿卜杜拉·买买提在核桃标准化管理示范园内，一边组织大家采摘核桃，一边告诉记者："是亚库甫·阿沙木都带领我们实施标准化管理，让我们迎来了核桃大丰收。我们感谢这位来自铁路的'庄稼汉'。"

精准施策，开准药方拔穷根

和田县地处塔克拉玛干沙漠南缘，面积四万余平方公里，山区占95%、沙漠占3.7%、绿洲仅占1.3%，35.2万人口中，维吾尔族占99%。这里是全国"三区三州"重点贫困地区，也是新疆脱贫攻坚的主战场。

党的十八大以来，中国铁路乌鲁木齐局集团有限公司深入贯彻习近平总书记扶贫开发重要战略思想，认真落实中国铁路总公司党组工作部署，进一步加大对和田县的精准帮扶力度。摆在这个局集团公司党委面前的第一个问题，就是选好配强帮扶力量。

实现新疆社会稳定和长治久安总目标，达到“真脱贫、脱真贫”，把好钢用在刀刃上，打造一支乡亲们眼里的“精准扶贫的工作队”，是乌鲁木齐局集团公司首先要做的事情。

队员当代表，单位做后盾，一把手负总责。从2014年开始，乌鲁木齐局集团公司先后分五批，累计选派52名后备干部持续接力到和田县两个乡镇12个村驻村，驻村干部常年保持在34人。该局集团公司驻和田县拉依喀乡达奎村工作队副队长亚库甫 · 阿沙木都，就是其中一位。

37岁的亚库甫 · 阿沙木都是乌鲁木齐局集团公司阿克苏车务段俄霍布拉克车间副主任，2015年3月开始在达奎村驻村。

与其他驻村工作队成员一样，亚库甫 · 阿沙木都牢记使命，热情似火。从宿舍到田间地头，从铁路职工变身“庄稼汉”，他把以往对铁路工作的感情融入村民的生产生活中，积极发挥自身优势，改变当地的落后面貌。他和贫困群众住在一起、学在一起、工作在一起，抓党建、强“两委”，保社会稳定、促

⊙亚库甫 · 阿沙木都向村民宣传党的十九大精神。 关拥军、胡志刚/提供

脱贫攻坚。

达奎村有527户2239口人，种植核桃几乎是村民的主要收入来源。

摸准了精准扶贫的这个脉，亚库甫·阿沙木都联系新疆维吾尔自治区农业科学院，先后邀请三名专家到村里讲授农业种植、林果业病虫害防治知识，助力村民核桃丰收。

核桃是一种喜水的作物，遇到连续干旱的天气情况，要及时为它补水，否则会对核桃生长发育造成不良影响。

在乌鲁木齐局集团公司的支持下，驻村工作队决定为达奎村修建一条灌溉干渠。

这条干渠是达奎村最大的人工引水工程，要穿越沙漠、村庄，总长1.5公里，有三座桥梁及渡槽、六座水闸。对达奎村来说，修建这条水渠工程量大，还要占用良田，困难非常多。亚库甫·阿沙木都被任命为干渠施工总指挥。

⊙驾驶着农用电动车，亚库甫·阿沙木都带领村民去修水渠。 关拥军、胡志刚/提供

他每天和设计人员一起仔细研究干渠的走向，设计工程规划。为了把群众发动起来，亚库甫·阿沙木都与村干部一起做群众工作，在开工动员大会上，他带着铺盖卷，对村民发誓说：“我们大家一起干，水渠不修好，我亚库甫·阿沙木都决不离开你们。”

打那以后一连三个月，亚库甫·阿沙木都吃住在干渠施工工地上。

在工地上，亚库甫·阿沙木都是个大忙人。他既是指挥员，又是突击队长。平时，他见啥学啥，从设计测量到开汽车修机器，样样工作都能干。关键时刻，他无所畏惧，碰到困难，他想方设法去克服。

和田属于干旱荒漠气候，年均降水量只有五毫米，当地很少出现降雨天气。

2017年7月4日，和田突降暴雨，达奎村刚刚完工的水渠遭到袭击，险情不明。亚库甫·阿沙木都带着工程技术人员迅速赶到现场。为防不测，他不让别人下去，自己却跳进没膝深的渠水里，打着手电筒逐处查看。

三年来，亚库甫·阿沙木都先后组织修建了三条重要防渗引水干渠，解决了185户贫困户1000亩核桃的节水灌溉问题，为全村耕地实现水利灌溉网络化奠定了基础。

同时，亚库甫·阿沙木都多次与有关部门沟通，为达奎村联系架设了高压线，平整修建了一条通向外界的公路，为开发建设和田县立下了大功。

如今，达奎村流水潺潺，牲畜兴旺，生机盎然。达奎村已经实现了脱贫，这里有全村水利设施建设的一份功劳。

肩负重托，在他面前没有克服不了的困难

去和田驻村扶贫之前，有人对亚库甫·阿沙木都说：“驻村工作应该也没什么，一天到晚看看窗外的昆仑山，时间会过得很慢。驻村嘛，要耐得住寂寞，才能守得住繁华。”

而亚库甫·阿沙木都在驻村的每一天里，都觉得日子过得很充实，时间过得好快。他从一名普通的铁路职工，直接参与到了和田县扶贫攻坚、民族团结、人才引进等相关工作中，觉得很荣幸。以前，亚库甫·阿沙木都从未把自己和国家的政策如此密切地联系到一起。

站在办公室窗前，他确实可以看到远方的昆仑山，偶尔想起来看上一眼，却感觉昆仑山像是压在自己肩上的重担，亚库甫·阿沙木都总是希望时间过得

⊙核桃标准化管理示范园，倾注了亚库甫 · 阿沙木都的大量心血。 关拥军、胡志刚/提供

慢点再慢点，这样就能在驻村期间干更多的工作了。

就拿做群众工作来说，亚库甫 · 阿沙木都认为：不光要眼睛看得见，心里装得下，手上的工作更要忙得实。

谁家的老人生病了需要就医，谁家的瓜果丰收了还没有找到销售渠道，谁家的孩子成绩优秀却因家庭贫困为大学学费一筹莫展……亚库甫 · 阿沙木都在不知不觉中，把自己变成了让群众摆脱困难的贴心人。

几年来，乌鲁木齐局集团公司资助色格孜库勒乡实施葡萄立架改造、嫁接改良、葡萄定植和土地整理4300亩；建设了两座风冷保鲜库、210座葡萄晾干房；资助贫困户修建葡萄长廊3.5公里，户均增加葡萄种植面积0.6亩。

他们还在朗如乡和拉依喀乡扶持贫困户养鸡、养鹅，种植红枣、香梨、黑枸杞、和田土桃，贫困群众有了更多增收渠道。色格孜库勒乡现在是和田地区远近闻名的葡萄之乡，依托葡萄产业，全乡有658户2982人实现了脱贫。拉依喀乡经过铁路多年的帮扶，2016年全乡实现了脱贫。

这些成绩，都是亚库甫 · 阿沙木都及驻村工作队全体同志辛苦工作的结果。

“我的一对种鸽能卖1000元钱，一只羊能卖1500元钱，织一张地毯能卖1800元钱，家里种的菜、葡萄、无花果吃都吃不完”。三年前，奥布力艾山·奥布力还是名副其实的贫困户。亚库甫·阿沙木都与驻村工作队的同志们一起，帮助他开展家庭养殖、种植，还赠送他一台地毯编织架，为他申请了国家富民安居房，介绍他们夫妻俩到铁路希望中学当炊事员。如今他脱了贫，日子过得红红火火。

⊙在家访中，摘掉了贫困帽子的村民们，开心地与亚库甫·阿沙木都交流。

关拥军、胡志刚/提供

2015年以来，乌鲁木齐局集团公司在和田县实施“美丽庭院、幸福人家”庭院经济发展工程，资助五个村528个贫困户发展庭院经济，按照“五个一”标准规划庭院（建一座畜禽棚圈、搭一个葡萄架子、开一畦菜地、种一片果树、养一群鸡羊），实施特色养殖种植，让贫困户增收，走上脱贫致富路。

“大哥，我们乌鲁木齐局集团公司有民族团结一家亲微信群，我把你家要

⊙ “你家核桃质量这么好，不愁卖不掉。” 亚库甫 · 阿沙木都对乌加阿卜杜拉 · 买买提说。
关拥军、胡志刚/提供

销售核桃的信息已经发到几个群里了，你家核桃质量这么好，不愁卖不掉。”亚库甫 · 阿沙木都对乌加阿卜杜拉 · 买买提说。

“兄弟，你家是贫困户，我们可以帮助你申请助学贷款，学习成绩优秀还可以申请奖学金。习近平总书记都说了，幸福是奋斗出来的。你要加油啊！”亚库甫 · 阿沙木都对正在上大学的艾比布拉 · 如则买买提说。

看着村民一个个舒展开的眉头，亚库甫 · 阿沙木都的心里是那样踏实：原来，能够让普通群众了解到国家政策，帮助他们解决生活上的一些困难，自己的收获远远多于那有限的付出。

情注和田，让更多人聚拢在党旗下

达奎村、吉格代艾日克村都是和田县的贫困村，文化基础设施设备配置不全，村民文化生活相对匮乏。

“要想致富，首先要让大家在精神上脱贫”，这是亚库甫 · 阿沙木都给自己定下的目标和决心。

刚到达奎村的时候，村里很多贫困家庭的儿童冬天连一双保暖的鞋都没有，亚库甫·阿沙木都着急得天天上火。为了解决穿鞋问题，他多方寻求帮助，终于联系到了深圳花样盛年慈善基金会，为村里贫困学生捐赠了价值五万元的爱心鞋。

亚库甫·阿沙木都热爱体育，他每次看到村里的孩子们在尘土飞扬的土路上有模有样地踢足球，心里很有"想法"。

为了让村里的孩子们能真正地了解足球、能有更好的踢球环境，他自己做表率，发动亲戚朋友和社会志愿者筹资近万元，为村里爱踢足球的孩子购置了足球、球衣、球鞋等装备，建立了村里的第一支少年足球队。

为了让村民得到较好的医疗支持，亚库甫·阿沙木都联系和田县友好医院为村民们免费体检，发放各类药品100余种，价值两万余元，为45名患有皮肤病的儿童免费医治，发放了价值一万余元的药品，让村民们第一次体验到了全程化医疗帮扶。

2017年，在他的积极努力下，全国铁道团委和社会力量向达奎村捐赠了价

⊙亚库甫·阿沙木都与两名老党员谈心、交流思想。 关拥军、胡志刚/提供

值五万元的书籍、数台电视机和多台笔记本电脑。村民们第一次通过网络看到了外面的世界。

作为一名少数民族共产党员，亚库甫·阿沙木都始终不忘初心，不忘党的培养，牢记着自己的使命，致力于把党的温暖传递给更多的人。

晚上的业余时间，亚库甫·阿沙木都还承担村里国家通用语言文字的教学工作，成为村民们尊敬的老师。

⊙驻村工作队队员们在一起研究工作。 关拥军、胡志刚/提供

按照自治区的相关要求，亚库甫·阿沙木都精心指导驻村工作队党支部制订党员发展年度计划，将返乡青年、大学毕业生、致富能手等人群作为重点培养对象。他利用集中宣讲、入户走访，深入宣传党的十九大精神、党的理论和方针政策，鼓励和引导思想上进、表现积极的少数民族青年主动向党组织靠拢。仅2017年，达奎村就有4名积极分子被发展为预备党员，15名青年被列为积极分子，全村26名村民向党组织递交了入党申请书，为实施精准脱贫奠定了思想基础。

三年来，在亚库甫·阿沙木都的带领下，驻村工作队解决达奎村各类问题892个，村里233户贫困户有170户563人摘掉了贫困的帽子，贫困发生率下降至9.79%；核桃种植产业持续扩大，全村人员收入平均增加8000元；村里地面硬化面积增加28%，生活基础设施、文化设施得到全面补强，村民的幸福感增强。因亚库甫·阿沙木都在达奎村的出色表现，今年，组织又将色格孜库勒乡色格孜库勒村的扶贫工作交给了他。

矢志为民，奋斗不息。千余个日夜的浓情躬耕，让这个铁路人变身的“庄稼汉”更加坚定地投身于精准扶贫事业。“我还想留在这里为大家做更多的事，这些点点滴滴的小事，就是我践行党的十九大精神和铁路‘人民铁路为人民’宗旨的实际行动，一定要将交通强国铁路先行深植于村民的心底。”

帕拉提·阿沙木都是亚库甫·阿沙木都的同胞哥哥，看到弟弟的扶贫工作成绩，他也主动向乌鲁木齐局集团公司申请加入到驻村工作队中。如今，兄弟俩相互配合，共同努力，带领着各族群众脱贫致富。

“未来是美好的。为了我们美好的未来，亚库甫·阿沙木都忘我工作、奋力拼搏，受到了我们的尊敬。我们感谢铁路、感谢他！”乌加阿卜杜拉·买买提说出了发自肺腑的感言。

采访手记

严肃面容背后有颗温暖的心

亚库甫·阿沙木都有着一张严肃的面容，好像天生与笑无缘。采访他的时候，记者总是语气平和地问他问题。随着与他谈话的深入、随着在和田县接触的村民越来越多，记者发现，在亚库甫·阿沙木都严肃的面容背后，有着一颗温暖的心。

在达奎村体育运动场上，他与孩子们一起嬉笑着踢足球；在核桃园里，他细心地帮助村民捡起掉落在地上的核桃；在村民家里，他对老人热情地嘘寒问暖；在夜校的教室里，他不厌其烦地教村民们学习国家通用语言文字。

亚库甫·阿沙木都那张严肃的面容，饱含着自己肩负的党中央实施精准扶贫重任，饱含着国铁企业履行的社会政治责任，饱含着对每一个村民的关爱。在严肃的表情后面，是他那一颗温暖的心，一颗勇于担当的期盼的心。

（原载2018年10月18日《人民铁道》报A1版）

海拔4800米的“零误差”承诺

于本蕃　36岁，现任中国铁路青藏集团有限公司格尔木工务段望昆线路养护车间副主任。自青藏铁路开通运营以来，他发扬“挑战极限、勇创一流”的青藏铁路精神，先后带领所在车间职工在被称为“天路之巅”的唐古拉和玉珠峰等地区，担负起青藏铁路全线海拔最高、自然条件最差、灾害最多的冻土线路养护任务，用12年“零误差”的工作承诺保障了青藏铁路的安全畅通。

海拔4800米的『零误差』承诺

——记中国铁路青藏集团有限公司格尔木工务段望昆线路养护车间副主任于本蕃

记者 张艳 通讯员 桂连鑫

⊙于本蕃在处理完望昆站站场病害后，加强瞭望，严把列车安全放行关。 桂连鑫/摄

在世界上海拔最高、线路最长的高原铁路当"线路医生"，究竟是什么样的感受？中国铁路青藏集团有限公司格尔木工务段望昆线路养护车间副主任于本蕃的切身体会可能更为深刻。自2006年青藏铁路开通运营以来，于本蕃就在高寒缺氧的恶劣自然环境下，坚持在平均海拔4800米的唐古拉和玉珠峰等地区养护线路，一丝不苟地呵护着高原天路的每一寸钢轨。

扎根雪域高原

青藏铁路格尔木至拉萨段地处世界第三极的生命禁区核心地带。这里含氧量仅为平原地区的45%，昼夜温差大，年平均气温为−5℃，极端气温在−40℃左右。唐古拉山脉藏语意为"高原上的山"，蒙语意为"雄鹰飞不过去的高山"。"风吹石头跑，十里不同天；氧气吃不饱，四季穿棉袄"就是对雪域天路之巅唐古拉地区恶劣自然环境的真实写照。

2006年6月底，24岁的于本蕃初次来到雪域高原。一路上，牙膏从“躯壳”里钻了出来，薯片挤破包装集体“越狱”，小腿像灌了铅，头顶像上了锁，身边的一切事物在高海拔的魔力下，一一与于本蕃“较劲儿”。刚刚毕业不久的他，虽对未来懵懂却不怯懦，克服困难，跟随师傅开始了青藏铁路格拉段最高海拔线路区段的验收、维修工作。

刚来到唐古拉时的于本蕃和工友们住在临时活动板房，日常喝水吃菜都要靠汽车从格尔木送来，上个厕所还得提防棕熊、野狼等“高原伙伴儿”的“恶作剧”。尽管如此，于本蕃依然为能在世界铁路最高处工作而感到骄傲和自豪。不久后，面对极度艰苦的条件，部分职工打起了退堂鼓，申请调换工作岗位，于本蕃却毅然决然地选择留下。

青藏铁路开通运营后，维修补强工作需要跟踪落实，于本蕃每天工作十个小时以上，在线路区间作业时常常吃不上饭、喝不上水，可他从不抱怨，风雨兼程，履行职责。

12年里，他经历过无数次极端恶劣天气的挑战。印象最深刻的，是在2014年初的一个深夜，唐古拉地区突降暴雪，唐古拉至沱沱河间积雪厚度达40毫米左右。个别地段积雪上道，掩埋线路，唐古拉站内三组道岔正反位无表示。该段调

⊙于本蕃（右）在测量线路。 桂连鑫/摄

⊙于本蕃在线路上作业。 桂连鑫/摄

度第一时间下达整治命令，要求迅速查明原因，恢复线路畅通。于本蕃接到命令后，带领工友迅速出动，一路上，大家并无交流，将所有的气力都用在脚下。踩入积雪的吱嘎声和大伙儿粗重的呼吸声默契而统一。为尽快恢复线路，于本蕃不断加快步伐，可在快速攀爬路堤边坡时，一双“大手”突然紧紧掩住他的口鼻，在剧烈的心跳声中，于本蕃瞬间失去了知觉。“于主任晕倒了！”身后的工友迅速赶来，将栽入雪地的于本蕃扶起。于本蕃双眼迷离、嘴唇乌黑发紫，用微微颤抖的声音说：“我没事，不要管我。快上线路看看雪情，千万别影响行车。”没过一会儿，稍加休息的于本蕃又加入队伍，迅速投入现场整修工作中。

精检细修确保线路质量

“凡世之所贵，必贵其难。”扎根高原的精神高度，是由“零误差”精细检修的基石搭建而成。在日常线路巡查中，于本蕃对轨道上的连接螺栓也逐个检查，决不马虎。他每行走100多米，就会下意识地用脚踩踩路基，确保线路状态稳定。

2015年3月，于本蕃带领维护施工队伍冒雪前往青藏铁路布强格至唐古拉站区间巡查，在1386公里450米处发现路基不平。经测量，该段路基长15米，塌陷最大地段达20厘米，中间还有一条25厘米的裂缝。险情就是命令。时任车间技术员的他一边向调度报告，一边做好两端防护，调集所有机具、人员实施抢修。经过近五个小时的路基夯实，线路顺利开通。大雪始终未停，为保证列车安全通过，体力已严重透支的于本蕃毅然决定留守现场，严密监视整治路段状态。职工们看着于本蕃冻得黑紫红肿的脸，纷纷劝他多休息一会儿或派其他职工去盯控，可他坚定地说："我是党员，又是车间干部，多干点是应该的。"

不久前的一次施工中，摆在于本蕃面前的难题是如何把一台重达150多公斤的螺栓机抬上坡度近70度的坡道线路。"前面三人用绳子拉，后面六人抬。"几次试验后，方案最终确定。在于本蕃的指挥下，螺栓机被职工们合力抬上线路。

"别看我们用的工具有些笨重，干的可是精细活。我们要求轨距误差不超过两毫米、轨面高低起伏不超过三毫米。"于本蕃介绍，"冻土的承载能力不强，列车驶过时会对冻土造成压迫，钢轨很容易变得不平整，会影响旅客乘车舒适感。所以，我们不能有丝毫马虎大意。"

有研究表明，人在海拔4000米的高原上，相当于在平原负重20公斤，而海拔4500米以上的地区基本不适合人类居住。然而，在这条横亘在生命禁区的"天路"上，于本蕃却坚守了12年。据了解，每年车间管辖的线路大修及捣固机集中上线作业期间，于本蕃每天都要工作十个小时以上。线路出现问题需要紧急抢修时，他总能在最短的时间内赶到现场，直至处理完所有问题。

把脉冻土破解难题

当供氧列车平稳行驶在雪域"天路"上，旅客们被窗外旖旎风光震撼时，也会被那一闪而过的铁路职工所吸引。他们穿着醒目的对比服，在线路旁笔直地站成一排，为"天路"安全畅通默默坚守。

高原冻土地段线路维护是世界性难题，因温差造成的冻土消融和膨胀会对线路安全造成影响。于本蕃常年与冻土打交道，为收集第一手线路动静态资料，线路实时状态成为他最关心的问题。他采取徒步检查测量的方式，准确掌握青藏铁路格拉段冻土变化规律。检查时，他强忍着钢轨晴天的灼烫和雪天的冰凉，每隔50米就俯下身子目测检查，平均每个工作日徒步检查近十公里高海拔冻土区段，12年走行距离达2.16万公里。"高海拔，必须做到零误差。虽然工作累些、标准高些，但只有确保了安全，我和同事们的心里才踏实，晚上才能睡个好觉。"于本蕃朴实的话语中体现的是对青藏铁路安全畅通的责任。

12年间，于本蕃组织成立多个攻关小组，先后完成了高海拔地区线路"小坑"整修、减少冻土路基线路拨道回弹量、进一步提高软轴捣固机的捣固质量

等多项QC成果。在长期的高海拔线路设备检查整修工作中，于本蕃还总结提炼出看、测、析、敲、听、验的“六标”检修工作法，并在格尔木工务段进行推广运用。他坚持科学养修，定期检查病害突出区段路基变化情况，对比、分析气温变化及线路动静态规律性变化数据。同时，于本蕃积极组织职工加强线路精细化养护维修，开展线路病害攻坚整治活动，保证了线路设备质量的持续稳定，也使他所在的车间管辖设备质量始终处于全段前列。

“志之难也，不在胜人，在自胜。”作业结束回到海拔4850米的车间驻地，简单晚餐后，于本蕃会再次走进办公室，伴随着氧气流入湿化杯激起水

王明柱/摄

泡的咕噜声，开始对着电脑整理车间作业计划和工作安排。写字台上有一张他与妻子的合影，那时的他肤色白皙，与眼前黝黑的面颊形成鲜明对比。“这是2007年和妻子照的，现在确实黑了很多。”他笑着说。

工作之余，于本蕃还会抽出时间检查徒弟康琪的技术学习和业务知识掌握情况。康琪告诉记者：“于师傅白天在现场教我实作，晚上就通过提问和整理内业帮我巩固知识。”多年来，于本蕃与职工们同学习、同进步，并积极开展传帮带，使本车间整体工作效率不断提升，职工的综合素质得到全面提高。他所在车间的职工人人都能熟练检查线路设备，并且掌握所有检养修机械操作技能，具备单独负责处理线路病害的能力。

“条件虽苦不言苦，格拉线上写忠诚”是于本蕃的座右铭。12年的坚守、12年的奉献，雪域高原砥砺着于本蕃的青春奋斗，也见证着于本蕃的青春梦想。由于工作成绩优异，于本蕃先后获得铁路青年五四奖章、全国五一劳动奖章、火车头奖章等荣誉。

踏上新的征程，永远不变的是于本蕃的精神底色，“海拔高追求更高、风暴强意志更强”的他，在天路之巅行走出幸福的奋斗之路。

采访手记

天路在心中　平安在手中

采访于本蕃时，有一句话深深震撼了记者。记者问他，为什么从中原老家来青藏高原工作？他憨厚地笑着说：“因为来这里能有不一样的人生。”而记者觉得，他选择的其实不仅是生命的一段磨砺，更是党员的一份担当。在这份担当中，精神高地早已超越海拔高度，使得雪域高原与禁区艰险不再是人生的特殊限制，而是理想的砥砺之石。

当您乘坐青藏铁路列车欣赏沿途美景时，也许您不会知道，线路平稳畅通的背后，有一个又一个的“于本蕃”。他们从来不曾因为海拔高就懈怠工作，从来没有因为条件差就放弃生活。正是这样的于本蕃，砥砺出“毫米间练硬功、极限处见真章”的铮铮铁骨，精心呵护着天路的安全畅通。天路在他们心中，平安在他们手中。

（原载2018年10月24日《人民铁道》报A1版）

为高铁勾画腾飞的翅膀

罗 健 获得2017年铁路青年五四奖章，入选2016年天津市"131"创新型人才培养工程第一层次人选、2017年中国铁路总公司"百千万人才"工程专业拔尖人才。作为中国铁路设计集团有限公司电气化乃至"四电"集成领域的科技研发团队领军人，罗健主持完成了多项部、局级科研课题，其中《接触网智能预配平台研究与开发》科研成果打破外方长期技术垄断，破解了设计施工关键技术难题。他共获得省部级科技进步奖一等奖一项、二等奖一项、三等奖三项，获得省部级优秀设计奖九项，主持编写《电气化铁路接触网零部件》等多项铁道及建筑行业标准，主持编写《电气化铁路接触网设计手册》等行业指导用书和多本通用参考图，为我国铁路电气化建设事业作出了重要贡献。

为高铁勾画腾飞的翅膀

——记中国铁路设计集团有限公司电化电信院副总工程师罗健

记 者 杨建光

⊙罗健在查看整体吊弦压接和安装质量。 杨建光/摄

“和所有以梦为马的诗人一样，我选择永恒的事业……”中国铁路设计集团有限公司电化电信院副总工程师罗健常说这句话。

罗健的工作是为铁路和列车设计接触网。支柱跨距、零件荷载、接触线弛度等单调的词汇与烦琐的计算充斥着他的生活，日复一日。但他始终怀揣着诗一样的美好梦想与追求，用汗水和激情在铁路电气化设计领域执着耕耘，将美好的青春年华无声无息地注入一卷卷图纸中，并最终转化成一张张凌空架设的接触网，就像为高铁勾画出一对对腾飞的翅膀，为奔跑的列车提供源源不断的动力。

罗健说：“希望通过我们的工作，中国高铁能‘飞’得更安全、更高远！”

自2003年7月从西南交通大学毕业来到中国铁路设计集团有限公司，罗健已经在这里工作了15年。15年来，他竭尽全力，无畏前行，从一名专业并不完全对口的见习生成长为主管接触网专业的院副总工程师，成为中国铁路电气化设计领域的青年才俊。回首往事，那些奋斗的点点滴滴已悄然化作青春的记忆。个中甘苦，罗健深知其味。

实践中成长

在电气化铁路中，接触网设施十分重要，它不仅是电气化工程建设的主体，还是给电力机车供电的一种特殊形式的输电线路。可以说，接触网是直接保障高铁运行安全的生命线。

可是，学机械的罗健，怎么干起了接触网设计工作？

“我本科学的是机械自动化专业，严格来说，和现在所从事的接触网专业还是有些区别。但考虑到接触网是个综合性比较强的学科，涉及力学、材料、机械等多方面专业知识，需要各方面人才相互配合，所以当时铁道第三勘察设计院集团有限公司（中国铁设前身）电气化电力工程设计处接触网所招聘了一部分机械专业的学生。”罗健认为，虽然专业不太对口，但铁道领域里多门公共基础课他们都学过，其他的可以在工作中边干边学，不懂的就多看多问。到单位第一年，他利用工作间隙恶补了很多电气化专业理论知识。

⊙罗健（左三）现场检查京沈高铁预埋槽道施工质量。　杨建光/提供

⊙罗健（右）在查看接触网腕臂安装结构。 杨建光/提供

2003年底，接触网所安排新职人员去宝鸡一个接触网零部件制造工厂实践学习，让他们从最基础的材料科学学起，和车间工人师傅同吃同住同工作。

那段日子很苦，尤其是冬天宿舍里没暖气，每天晚上大家都在被窝里冻得蜷缩成一团。回忆起那段日子，他最庆幸的是学到了不少实用的材料基础知识，对后来的设计工作很有益处。“作为一个设计者，我们需要了解学习的知识非常广泛。只有打牢基础，牢固掌握基层工作中的很多细节，画图时才能心中有数，有依据、有底气。”他说。

从宝鸡回来后，2004年3月的一天，罗健和所长沟通，表示希望进一步加大工作量。于是，当年4月份，罗健被派到上海，跟着项目负责人陈玮做地铁9号线的具体设计工作。其间，他在设计工作上展现出的系统理念、灵活思维和扎实的基本功，赢得了项目组成员的一致认可与称赞。后来，他又参与了沟（帮子）海（城）铁路电气化改造的具体设计工作。在这个项目中，有一件小事给罗健留下深刻的印象。

当时，负责项目接触网设计的一位技术负责人在一座铁路上跨桥的接触网设计中，没有认真计算净空，而是仅凭经验做设计，结果被当时电化处的总工严厉批评了一顿。这让罗健深受教育，在以后的设计工作中不敢有半点马虎。

由于在工作中肯吃苦又爱动脑，在2004年（天）津秦（皇岛）沈（阳）铁路电气化改造的设计项目中，罗健被委派了更重要的任务：担任设计副专线。罗健抓住机会出色地完成了设计任务。特别是在其中一座钢结构桥梁的接触网设计中，他对各种复杂的几何尺寸做出极其精确的计算，得到了中国铁设总工程师的称赞。从此，这个充满朝气的年轻人，以其强大的责任心和严谨细致的工作作风，给人留下了深刻的印象，让罗健得到了更多的锻炼机会和更广阔的成长空间。2005年10月，他担任天津至秦皇岛客专项目专线，开始独当一面。

成长中突破

担任专线，罗健肩上的技术责任重大。为保证设计质量，罗健经常和外业工作队一起勘查现场，对重要工点反复测量确认。有时一天下来，光走路就得几十公里。津秦沈铁路就经过家乡，走在线上，一眼都可以望到他的老家。但因为工作繁忙，他好几次都是“过家门而不入”。而施工现场一旦出现紧急情况，罗健却总会在第一时间赶赴现场，配合施工，协调解决各种突发问题。2005年8月，在津秦沈铁路一座铁路上跨桥的接触网施工中，由于外业资料陈旧不能及时反映新的现场情况，施工方发现净空不够时，桥梁两侧腕臂柱已经立起来了。

这种情况以前他们从未遇到过，一般的处理方法是在上跨的公路桥底部打眼安装支持装置悬挂接触线。但是，当他们与公路桥的产权方协商设计方案时，对方坚决不同意，冷冷地撂下一句话："我不管你怎么搞，反正你们都不能碰我的桥！"

场面一时陷入了僵局。罗健赶紧第一时间跑到现场，仔细察看。经过反复研究思考，他创造性地提出了一个巧妙的特殊结构设计方案：通过在桥底加设两根立柱，在柱上设置水平支撑点，用来安装接触线。由于这个新的结构设计方案简单易行，尤其是不会牵涉第三方产权，不但成功解决了棘手的问题，而且在此后很多公路桥下的铁路接触网施工中得到了推广应用。

不仅在工作中善于寻找突破口，罗健的组织协调能力也在任专线期间留下了良好的口碑。"我当专线时，要求设计人员最大限度地替施工现场想得周全一点，考虑得全面一点，而且在配合施工过程中要主动热情及时，尽全力为施工和建设方提供更周到细致的服务。所以，那些年，我们和施工方、建设方相处愉快，合作默契。"罗健说，"很多人成了我的朋友，现在虽然很少见面了，但仍然有联系。"

几年来，罗健的工作成绩得到了组织的高度认可。2006年7月，罗健被中国铁设电化处任命为接触网所副所长，负责技术、质量等方面的管理工作。2008年1月1日，他被任命为接触网所所长。这么年轻，能不能挑起这副重担？很多人都对他持怀疑态度。那时，国内高铁建设刚刚起步。作为中国铁设唯一的接触网设计专业部门，接触网所里三十几个人的工作就代表着中国铁设的接触网设计质量和形象。罗健始终相信，只要肯下功夫，没有过不去的火焰山。人员再少、力量再弱，也要努力前行。在他的带领下，全所人员拧成一股绳，加紧学习培训，创造拓展生存空间，在充满竞争的市场中组织起强大的团队，不仅保质保量完成了各项设计任务，还在一些领域实现了突破和领先。

2010年以前，国内高速铁路接触网施工的腕臂、吊弦预配计算工作由少数外国企业垄断。中国高铁要发展，急需研发一款具有自主知识产权的高精度腕臂、吊弦预配计算软件。

面对挑战和机遇，2009年，罗健牵头组织的研发团队把握住与外方联合办公的机会，经过一年多的现场研究探索、几十页的计算模型推导、上百页的软件代码编写、上千次的调试试用，以及与外方软件计算结果的不断对比完善，最终研发出了计算精度不低于外方的先进软件，并且在京广高铁石郑段进行了实践验证。这项研究成果广泛应用于设计和施工领域，使我国高速铁路接触网计算与预配关键技术打破外方技术垄断，实现了完全自主化，解决了设计和施工关键技术难题，提高了生产效率、提升了工程建设和运营质量。几年来，这项技术累计创造经济效益共计1.5亿元，并为我国高铁“四电”技术“走出去”奠定了坚实基础。

突破中创新

从2008年1月到2017年4月，罗健在接触网所所长的位置干了十年有余，被人称为“年轻的老干部”。2016年4月，罗健被任命为中国铁设电化电信院副总工程师，分管中国铁路哈尔滨局集团有限公司以外的几乎所有国铁项目和城市轨道交通项目技术工作，负责100多个项目的专业审定。虽然管理上的工作越来越繁重，牵扯了很大精力，但罗健始终没有放松业务和技术上的学习深造，并承揽了一系列科研项目，主持编写了《电气化铁路接触网设计手册》及《接触网腕臂安装图》等20余本通用参考书。特别是2015年、2017年，他分别承揽

⊙罗健（中）与接触网设计者交流通辽南站接触网设计工作要点。　杨建光/提供

并主持了中国铁路总公司重大科研课题《新型高速铁路接触网装备技术研究》《高铁250km／h、350km／h接触网技术与装备简统化研究》。目前研究成果已经在京沈高铁中得到应用试验，结果显示，新型简统化高速铁路接触网系统弹性、平顺性、安全性等关键性能指标均优于既有接触网。

罗健表示，到2015年，中国高铁建设欣欣向荣，但我们的高铁接触网技术还是主要源于德国，少部分从日本、法国引进，技术标准、参数都不统一，甚

⊙罗健（中）在查看京沈高铁接触网下锚补偿装置施工安装质量情况。 杨建光/提供

至这么多年结构和形式几乎没有什么变化，而且有些接触网零部件还出现了“水土不服”的现象。在这种背景下，我们认为应该有所创新，有必要提出自己的结构和标准，自主研究发展悬挂、支撑、定位、安装等关键技术。罗健的想法得到了公司的支持，他们制订的方案提报中国铁路总公司后，得到了立项批准。

目前，新型简统化高速铁路接触网已是中国铁路总公司重大科研和试验项目，除在京沈高铁安排综合试验，铁路总公司还准备扩大试验应用范围。

新型高速铁路接触网通过统一参数、统一结构、统一材质，提高装备简统化水平和服役性能，初步形成体系完整、结构合理、具有完全自主知识产权的中国标准接触网，授权专利22项。试验数据表明，运用系统最优化、结构简约化、零件集成化设计理念，新型接触网大幅提升了弓网受流性能，结构简约合理，零部件数量减少30%以上，安装和维修效率提升30%。零部件采用铰链抱箍、销轴铰接、无损压接、精密锻造等结构、材料及创新工艺，提高了服役性能，吊弦寿命是原来的三倍。新型接触网与既有接触网制造成本基本相当，考虑施工维护效率提升、服役性能提高等因素，全寿命周期成本更低，经济效益和社会效益显著。

新型简统化高速铁路接触网的研发进展速度和试验应用效果超出了罗健的想象。他既感欣慰，又觉压力倍增。他说，将来接触网设计的“中国标准”一旦确定，必定会对中国铁路电气化专业的发展带来积极的影响。这一天，已经越来越近了！

寒来暑往，春华秋实。怀着对铁路“四电”事业的美好梦想，罗健十五年如一日，始终以精益求精的工作态度和勇于创新的拼搏精神砥砺前行。参加工作以后，他公开发表论文13篇、出版著作1部、参编行业规范6项、授权专利40余项，获得省部级科技奖7项，并先后入选2016年天津市“131”创新型人才培养工程第一层次人选和2017年中国铁路总公司“百千万人才”工程专业拔尖人才，荣获了2017年铁路青年五四奖章。面对成绩与荣誉，罗健淡定地表示：前方的路还很长，梦想还在远方，要干的事情还有很多、很多……

采访手记

以梦为马　不负韶华

为中国铁路电气化事业强大而努力，让火车跑得又快又安全，是罗健入职以来最纯朴也最强烈的愿望。如今，15年韶华已逝，罗健初心未改，执着前行。15年来，他用心设计铁路的每一张接触网，同时也在精心编织着自己的梦想。那梦想如同骏马，载着他在属于自己的天地间任意飞翔、驰骋。

“接触网的价值在于传递能量，人生的价值在于奋斗担当。”罗健这样说，也是这样做的。

在15年的工作中，他从未掉以轻心。他深知，轨道上空六米，在那“之”字形的网状结构中，融有他的责任与梦想。15年的奋斗与担当，也促成了罗健今天的成就与光荣。

不负韶华不负心，不负青春不负梦，罗健做到了。

（原载2018年11月10日《人民铁道》报A1版）

中国铁路运输的“最强大脑”

中国铁路总公司调度部调度处

中国铁路总公司调度部调度处负责协调指挥全国铁路运输调度系统，组织客货运输生产和列车安全运行，保障国家重点运输任务，是中国铁路运输的“神经中枢”。调度处现有调度员71人，分4个班组24小时倒班。每个班组有12个工种岗位，分别负责全国铁路一个方面的协调指挥工作。

2016年，调度处荣获中华全国总工会全国工人先锋号称号；2014年，获得中央国家机关五一劳动奖状；2013年至2017年，连续5年获得铁路总公司直属机关建功立业先进集体荣誉。

中国铁路运输的『最强大脑』

——记中国铁路总公司调度部调度处

记者 张依

⊙调度处值班人员在中国铁路总公司调度指挥中心大厅合影。
陈 涛/摄

在交通强国铁路先行的时代主题下，中国铁路网越织越密，已覆盖了所有省市自治区。到2017年底，铁路营业里程达12.7万公里，其中高速铁路2.5万公里，占世界高铁总量的2/3。

这张网，越戈壁、穿沙漠，逢山开路，遇水架桥，涵盖世界铁路各种运营场景，高速铁路、既有线提速、高原铁路、重载铁路的运营管理均世界领先。

这张网，描绘了中国人更加美好的生活，每天8000多列旅客列车和两万列货物列车穿越繁华都市、田野阡陌，复兴号的车轮滚动出一幅幅美丽的中国画卷，让“人便其行、货畅其流”不再是梦想。

这张网，筑起神州大地的钢铁大动脉，每天运输900万名旅客和900万吨货物，创造了用世界铁路9%的里程完成1/4工作量的奇迹！

这张网，就是中国铁路总公司调度部调度处71名调度员奋斗的职业舞台。中国铁路网延伸到哪里，他们的舞台就延展到哪里，调度指挥的列车就开向哪里。确保运输安全有序高效，最大限度管好、用好中国铁路网资源，是他们的奋斗目标与职责所在！

坚守责任护安全，永不懈怠保畅通

2018年暑运，铁路人牢固树立高铁和旅客安全“万无一失”的工作理念，交出一份亮丽的客货运输成绩单：62天发送旅客6.55亿人次，高峰日发送1208.5万人次；货运单日卸车最高达155404车，集装箱单日装车首次突破两万车……

每个数字意味着一项新纪录，也凝聚着调度人的汗水与付出。面对暑运客流高峰，面对宝成、成昆等线因14轮强降雨和“玛莉亚”“温比亚”等七个台风轮番侵袭造成的195次断道险情，作为中国铁路运输的“神经中枢”，调度处快速响应、科学指挥，确保了暑运安全平稳有序。

7月12日，宝成铁路王家沱至乐素河区间山体发生大面积连续崩塌，客货运输完全中断。灾情发生后，通过现代化的调度信息系统，调度处当班调度第

⊙调度处值班人员与机车调度加强联系，合理调整机车分布，做好机车衔接。 阮海涛/摄

一时间启动一级预警，按照应急处置流程图，果断扣停了在该区间运行的多个铁路局集团公司的列车，并封锁区间。

在16天的抢险鏖战中，调度处指导相关铁路局集团公司制订救援方案并对方案进行审核，合理利用资源，开行抢险列车621列，并挖掘西成高铁运能，满足出入川旅客的运输需求。

⊙高铁行车（计划）调度主要负责高速铁路行车（计划）调度工作。 陈 涛/摄

宝成铁路还是一条重要的煤运通道，当时正值迎峰度夏电煤运输需求旺盛之时，一旦断供后果不堪设想。调度处克服通道能力紧张、车辆不足等困难，组织相关铁路局集团公司将货物列车迂回至西康、阳安等线路运行，保证了人民群众生产生活需要。

在这种分秒必争的关键时刻，铁路运输集中统一指挥的优势显现出来。铁路调度部门的快速反应能力和应急处置能力也得到社会各界一致好评。

关键时刻应急有序、应急有效、应急有备，得益于物防、技防水平的提升，也源于调度处强化安全管理基础，形成了一整套保证运输安全的制度与操作流程。

近年来，调度处完成了新版《铁路运输调度规则》的修订和发布实施，形成了以调规为首的一系列调度安全生产制度；以安全生产标准化建设为抓手，制定《调度所安全生产标准化建设实施办法》，提升安全管控和作业单元自控保障能力；规范了总公司应急中心启动机制，明确了应急响应标准、处置流程。他们将培训与日常工作结合起来，积极推进调度所CTC仿真模拟实训平台开发与建设，满足各种故障场景下调度应急处置培训的考核需求。

勇担使命立潮头，交通强国当先行

进入新时代，铁路总公司党组提出交通强国铁路先行的历史使命。服务“一带一路”建设，在打好防范化解重大风险、精准脱贫、污染防治三大攻坚战中展示新作为，是铁路调度人的新使命。

从月均一列到日均十列，自2011年开行以来，中欧班列累计开行数量已超过10000列，到达欧洲15个国家43个城市。在开行数量大幅增长的背后，是调度人的一个个不眠夜。

调度处集装箱调度台仅有四个人，一年下来要盯控协调4000列左右的中欧班列的运输路线、运到时限，数据之大、项目之多非常人所能想象。为提高盯控效率，调度处创新空车空箱调配思路，联合总公司信息中心研发了中欧班列运行盯控系统，利用信息化手段盯控每一列车经过的每一个站点，为国内外客户提供跨境全程物流服务，提升了中欧班列的开行质量和效率。

作为绿色环保交通方式，铁路在打赢蓝天保卫战中肩负义不容辞的责任。为助推京津冀协同发展，五大港口煤炭集港全部改为铁路运输。为了把情况摸透、问题找准、举措搞实，调度处准确对接港口、企业需求与通道能力，与业务部门进行实地调研，一个港口一个港口地跑，从港口铁路运输管界调整、运力资源优化配置、铁路运输组织、企业专用线建设等方面提出了一系列有针对性的方案，实现了释放潜能、聚集产业、港产联动、污染防治的多赢。

哪里有人民的需要，列车就开到哪里，运行图就铺画到哪里。在火车越开越快的今天，全国还有81对票价低、编组短、站站停的“慢火车”在出行不便的老少边贫地区开行，覆盖21个省区市，途经35个少数民族地区。总公司调度部在全路组织开行了1651列、途经592个国家级扶贫县的旅客列车。如今，火车

杨宝森/摄

已成为当地老乡的脱贫车、致富车。

深化主题正当时，创新组织提效率

2018年以来，调度处紧密围绕货运增量行动、客运提质计划、复兴号品牌战略，持续深化强基达标、提质增效工作主题，主要效率指标实现了大幅提升，在维护调度集中统一指挥、推动运输组织创新、优化运力统筹配置等方面亮点频现。

市场需求每天都在变化，铁路运营环境也不同，如何切合实际将路网资源最大化利用，凝聚了全路调度系统的集体智慧。每天早上，调度处的调度员都会和铁路局集团公司调度员进行对话了解运输情况，8时、18时开交班会，10时、16时开班中碰头会，在频繁的沟通、协调中提出针对性、可操作性强的措施和建议。

2018年以来，调度处积极发挥货运承运清算、全面预算管理等体制机制优

⊙行包调度主要负责班列专用车辆的统一调配、组织、协调，制订班列运输方案。
陈 涛/摄

势，持续深化运输生产组织创新，提高了运输组织质量。利用大数据技术，调度处完善日常分析、定期分析和专题分析制度，提升了分析质量，为调度组织精细化提供了有力支撑。调度处积极推动智能调度系统建设，推进车流推算软件的研发，开展了调度大数据梳理、入库和相关应用，调度指挥大数据平台应用初见成效。

通过合理调整车流输送、优化编组站作业组织、强化分界口机列衔接、统筹施工运输组织等措施，调度处有力推进调度精细化，实现了工作质量提升的目标。此外，调度处积极发挥考核激励的“指挥棒”作用，优化运输差异化考核项点，提高了运输组织效率。

全国一张网、全路一盘棋是中国铁路的体制优势，调度集中统一指挥是铁路运输生产组织的重要原则。在运输组织中，调度处强化调度集中统一指挥，维护政令畅通、指挥高效的良好运输秩序，同时通过现场同班会、调研走访等形式，积极了解各铁路局集团公司的运输需求，研究解决运输生产实际问题。

按照总公司党组和机关党委的部署，调度部党总支与机辆部党支部联合开展了联学联建活动，针对结合部的薄弱环节，搭建平台搞好“机列衔接”。两部门通过共议攻关项目、联合现场调研、定期会商推动，在解决长期存在、基层反映突出的结合部问题上取得了突破。

调度处的四个班组党支部间开展了“提质增效、勇当先行”调度生产竞赛，将党建工作推进落实情况和运输生产经营结果一并纳入总体考核项目，按月进行评比表彰，有力调动了调度处全体党员创先争优的积极性。

勤学苦练强本领，实干奋斗筑梦想

作为全路调度指挥中枢的调度员，必须统筹各条线路、各铁路局集团公司、各专业部门，协调车机工电辆，面对天地人车图，组织装卸排交接。他们的每一个调度命令都会“牵一发而动全身”。

成为全国铁路网的“最强大脑”，每名调度员自觉苦练内功，达到熟、准、快的境界。在调度背规大赛上，有的调度员能一字不差地背出任一本规章的任一条内容。他们还个个都是“多面手”，熟练地掌握全路不同线路特点、不同车站作业方式、不同列车的运到时限、不同人员作业习惯等等。高铁运行图是按15秒为单位精细铺画的，调度处内几乎每个调度员都做过这样的梦，在

⊙行车调度主要负责普速线路的行车组织以及协调各铁路局集团公司分界口工作。陈 涛/摄

梦中背诵着规章文电，铺画着列车运行图，记忆着每一个区间每一列车的运行时间。

成为全国铁路运输“最强大脑”，靠的是每名调度员日复一日的勤学苦练，同时也靠一代代调度人的坚守与传承。2018年，一名老调度员退休前，将他总结了20年的厚厚一摞工作日记传给了新来的调度员，同时也把对调度事业的挚爱传递给了他。

奋斗不是空洞的口号，而是实实在在的行动。全国五一劳动奖章获得者、调度处副处长刘志新，每天6点不到就到调度指挥中心了解夜里的生产情况，晚上八九点才回家，经年累月保持“朝五晚九”的工作状态。詹天佑铁道科技青年奖获得者汤奇志，连续十年主持参与了中国所有高速铁路的联调联试工作，探索形成了中国高速铁路的联调联试标准。全国青年岗位能手、值班处长吕学文，在常年的坚守和学习中，练就了“一口清”本领，对80万辆货车分布、近100个分界站的运行组织烂熟于心。

2018年除夕夜是调度四班连续第四年在除夕夜值守，对他们来说，这一天与其他364天没什么不同，选择了铁路调度这个职业，也就选择了奉献与坚守。

“交融古今，丝路蜀道同复兴；通达天下，调度指挥当先行。”2018年除夕夜，这副调度处调度员创作的对联在调度指挥中心大屏幕上滚动播出，伴着零点的钟声，承载着交通强国铁路先行的责任与使命，调度员们迎来新的一年！

采访手记

为梦想奋斗　为事业坚守

这是一支有着优良传统与光荣历史的团队，成绩背后镌刻着几代调度人的奋斗足迹，也应和着中国铁路的前进轨迹。这是一支信念坚定、业务精湛的团队，应用先进技术设备、处理复杂突发事件、完成艰巨工作任务，被誉为铁路运输“最强大脑”。这是一支爱岗敬业、甘于奉献的团队，秉持管好用好中国铁路网的初心，敢为人先，逐梦前行。

耐得住寂寞才能守得住芳华。在数不清的节假日与深夜，调度员们都一如既往坚守岗位，舍小家顾大家，确保铁路运输安全有序。从未有人叫过苦，从未有人说过累，“习惯了”“基层好多职工风里来雨里去比我们苦”是他们最常说的话。因为，选择了铁路调度这个职业，也就选择了奉献与坚守。

有人说，中国铁路创造了用世界铁路9%的里程完成1/4工作量的奇迹。其实，成功不会从天而降，所有奇迹都是奋斗出来的，正如冰心的一首诗中所言：成功的花，人们只惊慕她现时的明艳！然而当初她的芽儿，浸透了奋斗的泪泉……

（原载2018年9月19日《人民铁道》报A1版）